国家出版基金项目
NATIONAL PUBLICATION FOUNDATION

高校马克思主义理论教学与研究文库

科学社会主义学科基本问题研究

高　放◎著

KEXUE SHEHUI ZHUYI XUEKE
JIBEN WENTI YANJIU

中国人民大学出版社
·北京·

总 序

高校承担着学习、研究、宣传马克思主义，培育和弘扬社会主义核心价值观，为实现中华民族伟大复兴的中国梦提供人才保障和智力支持的重要任务。为推动高校马克思主义理论教学研究人员围绕重大理论和现实问题以及学生关心的热点问题开展研究，提升马克思主义理论学科发展中基础性、导向性和战略性重要问题的研究水平，教育部社科司精心策划，组织相关领域知名专家编写出版“高校马克思主义理论教学与研究文库”，集中推出了一批高质量的研究成果。

本套丛书在已有相关研究成果的基础上，着眼于马克思主义理论的运用，着眼于对实际问题的理论思考，着眼于帮助大学生解决思想认识问题和理论困惑，着眼于新的实践和新的发展，从马克思主义经典著作研究、马克思主义理论学科基础理论研究、中国特色社会主义重大理论和现实问题研究、思想政治理论课理论和现实问题研究、大学生高度关注的热点难点研究等方面，开展了全面深入的研究，提出了具有较强创新性和重要学术价值的观点。

本套丛书从编委会到每卷作者，体现了国内相关学科领域老、中、青三代的结合，既有相关领域的权威作者，也有近几年成长起来的中青年学者；既有国内著名的马克思主义理论专家，也有具有丰富一线教学经验的名师。队伍齐整，阵容强大。

希望本套丛书的出版，可以从理论和实践两个方面更好地助力和推进高校马克思主义理论教学与研究工作，从而促进马克思主义理论学科建设与发展，扎实推进高校宣传思想工作，促进高校马克思主义理论教师素质提升，提高学生对思想政治理论课的认同度和满意度。希望本套丛书成为推动马克思主义中国化、大众化、时代化，坚定中国特色社会主义道路自信、理论自信和制度自信的重要的理论成果。

目　录

导论　科学社会主义学科在中国的形成和发展 …………………………… 1
一、科学社会主义初步介绍、片断传播并且对中国旧民主主义革命产生局部作用（1899—1919 年） …………………………… 2
二、科学社会主义全面传播并且结合中国实际指导新民主主义革命取得全国胜利（1919—1949 年） …………………………… 5
三、科学社会主义广泛传播并且指导中国在社会主义大道上曲折前进（1949—1978 年） …………………………… 7
四、科学社会主义作为独立学科开始成长，逐步深入人心，并且指导中国社会主义改革建设取得重大成就（1978 年至今） … 10

第一章　科学社会主义学科的独特性 …………………………… 12
一、科学社会主义的研究对象和研究方法 …………………………… 12
二、科学社会主义与政治学 …………………………… 22
三、科学社会主义与社会学 …………………………… 37

第二章　社会主义思潮的演变 …………………………… 54
一、古代的理想社会观 …………………………… 54
二、近代空想社会主义 …………………………… 58
三、近代科学社会主义 …………………………… 62
四、社会主义、共产主义名词的由来及其含义的异同 …………………………… 72

第三章　社会主义运动的发展 …………………………………… 93
一、空想社会主义试验的失败 …………………………………… 93
二、科学社会主义运动的进展 …………………………………… 108
三、改良性和冒险性社会主义运动的干扰 ………………………… 120

第四章　社会主义派别的划分 …………………………………… 133
一、第一国际时期无政府主义派的信奉者 ………………………… 133
二、第二国际时期社会民主党的后裔 …………………………… 136
三、第三国际时期托洛茨基派的继承者 …………………………… 138
四、当代世界社会主义运动的中流砥柱——各国共产党 ………… 140
五、民族独立国家中的社会主义派别 …………………………… 140

第五章　不发达国家首先实现社会主义的原因、过程和特殊规律 …… 145
一、不发达国家实现社会主义之路的“三”字律 ………………… 145
二、科学社会主义理论与不发达国家社会主义道路的契合性 …… 156

第六章　苏联社会主义兴衰成败的轨迹和经验教训 ……………… 168
一、十月革命 …………………………………………………… 168
二、苏联社会主义建设的经验教训 ……………………………… 171
三、苏联社会主义的失败 ……………………………………… 181

第七章　世界社会主义发展的曲折历程 ………………………… 190
一、世界社会主义 500 年历史的观察与思考 ……………………… 190
二、世界社会主义兴衰成败的轨迹和根源 ………………………… 202

第八章　20 世纪世界资本主义和社会主义的变化 ………………… 208
一、20 世纪世界社会主义的多元图景 …………………………… 208
二、世界社会主义是未来的希望 ………………………………… 217

导论　科学社会主义学科在中国的形成和发展*

科学是反映客观世界特定领域发展规律的知识体系。人们唯有按照客观规律办事才能正确有序地改变世界的面貌。我认为首要的一门科学乃是科学社会主义。这一点恐怕尚有许多人认识不到或认识不清。值此回首我国百年来各门科学发展轨迹之际，实有必要登高呼喊，唤起民众，以期达成共识。

什么是马克思主义科学呢？我认为是马克思、恩格斯创立的无产阶级和全人类解放的科学。马克思主义科学包含十几个组成部分，其中最主要的是哲学、政治经济学和科学社会主义三大部分。社会主义是比哲学更直接、比经济学更全面的指导无产阶级和全人类解放事业的一门科学。“科学社会主义”这个称谓是为了与“空想社会主义”相对立才使用的，也足以表明它与各种非科学的“冒牌社会主义”的区别。然而一个多世纪以来的实践表明，要使社会主义真正成为像各门实证科学那样严密、灵验的科学，是异常困难的。马克思、恩格斯穷尽近半个世纪的精力，为科学社会主义奠定了坚实的基础，但他们设想的某些细节经过实践检验也仍然有不切实

---

* 本章选自：北京市社会科学界联合会. 学界专家论百年. 北京：北京出版社，1999.

际之处。要把科学社会主义的基本原理运用于国情千差万别的各国，格外需要各国社会主义者的艰辛探索。科学社会主义又称科学共产主义，在马克思、恩格斯的大部分著作中，社会主义与共产主义是同义词。20 世纪初，卢森堡、列宁等人才开始把共产主义社会的第一阶段称为社会主义社会。

由于到 19 世纪末中国才出现近代资本主义工商业和无产阶级，因此直到 1899 年，中文报刊上才出现了马克思、恩格斯及其科学社会主义的个别原理（这时马克思已逝世 16 年之久，恩格斯也已病殁 4 年了）。中国人从报刊上得知科学社会主义，迄今已 100 余年。一个多世纪以来科学社会主义这门科学在中国的命运，大体可以划分为四个阶段：（1）1899—1919 年，是科学社会主义初步介绍、片断传播并且对旧民主主义革命产生局部作用的阶段；（2）1919—1949 年，是科学社会主义全面传播并且结合中国实际指导新民主主义革命取得全国胜利的阶段；（3）1949—1978 年，是科学社会主义广泛传播并且指导中国在社会主义革命和社会主义建设大道上曲折前进的阶段；（4）1978 年至今，是科学社会主义作为独立学科开始成长，逐步深入人心，并且指导中国社会主义改革开放和现代化建设取得重大成就的阶段。

一、科学社会主义初步介绍、片断传播并且对中国旧民主主义革命产生局部作用（1899—1919 年）

大概很少有人知道，最早在中文报刊上简略介绍马克思、恩格斯及其观点的竟是在华活动的洋教士。上海基督教广学会自 1874 年出版中文《万国公报》，该报在 1899 年 2—5 月的第 121—124 号上连载英国人颉德所著的《大同学》，该书原名《社会的进化》，书中要点由英国在华传教士李提摩太翻译，蔡尔康笔录。连载的内容里有 6 处提到马克思、恩格斯及其功绩和学说。如“德国讲求养民学①者，有名人焉。一曰马克思，一曰恩格

① 养民学即指社会主义学。

斯”，“试稽近世学派，有讲求安民新学[①]之一家，如德国之马克思”，“以百工领袖著名者，英人[②]马克思也。马克思之言曰：纠股办事之人，其权笼罩五洲突过于君相之范围一国”。文中翻译的马克思的这句话出自科学社会主义诞生书——《共产党宣言》，当今译为“资产阶级，由于开拓了世界市场，使一切国家的生产和消费都成为世界性的了”。又说：“恩格斯有言，贫民联合以制富人，是人之能自别于禽兽而不任人簸弄也。”作者和译者虽然都是反对科学社会主义的，但是中国人毕竟从中最早知道了马克思、恩格斯及其科学社会主义的只言片语。中国人自己最早著文介绍科学社会主义的是改良派首领梁启超。他于1902—1904年在《新民丛报》上发表的文章中曾写道：“麦喀士[③]，日耳曼人，社会主义之泰斗也。”“麦喀士谓，今日社会之弊，在多数之弱者为少数之强者所压伏。”“社会主义者，近百年来世界之特产物也，隐括其最要之义，不过曰土地归公，资本归公，专以劳力为百物价值之源泉。麦喀士曰，现今之经济社会，实少数人掠夺多数人之土地而组成之者也。”

还有一件奇闻逸事。在中文书刊中最早片断传播科学社会主义的乃是孙中山为首的资产阶级民主主义革命派。他们在海外从事革命活动之时，正值世界资本主义向帝国主义阶段过渡，资本主义经济和资产阶级学说已趋于衰落，而世界社会主义运动呈现高涨之势。所以他们也想从各种社会主义学说，尤其是科学社会主义当中吸取养分，进而结合中国国情，形成自己的理论体系，来指导中国的民主主义革命。1896年孙中山在伦敦时，读到《共产党宣言》《资本论》等名著，又目睹英国工人运动遭到政府镇压的情景，于是考虑到在民主革命之外还要增加社会革命内容。孙中山虽然没有完全接受科学社会主义，但是采纳了它的部分内容。正如他自己后来所说：“予为一劳永逸之计，乃采民生主义，以与民族、民权问题同时解决，此三民主义之主张所由完成也。”[④]“民生主义，则排斥少数资本家，使人民共享

---

① 安民新学即指社会主义学。

② 作者在前面引文中两处讲到马克思是德国人，这里又说他是英国人，是指他长期居留在英国。

③ “麦喀士”即马克思。

④ 孙中山．孙中山选集：上．北京：人民出版社，1956：172.

生产上之自由。故民生主义者，则国家社会主义也。”到晚年（1924 年），他直言：“民生主义就是社会主义，又名共产主义，即是大同主义。”这时的他在苏联和中国共产党的帮助之下，已经成长为人民革命家，其思想已经越来越接近科学社会主义。

自 20 世纪初，革命派在海外和国内创办多种报刊并出版图书宣传革命思想，宣传三民主义，其中也片断传播了科学社会主义。例如，《共产党宣言》最早是由在东京出版的《天义报》于 1908 年 1 月第 15 卷先登出恩格斯为此书写的 1888 年英文版序言，2—5 月的第 16—19 卷进而连载此书第一章译文（译者均署名“民鸣”）。该报还于 1907—1908 年两次登出即将出版民鸣译《共产党宣言》一书的预告；1906 年 12 月，东京社会主义研究社也曾登出将出版蜀魂译《共产党宣言》中译本的预告。可惜至今未找到这两个译本。1912 年上海出版的《新世界》半月刊，分 5 期连载恩格斯的《社会主义从空想到科学的发展》一书①。除了译载科学社会主义原著外，革命派还翻译、出版了日本社会主义者幸德秋水所著的《长广舌》《社会主义神髓》等书，以及日本学者有贺长雄、村井知至、福井准造等人的社会主义论著。更为难得的是，革命派还亲自撰文传播科学社会主义，如马君武在 1903 年 2 月发表的《社会主义与进化论比较》一文中说：“马克司者，以唯物论解历史学之人也。马氏尝谓阶级竞争为历史之钥。”文末还说：“社会主义诚今世一大问题最新之公理，皆在其内，不可不研究也。”文中还列出马克思、恩格斯所著《共产党宣言》等 5 种书。朱执信于 1905 年在《民报》第二号上发表《德意志革命家小传》，对马克思生平及其学说做了较为全面的介绍。

1905—1907 年，以孙中山为首的革命派与以梁启超为首的改良派、保皇派，在双方的机关报《民报》与《新民丛报》上展开了关于国家命运与前途问题的思想大论战。《民报》曾把双方争论的焦点归纳为 12 条，其中很重要的一条就是：“民报鉴于世界前途，知社会问题必须解决，故提倡社会主义，新民丛报以为社会主义不过煽动乞丐流民之具。”当然，当时《民报》所提倡的“社会主义”并非科学社会主义，但是包含有科学社会

① 该书由施仁荣译，当时译名为《理想社会主义与实行社会主义》。

主义的某些因素，而《新民丛报》则是完全否定科学社会主义的。

总之，革命派吸收了科学社会主义关于阶级斗争、暴力革命、民主革命、社会革命、革命专政、土地国有等因素；同时经由他们片断传播，这些因素对于广大民众也产生了一定的影响。可以说，科学社会主义这股清新的社会思潮，在旧民主主义革命时期已经开始引进东方文明古国，它对于 1905 年中国同盟会的建立，对于 1911 年辛亥革命胜利、推翻君主专制统治、建立民主共和国，对于反对北洋军阀、反对帝国主义的斗争都起了局部的积极作用。

二、科学社会主义全面传播并且结合中国实际指导新民主主义革命取得全国胜利（1919—1949 年）

1917 年俄国十月社会主义革命的胜利给中国以巨大鼓舞。1919 年五四运动揭开了中国现代历史的新篇章。从这时起，一批激进的革命民主主义者先后转变为科学社会主义者，从此开始了全面自觉传播科学社会主义的新阶段。1920 年 8 月，《共产党宣言》第一部全译本（陈望道译）在上海出版，1926 年，新青年出版社出版布哈林、普列奥布拉任斯基著《共产主义 ABC》。这两本全面阐明科学社会主义原理的书以及其他马克思、恩格斯、列宁的著作，培养了我国一批科学社会主义者。陈独秀、李大钊、毛泽东等科学社会主义者于 1921 年创建了中国共产党，逐步把科学社会主义的理论与中国实际相结合，中国共产党开始领导工人运动、农民运动、青年运动、妇女运动、国民革命运动等，使广大人民群众在实际斗争中接受并加深对科学社会主义的理解。

科学社会主义之所以能够与中国实际相结合，吸引广大人民群众，是因为它正确地回答了中国社会和中国革命急需解决的基本问题。五四运动后，众多资本主义思潮已呈衰退之势，国外的各种社会主义思潮汹涌而入，如无政府社会主义、西欧社会民主党的改良社会主义、英国的基尔特社会主义、俄国的民粹主义和托尔斯泰主义、日本的新村主义等，都曾经在我国喧嚣一时。还出现过中国无政府主义社团、中国社会党、中国基尔特社会主义组织等。经过持续批判、论战和实践的检验，科学社会主义终于战胜了各种非科学社会主义，把一时迷失了方向的、受过错误思潮影响的人逐步争取过来，从而扩大了科学社会主义阵营，壮大了中国共产党的队伍。

中国共产党非常重视翻译、出版科学社会主义经典著作，并且积极创办报刊，通过各类学校传播、讲解科学社会主义，使越来越多的人民大众掌握科学社会主义基本原理。仅《共产党宣言》一书在 20 世纪 20—40 年代的中国就重印多次，并出版多部中译本。这一时期还出版过《哲学的贫困》、《拿破仑第三政变记》、《法兰西内战》、《哥达纲领批判》、《反杜林论》、《社会主义从空想到科学的发展》、《资本论》（三卷本）、《马克思恩格斯论中国》等马克思、恩格斯的经典著作，以及《怎么办?》《帝国主义论》《国家与革命》《共产主义运动中的“左派”幼稚病》等列宁的重要著作。1930 年出版《马克思论文选译》，收入著作 10 篇。1927 年出版《从二月革命到十月革命》文集，收入列宁著作 45 篇。1931—1946 年陆续出版《列宁选集》（共 16 卷）。1931 年出版斯大林著《列宁主义问题》，1939 年出版《斯大林选集》（共 5 卷）。1927 年出版倍倍尔著《妇人与社会》（又译《妇女与社会主义》）。1930 年出版普列汉诺夫著《无政府主义与社会主义》和《马克思主义的基本问题》。中国共产党先后创办了《新青年》《共产党》《向导》《前锋》《热血日报》《政治周报》《布尔什维克》《红旗报》《红旗周报》《红色中华》《新中华报》《新华日报》《解放》《解放日报》《群众》等报刊，结合我国各个时期的革命实际，宣传、解释科学社会主义。在组织社团、利用课堂研究和普及科学社会主义这方面，早在 1920 年 3 月，李大钊就在北京大学发起组织了“马克思学说研究会”，同时开设有关科学社会主义的课程，对青年学生产生了较大影响。1923 年，瞿秋白在上海大学也深入浅出地讲授了科学社会主义的基本原理，给学生们留下深刻印象。1930 年，在中共领导下于上海成立的“中国社会科学家联盟”，团结众多进步知识分子，举办读书会，建立社会科学研究小组，出版刊物，并在学生和职工中开展业余文化教育，努力宣传科学社会主义。各地党校、讲习所、培养班、军政学校、公学也纷纷开设社会主义、共产主义理论的课程。1943 年，中共中央规定高级干部必须学习 5 本科学社会主义经典著作，即《共产党宣言》、《社会主义从空想到科学的发展》、《共产主义运动中的“左派”幼稚病》、《社会民主党在民主革命中的两个策略》和《国家与革命》。到 1949 年，“干部必读”的著作增加到 12 本。这一系列措施对于提高广大干部的科学社会主义理论水平起了重大作用。

中国共产党在坚持、运用和发展科学社会主义方面最大的成功和贡献在于：通过革命实践逐步纠正了右倾和“左”倾机会主义错误；创造性地解决了中国革命的性质、任务、动力、对象、道路和前途问题；实现了科学社会主义同中国实际相结合的第一次思想认识上的飞跃，形成了毛泽东思想。实践证明：中国必须依靠以共产党为代表的无产阶级的领导，以工农联盟为基础，以广泛的统一战线为后盾，走工农武装割据、农村包围城市的武装斗争道路，进行反对帝国主义、封建主义和官僚资本主义的新民主主义革命，建立新民主主义国家和新民主主义社会，允许有利于国计民生的资本主义在较长时间内有较大的发展，将来再逐步过渡到社会主义。1949 年，新民主主义革命在全国范围取得胜利，中华人民共和国成立，证明了科学社会主义及其与中国实际相结合的毛泽东思想是无比正确的。

三、科学社会主义广泛传播并且指导中国在社会主义大道上曲折前进（1949—1978 年）

中国新民主主义革命胜利后本来有条件广泛传播科学社会主义，可是当时我们把苏联社会主义建设的经验当成了科学社会主义标准的、唯一的样板。因此从 1950 年开始，党校、各类院校和干部学习班都把斯大林主编的《联共（布）党史简明教程》作为中心教材，尤其是重点学习该书“社会主义建设”部分，强调要从中学习马列主义的基本知识，而并未专门单独学习科学社会主义理论。为了加强马列主义经典著作的编译工作，1953年1月，中共中央决定在原中共中央俄文编译局和中央宣传部《斯大林全集》翻译室的基础上成立中共中央编译局。从1955年开始陆续出版《马克思恩格斯全集》、《列宁全集》和《斯大林全集》。1949年以后，我国大量出版了《共产党宣言》等科学社会主义基本著作的新译本。1960年出版《列宁选集》（4卷本），1972年又出版经过重编的该书第2版和《马克思恩格斯选集》（4卷本）第1版。这些经典著作的翻译和出版，固然有助于广大干部学习和掌握马列主义、科学社会主义，但是如果指导思想和学习方法不对，就会对实际工作造成危害，我国实践中的曲折历程充分验证了这一点。

从1949年到1952年，我国在国民经济恢复和社会改造等方面取得了巨大成就，这就助长了急于求成、急于过渡到社会主义的指导思想；同时还有来自外部的强大压力，西方资本主义国家对我国禁运、封锁，苏联要我国加快向社会主义前进，否则就不愿给予大力援助。这些促使毛泽东改变了建设新民主主义社会的主张，他于1953年提出党在过渡时期的总路线，即要在10年到15年或者更长一些时间内，基本上完成国家工业化和对农业、手工业、资本主义工商业的社会主义改造，过渡到社会主义社会。这么重大的指导思想、理论、路线和方针的改变，既没有通过党代表大会，也没有经中央全会研讨，仅在政治局扩大会议上由毛泽东提出就确定下来了，而在实践中，这条总路线仅执行了3年，1956年我国提前“完成”了社会主义改造，宣布“已经进入社会主义社会”。俄国原有工业基础比我国强（工业占全国各产业比重约为42%，我国工业占全国各产业比重约为10%），1917年十月革命后还用了19年时间，到1936年才宣布进入社会主义社会。从1949年算起，我国只用7年时间就“完成”了向社会主义社会过渡的历史进程。

这一时的“成功”，埋下了后来长期失误和挫折的隐患。1956年2月，苏共二十大揭发批判了斯大林的个人崇拜、个人集权等错误之后，鉴于苏联的教训，毛泽东等中央领导人曾经一度致力于探索要正确处理各种关系和人民内部矛盾，要按照中国特点走社会主义之路。同年9月，中共八大确定了正确的路线，要在新的生产关系下集中力量发展生产力，实现国家工业化。但是这就如昙花一现，到1957年夏季反对资产阶级右派分子运动时，党的指导思想就完全转向“左”的方面。1958年掀起“大跃进”运动、人民公社化运动，在急于进入社会主义社会之后，还来不及巩固和发展，又急于要进入共产主义社会。有的地方甚至提出要在三五年之内“跑步进入共产主义”，要取消包含在按劳分配中的“资产阶级法权”，要在生产力还很低的条件下实现共产主义的按需分配。

当时人们从理论上进行论证时，正是利用了对马列主义、科学社会主义经典著作的曲解。例如马克思和列宁把按劳分配说成是“资产阶级权利”，只是从抽象意义上使用，它并不反映资本主义的生产关系和资产阶级的利益，而只是说明按劳分配所体现的等量劳动交换的原则同资本主义商品等价交换中的等量劳动决定等量价值的原则是同一个原则，它们都体现了交换双方的平等。而当时我们既把“资产阶级权利”误译为“资产阶级法权”，又误解为按劳分配是受法律保护的资产阶级式的剥削他人劳动成果的权利，以致要急于消灭按劳分配，搞按需分配。这样岂不是对科学社会主义的歪曲？

1959年，在庐山召开的中央政治局扩大会议和八届八中全会，本来是一次纠正党的“左”倾错误的极好机会。然而由于个人崇拜思潮、个人集权体制作祟，缺少正常的党内民主与自由，一夜之间竟由反“左”变为反右，完全误用马列主义关于反对右倾机会主义和同路人的论述，在全党范围内大反子虚乌有的右倾机会主义，致使“左”的顽症更加深重。1962年，党的八届十中全会进而提出“以阶级斗争为纲”“阶级斗争要年年讲、月月讲、天天讲”的社会主义时期的基本路线。1964年在社会主义运动中主张要“整党内走资本主义道路的当权派”。1966年发动“文化大革命”，要打倒子虚乌有的“党内资产阶级”和“资产阶级反动权威”等，要贯彻“无产阶级专政下继续革命”的理论。“文化大革命”时期我国急于过渡到没有商品货币的、实行按需分配原则的共产主义社会，因此有的地方急于要在一两年内飞步奔向共产主义。这样表面上振振有词地屡屡援引科学社会主义的经典论述，实际上却离科学社会主义越来越远，给国家民族造成重大灾难。

总之，从 1949 年至 1978 年，我们虽然在社会主义改造和社会主义建设方面取得了巨大成就，但是由于不重视科学社会主义的独立研究，未能完整准确地掌握科学社会主义，未能像民主革命时期那样创造性地发展科学社会主义，基本上照搬苏联社会主义模式，甚至推行比苏联更“左”、更急于求成的社会主义模式，脱离中国原有基础比苏联更加落后的实际，以致在社会主义大道上屡遭挫折。

四、科学社会主义作为独立学科开始成长，逐步深入人心，并且指导中国社会主义改革建设取得重大成就（1978 年至今）

痛定思痛，知错必改。1978 年党的十一届三中全会端正了党的路线、纠正了“左”的错误之后，真正迎来了我国科学“百花齐放、百家争鸣”的新春。从这时起，科学社会主义才作为一门独立科学开始成长起来。

最早是 1977 年 3 月胡耀邦到中央党校担任副校长并且主持日常工作后，他执意要求按照马克思主义三大组成部分分设三个教研室，开设三门课。随后全国各级党校都设科学社会主义教研室并开设科学社会主义课程。1978 年 7 月中国人民大学复校后，校长成仿吾（时为中央党校顾问）坚持按照中央党校做法，把原国际政治系改名为科学社会主义系，要把科学社会主义作为独立科学和学科加强建设，这在全国大学中属首创。接着山东大学也设科学社会主义系，许多大学也都开设科学社会主义课程。1980 年 6 月，第一本名为《科学社会主义》（赵明义著）的书问世，随后出版有 50 多种同类教材。其中以高原主编的《科学社会主义》发行量最大，前后 4 版累计印数达 64 万册。1979 年，中国人民大学开始率先招收科学社会主义专业硕士生。1981 年，我国开始设立学位授予点时，中共中央党校等单位获科学社会主义博士学位授予权，中国人民大学等校获科学社会主义硕士学位授予权。1988 年，国家教委决定全国所有院校硕士生必修“科学社会主义的理论与实践”课程，并约请我主编该门课程的教学要点。这一年秋，首先在中国人民大学开设此课，1990 年，中国人民大学出版社出版我主编的《科学社会主义的理论与实践》，1994 年又出版修订本。党校系统有较大影响的教材是中央党校出版社于 1992 年和 1996 年先后出版的由赵曜主编的《科学社会主义论纲》和《科学社会主义新论》。1978 年，四川社会科学院首先建立科学社会主义研究所，以后有十几个省市社科院和大学也相继建立科学社会主义研究所。从 1979 年起，许多省市自治区成立科学社会主义学会，1983 年 10 月进而成立全国性的中国科学社会主义学会。全国性的学会和地方性的学会几乎每年都举行学术研讨会，甚至出版文集，评比优秀论文。在创办专业刊物方面，也成果颇丰。从以上这些举措和成果来看，科学社会主义这门独立的科学和学科，确实在华夏大地生根、发芽、枝繁、叶茂，茁壮成长起来了。

百年沧桑的历史证明了科学社会主义是改变我国社会面貌最大的一门首要科学，现代众多社会主义国家兴衰成败的历史也验证了这一点。我们一定要使科学社会主义这门首要科学成为首福首利的科学，促使我国在 21 世纪新的百年之中尽快建设成为社会主义现代化的强国富国、高度民主高度文明的国家，以期尽力增进人类福祉和世界大同。

第一章　科学社会主义学科的独特性

一、科学社会主义的研究对象和研究方法*

1. 科学社会主义是一门怎么样的科学

科学社会主义是一门新兴的、非常重要的科学。各门科学的名称，“学”字都在后边，如哲学、经济学、物理学等，唯独科学社会主义，“科学”二字列在前边，这是因为在科学社会主义产生之前，已经存在空想社会主义的缘故。马克思、恩格斯把社会主义从空想变为科学，为了与空想社会主义相区别，他们将其称为科学社会主义。社会主义是共产主义的初级阶段，共产主义是社会主义的高级阶段，因此科学社会主义又称科学共产主义。我认为，为了与其他学科相一致，科学社会主义也可以称为社会主义学，科学共产主义也可以称为共产主义学。

马克思主义是无产阶级思想的科学体系，其主要内容包括哲学、政治

* 本节内容选自：高放．马克思主义与社会主义．哈尔滨：黑龙江教育出版社，1994.

经济学和科学社会主义三部分。在这三大组成部分中，核心是科学社会主义，所以从某种意义上说，马克思主义即科学社会主义。哲学是研究世界的一般发展规律，政治经济学是研究人类社会生产关系发展的一般规律。所以哲学是马克思主义的根本，政治经济学是马克思主义的基础，科学社会主义是马克思主义的核心。科学社会主义是以哲学中的唯物史观和政治经济学中的剩余价值学说为理论基础，研究改变资本主义帝国主义世界、建设社会主义共产主义世界的一般规律。把我国建设成有中国特色的社会主义，是全党全国最重大的任务，在世界范围内实现社会主义，是全世界人民共同的任务。科学社会主义就是直接、全面指导我国社会主义现代化建设并指导全世界实现社会主义共产主义的一门头等重要的科学。

这一门科学的研究对象是什么呢？至今理论界看法并不一致。就1980年以来在我国已出版的教材、专著和发表的文章来看，主要有四种看法：第一，认为是研究社会主义社会产生发展的一般规律；第二，认为是研究无产阶级解放运动的规律；第三，认为是研究无产阶级解放的条件；第四，大多数人是引用恩格斯于1885年所写的《关于共产主义者同盟的历史》一文中的一句话作为确定研究对象的依据，即“无产阶级所进行的斗争的性质、条件以及由此产生的一般目的”①。其实，恩格斯当时讲这一段话只是说科学社会主义要着重研究的问题，他并没有明确说这就是科学社会主义的研究对象。恩格斯在十九世纪讲科学社会主义，为什么十分强调要研究无产阶级解放斗争的性质、条件以及由此产生的一般目的？或者更简明地说强调要研究无产阶级解放的条件？看起来主要有两个原因，一个是为了和空想社会主义及其他社会主义划清界限。空想社会主义认为实现社会主义不是依靠无产阶级的阶级斗争，而是依靠阶级调和，依靠社会开明人士、达官贵人的同情支持，依靠先知先觉的知识分子宣传、试验、推广。为了和空想社会主义、机会主义划清界限，恩格斯强调推翻资本主义、实现社会主义是无产阶级的历史使命。除此之外，还有一个原因，马克思、恩格斯当时预计社会主义将在无产阶级占人口大多数的西欧发达资本主义国家首先取得胜利，具体地说社

① 马克思，恩格斯. 马克思恩格斯选集：第4卷. 北京：人民出版社，1972：193.

会主义将在英、法、德三国取得胜利，因为当时这三国的无产阶级已经占本国人口的多数或者即将发展为多数。可是世界社会主义发展的实践和马克思、恩格斯的预计有很大的出入。二十世纪社会主义不是在资本主义发达的英、法、德取得胜利，而是在资本主义不发达的、无产阶级不占多数的苏联、中国、东欧等国先取得胜利。二十世纪社会主义的实践在很大程度上改变了马克思和恩格斯十九世纪时的设想，那么，今天我们表述科学社会主义研究对象时，为什么还要停留一百多年前恩格斯的语录上？

那么对科学社会主义的研究对象应该怎么概括，怎么表述呢？我个人也在不断地探讨。我自己对科学社会主义研究对象的看法前后有很大变化。在二十世纪五十年代、七十年代、八十年代我提出过三种不同的看法。一九五六年，我国学术界有人提出要加强科学社会主义的研究。一九五七年，我发表了一篇题为《科学社会主义应该作为一门独立的科学来研究》的文章，在学术界是比较早提出这个问题的。当时我认为科学社会主义是研究无产阶级阶级斗争规律的科学，科学社会主义是关于无产阶级解放的政治科学。现在看来这样理解是片面的、狭窄的，是受当时对阶级斗争不正确理解的影响而得出的论断。党的十一届三中全会后，我在讲科学社会主义时又提出一个看法，认为科学社会主义是研究社会主义社会产生和发展规律的科学。当时我认为科学社会主义顾名思义是以整个社会主义社会作为它的研究客体。与二十世纪五十年代相比，这个看法有了较大改变，不再强调阶级斗争，而是强调社会形态的产生和发展；不再把科学社会主义看成是政治科学，而看作是一门综合性科学；不但要研究政治，还要研究经济、文化、社会关系、对外关系。二十世纪八十年代后，我认为，科学社会主义应是研究改变资本主义、帝国主义世界和建设社会主义、共产主义世界的一般规律的科学。在这个表述中，一方面研究资本主义，立足于改变；另一方面，研究社会主义，立足于建设，这里还包括从资本主义到社会主义的过渡。在这个表述中，用“改变”而不用“推翻”，含义更广泛。“推翻”主要指推翻资产阶级的国家机器；“改变”指在资本主义世界内部建党、宣传马克思主义、组织群众并领导群众开展反对资产阶级的斗争，还包括在资本主义内部学会管理社会、管理企业，共产党在掌握政权后对资本主义私有制采取改造方针，不一定一下子就实行国有化。所以“改变”比“推翻”含义广泛，面更宽。“改变”的提法马克思本人也常用。马克思在一八四五年所写的《关于费尔巴哈的提纲》中指出：“哲学家们只是用不同的方式解释世界；而问题在于改变世界。”马克思在这里提改变世界。我理解，结合当时的现实，主要指改变资本主义世界；结合当前现实，还要加上帝国主义世界。我这里用改变资本主义、帝国主义世界，而不用改变资本主义、帝国主义制度，是经过反复琢磨的。改变世界比改变制度、改变社会概括的面更广一些。为什么不能仅仅说改变资本主义制度？因为在世界范围内，除了资本主义制度外，还有封建制度、奴隶制度，甚至在一些落后国家还存在原始制度的残余。中国也曾是半殖民地半封建国家。建设世界的提法也比建设制度、建设社会的提法含义更广泛。建设制度无非是建设经济制度、政治制度、文化制度，建设社会形态。建设一个新世界却包括人民的世界观、人民的精神生活、人际关系，以及培育一代新人、新型的共产主义者。所以“世界”的提法比“制度”“社会”更广泛。

科学社会主义这样一门综合科学，它的体系应该怎样建立？从现有的著作来看，多数著作分篇进行论述，也有的不分篇，将若干问题一一列出然后进行论述。分上、下篇的，上篇一般针对资本主义社会，下篇一般针对社会主义社会。也有的分上、中、下篇，具体分法又各有不同。我个人同意分上、下篇，因为这和研究对象相对应。科学社会主义是研究改变资本主义、帝国主义世界和建设社会主义、共产主义世界一般规律的科学。所以，研究科学社会主义的著作上篇研究如何改变资本主义、帝国主义旧世界，下篇研究怎样建设社会主义、共产主义新世界。

从政治理论课开设的情况来看，我国的政治理论课最早是在20世纪50年代从苏联学习来的，苏联长期设的政治理论课是三门，即哲学、政治经济学、马列主义基础［内容是联共（布）党史］，科学社会主义在苏联并没有作为一门独立的科学来研究，也没有作为一门独立的课程来开设。

那么现在我们把科学社会主义作为一门独立的科学来开设，和哲学、政治经济学并列，最开始面临的主要困难是缺少比较好的教材和教学大纲。学科初建时，科学社会主义大纲和教材有两个问题不好解决。一个是已经编出的大纲和教材及其他的政治理论课，特别是与历史唯物论重复太多，这就进一步划清学科边界，科学社会主义同哲学、政治经济学、党史的边界不划清，学生听课的兴趣就不大，学习的人总希望学习一些新的东西，当时科学社会主义教材有百分之六七十与其他课重复，新鲜的只有百分之三四十，科学社会主义的教材与历史唯物论重复的内容最多。

另一个问题是当时的科学社会主义教材和大纲只反映了中国的经验，很少反映外国的经验，这就使教学的内容不够完整。这些问题使最初的科学社会主义教学缺少较好的大纲作为指导，也没有较为全面的教材。

在对科学社会主义进行研究时，我建议首先研究一下科学社会主义是什么性质的科学。是综合性科学还是单科性科学？是研究某一方面社会现象还是综合研究某一社会形态？要弄清这些问题，就要了解科学社会主义这门科学的发展历史。这门科学是从哪里来的？它原来是研究什么的？后来又是研究什么的？现在和将来又应该研究些什么？这些问题要弄清楚。

大家知道科学社会主义是从空想社会主义处来的，继承空想社会主义合理的东西，加以改造。空想社会主义是一门综合性的学科，不是单一性的学科；在空想家们那里，社会主义是一门综合性的未来学。现在世界上都在研究未来学，研究未来社会的发展，中国也建立了未来学学会。空想社会主义本来就是一门未来学。系统地用理论论述社会主义的是 19 世纪初的三大空想家圣西门、傅立叶、欧文，再早一些的话，要从 16 世纪初莫尔的《乌托邦》算起。从 19 世纪开始，在三大空想家那里，社会主义是综合性的未来社会学，他们研究未来社会主义社会的生产、分配、交换、消费、国家、社会组织、科学、文化、家庭，甚至还包括未来的生理学、天文学，等等。傅立叶很重视生理学，研究社会主义社会如何延长人的寿命，论证未来由于环境改变、生活改善，人人可以活到 120～150 岁。为了使社会主义社会的人们生活得美好、吃得好，傅立叶还要建立一门美食学。所以社会主义从起源上讲是一门综合性的学科，不只研究政治现象，政治、经济、文化以及家庭生活，甚至生理学、美食学都要研究。

马克思、恩格斯批判了空想社会主义错误的东西，吸收了他们合理的成分，创立了科学社会主义。在马克思、恩格斯时期，社会主义尽管由空想变为了科学，但社会主义仍然是综合性的未来学，与空想社会主义不同的是，它是综合性的、科学的未来学，它研究的是如何科学地预测将来社会的发展。在马克思、恩格斯时期，社会主义毕竟还没有建立起来，他们只有关于社会主义的一些设想，只能从资本主义向社会主义发展的规律，从无产阶级解放斗争的规律来推测将来社会主义发展的趋势、方向。由于社会主义还没有实现，所以马克思、恩格斯只提了一些原则，而且这些原则也是综合性的，并不太具体。这一点从恩格斯的著作——《反杜林论》第三编来看是很明显的。《反杜林论》第三编是社会主义，一方面是批驳杜林关于社会主义的谬论，另一方面正面论述社会主义的生产、分配、国家、教育、家庭，等等。所以在马克思、恩格斯时期，社会主义还是一门综合性的科学，不是单科性的科学，它还是未来学，因为社会主义还没有变成现实。问题就在于俄国十月革命后，社会主义社会已经建立起来后，科学社会主义这门科学究竟向哪个方向发展？是作为一门综合性的科学向前发展，还是作为单科性的科学向前发展？问题是从这里产生的。十月革命后随着社会主义制度的建立，苏联出现了许多新兴的社会科学部门，例如社会主义政治经济学、社会主义教育学、社会主义法学、社会主义伦理学，等等。在苏联，这些新兴的科学都是从过去科学社会主义这门综合性科学里面分离出来的。十月革命以前，这些学科都是作为科学社会主义的内容来进行研究的，后来纷纷地独立出来，唯独社会主义政治学没有分离为一门独立的科学。苏联高等院校从来没有开设过马列主义政治学或者社会主义政治学，苏联科学院没有设政治学研究所。在苏联，政治学没有作为一门独立的科学，科学社会主义也没有作为一门独立的科学。苏联的高等院校在 20 世纪 20—30 年代开设的是马列主义基础这门课，大体上是马列主义政治学的体系，按斯大林的《论列宁主义基础》的体系来进行教学。1938 年《联共（布）党史简明教程》出版以后，他们就把《联共（布）党史简明教程》作为马列主义理论基础课来开设。到了 20 世纪 60 年代，苏联才把科学社会主义作为一门独立的科学来研究，之后不久，有的学校开始把它作为一门独立的课来展开教学，但并不称科学社会主义，而是称科学共产主义。由于当时的这些情况，在我国开设科学社会主义很自然地就往马列主义政治学、社会主义政治学方面努力，这是有历史原因的。但是如果科学社会主义只限于研究政治方面的现象，就过于狭窄了。政治是阶级与阶级之间的关系，特别是夺取政权和巩固政权的斗争。随着社会主义革命斗争的进展，阶级要逐渐消灭。那么科学社会主义以后还要研究什么？所以，我想科学社会主义应该恢复马克思、恩格斯那时的传统，科学社会主义应该作为一门综合性的科学来研究，综合分析社会主义社会产生、发展的规律。哲学在某种意义上也可以说是一门综合性的科学，它对自然、社会和思维进行综合的研究；历史唯物论是研究社会发展的一般规律。科学社会主义是建立在唯物史观和剩余价值理论基础上的，历史唯物论是科学社会主义的基础，但是不能代替科学社会主义。科学社会主义是研究社会主义产生、发展的规律以及社会主义社会如何建立、要经历哪几个阶段、将来如何过渡到共产主义等问题的一门独立的科学。从纵的方面看，科学社会主义研究的是社会主义社会发展的过程；从横的方面看，科学社会主义研究的是社会主义社会生产力和生产关系的关系、经济基础和上层建筑的关系、上层建筑中意识形态和政治制度的关系，还有各个社会主义国家之间的关系、社会主义各国的实践特点等，这些问题是应由科学社会主义来进行综合研究的。

高等院校除了要让学生知道马列主义理论体系以外，还应该使学生知道马列主义理论如何同各国革命实践相结合，知道马列主义理论创立一百多年以来所走过的和各国革命实践相结合的道路，以及在实践中的威力。国际共运史和中共党史是实践中的马列主义，是把马列主义理论同各国革命实践相结合的历史。所以我们不仅要对学生进行系统的马列主义理论教育，还要使学生懂得这些基本原理如何同各国革命的实践相结合。要使中国的学生真正了解中国共产党的革命经验，使学生们知道国际共产主义运动的历史。如果我们的学生对国际共产主义运动史没有个概略了解的话，那么对中国共产党的历史经验就很难理解得深刻，甚至可能听不太懂。像中共党史讲到“十月革命一声炮响，给中国带来了马克思列宁主义”，如果学生不知道十月革命是怎么回事，那么为什么十月革命一声炮响会给中国带来马克思列宁主义、为什么中国不能更早传播马克思列宁主义，这些问题就不清楚了。如果学生不知道整个国际共产主义运动的背景，就不知道为什么中国共产党会在1921年成立（因为中国共产党是在十月革命影响下出现的国际范围建立共产党的高潮这样的国际背景下建立的）。所以在教学中，要在讲授中共党史之前加上国际共产主义运动史，和中共党史衔接起来。所以概括起来说，我们的政治理论课要包含马列主义的基本原理、中国无产阶级和世界无产阶级解放斗争的历史科学（马列主义和中国革命、世界革命相结合的历史科学）。只有结合历史才能使马列主义的理论具体化，看出马列主义理论的威力。马列主义理论不是几个简单的原理原则，而是生机勃勃、经过实践，检验发展了的系统理论。经过实践，马列主义变成我们现实的生活，社会主义由原来的一种理想、一股思潮变成社会主义制度。这样一来，我们的政治理论课既有骨头，又有血有肉，构成一个完整的体系，可以对学生进行理论、历史和现实有机结合的马列主义教育。

2. 科学社会主义发展的三个历史阶段

科学社会主义这门科学不是古老的科学，而是一门较为年轻的科学。从19世纪40年代马克思、恩格斯创立这门科学到现在，科学社会主义的发展经历了曲折的过程，大体上可以概括为三个阶段。

第一阶段，即19世纪后半叶，这时主要是马克思、恩格斯创立并丰富这门科学，但社会主义还没有变为现实，总的看来，19世纪人们对科学社会主义的研究还很不充分。哲学、政治经济学和科学社会主义这三部分中，马克思研究得最充分的是政治经济学，恩格斯研究得最充分的是哲学，相比之下，科学社会主义研究得最不充分。这主要是因为当时的现实条件不成熟。因为19世纪社会主义还没有变成实际，所以他们研究社会主义只能根据当时工人运动的发展水平和资本主义发展的情况做出一些逻辑推理，推论无产阶级将要如何实现社会主义，推论将来社会主义公有制、按劳分配、劳动人民当家作主大体是个什么样子。19世纪无产阶级最伟大的革命实践——巴黎公社主要是在建设无产阶级国家方面提了新的经验。巴黎公社并未能全面开展社会主义建设。马克思在总结巴黎公社经验时预测了未来工人国家的样子，在这样的工人国家中，无产阶级干部将经由民主选举产生，干部的工资应当和熟练工人相当，马克思认为民主选举和限制工资是防止社会公仆变为社会主人的两项重要措施。总的看来，这个阶段科学社会主义的理论刚刚形成，还不完善，社会主义还没有成为现实。

科学社会主义发展的第二阶段，大体上说是20世纪前半叶。第二阶段比第一阶段进了一步，社会主义由理论变为现实，即社会主义已在苏联实现，并且在苏联的影响和带动下，在20世纪40年代末，东亚、东欧有十几个国家也开始走上社会主义道路，成为社会主义国家。社会主义的实践经验把科学社会主义向前推进了一大步，使马克思、恩格斯的设想经受了实践的检验，把马克思、恩格斯的设想具体化，丰富和发展了科学社会主义。但是在第二阶段，人们犯了一个很大的错误，即把苏联的经验神圣化、绝对化、普遍化，这在相当长的时间里阻碍了科学社会主义的发展。人们错误地认为苏联实现社会主义的经验是实现科学社会主义的唯一样板，这使后来的社会主义国家走了不少弯路，在相当长的时间里，科学社会主义这门科学都未能作为一门独立的学科来展开研究。

科学社会主义发展的第三阶段，是20世纪下半叶。这时，社会主义实践方面最大的突破是十几个社会主义国家在社会主义建设方面都有了不同程度的发展。但由于受苏联模式的影响，社会主义在各国的特色被抹杀，呈现出单调、死板、僵化的问题，阻碍了生产力的发展，影响了社会主义优越性的发挥。随着时间的推移、世界经济的发展和来自各方面的压力，这种格局开始在一些国家被打破，许多社会主义国家，包括苏联，都努力探索社会主义改革，旨在摆脱传统的苏联社会主义模式，创立具备民族特色的、充满生机的、丰富多彩的社会主义新模式。

3. 科学社会主义的研究方法

科学社会主义的研究，有很多传统的正确的方法，我们都应坚持，像理论联系实际的方法、阶级分析的方法、综合分析的方法。现在研究科学社会主义，我们要特别强调运用比较的方法。社会主义只在一国胜利，或只许有一种模式的时候，比较方法没有办法应用。现在社会主义在各国取得胜利，而且各国在探讨多种模式社会主义的时候，比较方法有很大意义。进行比较研究，会使我们思想不容易僵化，不容易绝对化，不会做出片面性的理解。比方说社会主义国家都要实行计划经济，计划经济有哪些模式，长期以来我们都把苏联实行的指令性计划看成是唯一模式，这种模式形象化一点可以说是金字塔式模式。二十世纪五十年代以来东欧一些国家探索新的经济模式，这种模式强调市场调节作用，形象一点说是网络式。实际上，这两种计划经济模式，各有优点、各有弊端。指令性金字塔式模式，具有稳定性、层次性，指令信息自上而下、高度集中，便于指挥，但这种模式把经济搞得很死，抑制了基层和地方企业的活力。市场调节的网络式模式，具有灵活性、对等性、协调性，信息传递多向性，便于搞活经济，便于对外开放，但也容易造成分散、各自为政的问题。所以二十世纪七十年代后，社会主义国家都在探索能不能取两种模式的优点，搞一种新的经济模式，将指令性计划与市场调节相结合。怎么结合，一种是市场调节为主，指令性计划为辅，甚至取消指令计划。南斯拉夫就是这么做的。事实证明，这种做法有不少弊端，后来南斯拉夫又恢复了社会计划。另一种是计划经济为主，市场调节为辅。匈牙利实践了这个模式。1984年中共十二届三中全会通过的《中共中央关于经济体制改革的决定》，把计划经济和商品经济融为一体，形成社会主义有计划的商品经济，这又是一种新试验。这几种模式，都是在社会主义各国实践中探索出来的，需要从理论和实践的结合上比较。不能说社会主义经济只能是有计划的商品经济，否则就不是社会主义。反过来，也不能说搞有计划的商品经济就不是社会主义。总之，综合考虑各国实际情况比较研究能使我们思想更为开阔。

另外，科学社会主义研究要引进自然科学，要注意运用自然科学的方法研究社会主义。社会科学和自然科学的交叉是今后科学发展的大趋势。自然科学方法已被引入经济学、政治学、社会学的研究，为什么不能把自然科学方法引进科学社会主义的研究？社会主义国家出现动乱和社会问题，除了单一模式造成的弊端以外，恐怕还与我们对社会主义缺乏综合科学的管理有关。要对社会主义进行综合科学管理，应该把系统论、控制论、信息论引进研究社会主义。我国著名学者钱学森同志提出了社会系统工程，主张用系统工程思想来研究社会主义。我们应该进一步提出研究社会主义系统工程问题，把一个社会主义国家作为一个系统，把各个社会主义国家综合起来作为一个大系统进行研究，取长补短，互相借鉴，互相交流，互相合作。另外，还要把世界范围作为一个超大系统进行研究。研究世界各个社会流派之间的互相影响、互相渗透的关系。

二、科学社会主义与政治学*

1. 科学社会主义与政治学是研究对象和性质都不相同的两门科学

科学社会主义与政治学这两门科学同现实生活联系很密切，科学社会主义是建设中国特色社会主义的总的指导思想，是指引全世界走向社会主义的科学。马克思主义政治学是研究改变资本主义政治制度、完善社会主义政治制度的重要科学。但在我国，政治学与科学社会主义究竟是一门科学还是两门科学？至今学术界看法并不一致。

政治学本来是一门古老的科学，早在古希腊时期亚里士多德就著成第一部《政治学》，历经奴隶社会、封建社会、资本主义社会和社会主义社会，政治学的内容有了很大变化和发展。科学社会主义是一门年轻的科学，它诞生于19世纪40年代，一百多年来也有不少变化和发展。可是，有的学者认为政治学与科学社会主义是一门科学，只是名称不同。1982年10月北京大学出版社出版的由赵宝煦主编的《政治学概论》在绪论中就指出："马克思主义理论的三个组成部分，实即哲学、经济学和政治学三个方面。"① 编写者把作为马克思主义三个组成部分之一的科学社会主义同政治学完全等同起来，认为二者是一门科学。1983年10月3日周春元同志在《光明日报》发表的题为《科学社会主义与马克思主义的政治学的异同》一文中说："科学社会主义属于无产阶级的政治学。"他认为政治学有广义与狭义之分，广义政治学研究各个社会历史阶段的社会政治关系的规律性，狭义政治学只研究从资本主义到共产主义这一特定历史阶段的社会

---

* 本节内容选自：高放．高放政治学论萃．北京：团结出版社，2001.

① 赵宝煦，等．政治学概论．北京：北京大学出版社，1988：1.

政治关系的规律性，而这也正是科学社会主义的研究对象。所以，他认为科学社会主义就是马克思主义的政治学，两者研究内容是相同的。

客观地说，把科学社会主义看成就是马克思主义政治学，这是有历史根源的，符合过去传统的看法。马克思、恩格斯在1848年发表的《共产党宣言》中说："一切阶级斗争都是政治斗争。"恩格斯指出，科学社会主义就是要"深入理解无产阶级所进行的斗争的性质、条件以及由此产生的一般目的"①。可见，按照马克思、恩格斯的论述，把科学社会主义理解为主要是研究政治斗争的科学，这是有根据的。列宁更明确地讲道，科学社会主义就是研究政治和政治斗争的。1895年他在《弗里德里希·恩格斯》中说："工人阶级的政治运动必然会使工人认识到，他们除了社会主义以外，再没有别的出路。另一方面，社会主义只有成为工人**阶级**的**政治**斗争的目标时，才会成为一种力量。"② 1922年列宁在《给"北方协会"的信》中说，"社会主义是无产阶级阶级斗争的思想体系"③。1908年列宁写的《马克思主义和修正主义》一文，在批判了伯恩施坦哲学，经济学的修正主义观点之后说："在政治方面，修正主义确实想修正马克思主义的基础，即阶级斗争学说。"④ 这里列宁没提在科学社会主义方面，而说在政治方面，似乎哲学、经济学和政治学是马克思主义的三个组成部分。1913年列宁在《马克思主义的三个来源和三个组成部分》中，第一次也是仅有的一次，明确提出马克思主义包括哲学、政治经济学和社会主义三个组成部分，但文中强调社会主义就是"关于阶级斗争的学说"。1905年斯大林在《略论党内意见分歧》中说："假如没有资本主义和阶级斗争，也就不会有科学社会主义。"⑤ 1906年他在《无政府主义还是社会主义?》中又说："现代社会生活的轴心是阶级斗争，在这个斗争过程中，每个阶级都以自己的思想体系为指南。资产阶级有自己的思想体系，这就是所谓自由主义。无产阶级也有自己的思想体系，大家知道，这就是社会主义。"⑥ 1955

① 马克思，恩格斯. 马克思恩格斯选集：第4卷. 北京：人民出版社，1972：193.

② 列宁. 列宁选集：第1卷. 北京：人民出版社，1972：89.

③ 列宁. 列宁全集：第6卷. 北京：人民出版社，1959：139.

④ 列宁. 列宁选集：第2卷. 北京：人民出版社，1995：6.

⑤ 斯大林. 斯大林全集：第1卷. 北京：人民出版社，1953：91.

⑥ 同⑤271.

年毛泽东同志在《在中国共产党全国代表会议上的讲话》中说："马克思主义有几门学问：马克思主义的哲学，马克思主义的经济学，马克思主义的社会主义——阶级斗争学说。"① 这里也是把科学社会主义解释为阶级斗争学说。如果科学社会主义就是阶级斗争学说，当然也可以说，科学社会主义就是马克思主义政治学。当时，马、恩、列、斯、毛强调科学社会主义就是研究阶级斗争的科学，有两方面原因：第一，在无产阶级夺取政权前后，阶级斗争确实非常尖锐激烈，阶级斗争问题成了为社会主义而斗争的中心问题。第二，为了批判空想社会主义者、机会主义者、修正主义者否认阶级斗争的理论。

但是，只要用发展的观点看问题，我们就应该看到，列宁在苏联转入经济建设后，对政治的看法有所改变。1920 年 12 月列宁在全俄苏维埃第八次代表大会上说："经济任务、经济战线现在又作为最主要的任务和基本的战线提到我们面前来了。"② 又说："今后最好的政治就是少谈政治。"③ 这是一句"俏皮话"，但列宁并非说要少谈社会主义。相反，他认为"对俄国来说，根据书本争论社会主义纲领的时代已经过去了，我深信已经一去不复返了。今天只能根据经验来谈论社会主义"④。当无产阶级掌握国家政权后，"我们不得不承认我们对社会主义的整个看法根本改变了。这种根本的改变表现在：从前我们是把重心放在而且也应该放在政治斗争、革命、夺取政权等等方面，而现在重心改变了，转到和平组织'文化'工作上面去了"⑤。那么是否在夺取政权后就不需要研究政治了呢？不，列宁认为，国家问题是"关系全部政治的主要的和根本的问题"⑥，"政治就是参与国家事务，给国家定方向，确定国家活动的形式、任务和内容"⑦。他临终前给党代表大会的信中还提出了改革国家政治制度问题。

---

① 毛泽东．毛泽东选集：第 2 卷．北京：人民出版社，1952：6.
② 列宁．列宁选集：第 4 卷．北京：人民出版社，1972：380.
③ 同②397.
④ 列宁．列宁全集：第 27 卷．北京：人民出版社，1958：480.
⑤ 同②687.
⑥ 同②42.
⑦ 列宁．列宁文稿：第 2 卷．北京：人民出版社，1978：407.

按列宁后期的思想，科学社会主义与政治学都应该加强研究。十月革命前，列宁认为社会主义主要是研究阶级斗争即政治学；十月革命后，根据社会主义建设的发展需要，列宁认为科学社会主义与政治学都应加强研究。可惜在苏联，政治学并没有形成为专门的科学，而是与“国家与法的理论”合并为一门科学。

二十世纪五十年代，我国受苏联理论界的影响，把新中国成立前已有的政治学取消了，设“国家与法的理论”。毛泽东同志对科学社会主义与政治学的看法不像列宁那样在其晚年有所改变，他仍以阶级斗争为整个社会主义时期的纲。他曾指出，“政治是统帅”，“政治工作是一切经济工作的生命线”。还提出马克思主义政治学五论：阶级论、革命论、国家论、政党论、战略策略论。鉴于革命导师的某些论述，加上很多人对他们的思想未能做全面深入研究，受这种传统看法的影响，长期以来学术界大都认为科学社会主义即马克思主义政治学。我于1956年和其后的一段时间，在讲课和写文章时，也认为科学社会主义是“研究无产阶级阶级斗争的规律，或者说研究以共产党为代表的工人阶级领导全体被剥削被压迫人民为消灭阶级和阶级差别，为实现共产主义而斗争的规律”，“科学社会主义就是关于无产阶级解放的政治科学”。这个看法现在看来是不对的。

现在我认为，应该把科学社会主义和政治学看成对象和性质都不同的两门科学。这是社会主义建设发展的需要，也是科学发展的需要。建设新型的高于资本主义的社会主义社会制度这一宏伟事业需要多门科学为之服务。随着人类社会的进步，科学（包括社会科学）也越分越细，大量新兴科学涌现，科学社会主义与政治学不能再像过去那样，作为同一门科学来研究。

科学社会主义和政治学各有不同的研究对象。政治学研究什么呢？目前理论界看法并不一致，有代表性的看法大体上可概括为三种。第一种是单一对象论，即专指研究国家。第二种是多元对象论，即指综合研究社会政治关系、政治革命、政治制度和政治思想等。第三种是泛指对象论，即认为政治学的研究对象是政治。1983年1月在昆明召开的中国政治学会第二次学术年会上和同年8月中国政治学会在烟台召开的专题讨论会上都讨论过政治学研究对象问题。群众出版社于1985年2月出版的《什么是政治学》一书中选编了这两次会议的讨论文章。我看主要还是以上这三种意见。有的同志提出："政治学是研究一定经济基础之上的社会公共权威形式、活动和关系的发展规律的科学。简言之，政治学研究社会的公共权威。"① 这个新看法是对以上三种看法取其所长、避其所短，既包括阶级社会又包括非阶级社会的政治，概括面既全又突出重点的归纳，我认为值得重视。不过，"政治"又常指社会发展的大局。如列宁于1920年说，从事国家的经济建设，解决更恰当地利用粮食和煤炭问题，消除饥荒，"这就是我们的政治"②。邓小平1979年讲过，"社会主义现代化建设是我们当前最大的政治"③。我认为，政治学的研究对象，似可概括为：社会的公共权威和发展大局。总之，不管如何表述，大多数学者都同意政治学主要是研究政治权力的观点。

那么科学社会主义研究什么呢？目前理论界看法也不一致。多数人认为按照恩格斯所写的《关于共产主义者同盟的历史》，科学社会主义是研究"无产阶级所进行的斗争的性质、条件以及由此产生的一般目的"④。少数人主张用恩格斯所写的《共产主义原理》中更简明的表述，科学社会主义是"关于无产阶级解放的条件的学说"⑤。还有其他多种表述。我个人认为，今天不一定非引用马克思、恩格斯等人的一些经典语录来表述科学社会主义的研究对象。我的意见是：科学社会主义是研究改变资本主义、帝国主义世界，建设社会主义、共产主义世界规律的科学，即科学社会主义以资本主义、共产主义两个社会形态为整体对之进行综合研究，研究这两个社会形态的破与立问题。马克思主义政治学的重点也是需要研究这两个社会形态的破与立问题，但只研究政治方面，即政治权力方面。科学社会主义则要对从资本主义到共产主义整个发展时期的政治、经济、文化、社

---

① 王宏，王沪宁．关于政治学的研究对象和体系问题//许崇德．什么是政治学．北京：群众出版社，1985：64.

② 列宁．列宁选集：第4卷．北京：人民出版社，1972：371.

③ 邓小平．邓小平文选．北京：人民出版社，1983：149.

④ 马克思，恩格斯．马克思恩格斯选集：第4卷．北京：人民出版社，1972：193.

⑤ 马克思，恩格斯．马克思恩格斯选集：第1卷．北京：人民出版社，1972：210.

会生活、对外关系五个方面进行综合研究，但并不是把这五个方面简单地相加，而是着重研究其互相作用，研究如何改变资本主义社会，建设具有不同民族特点的社会主义模式。从横向看，科学社会主义比政治学研究对象和内容广得多；从纵向看，政治学比科学社会主义的研究历史要长得多。政治学不仅研究资本主义和社会主义这两个社会形态的政治，而且研究原始社会、奴隶社会、封建社会的政治，它比科学社会主义多研究三个社会形态的政治。从政治学只研究政治权力这一方面来看，它是单一性科学；从科学社会主义要研究政治、经济等五个方面来看，它是综合性科学。当然，政治学就其本身内容来看也可以说是综合性科学，因为它要研学政治思想、政治组织、政治制度、政治实践等，但与科学社会主义相比，它是比较单一性的科学。

建设好新型的社会主义制度，需要很多门科学，不仅需要社会主义政治学，还需要社会主义经济学、文化学、社会学、伦理学、教育学、新闻学、外交学等。同时还需要一门对社会主义做整体综合性研究的科学，这就是科学社会主义，但科学社会主义并不是社会主义经济学、政治学、社会学、教育学、外交学等简单相加的总和，也不是把它们都纳入科学社会主义之内。否则，科学社会主义岂不成为关于社会主义社会的、包罗万象的唯一科学？我认为科学社会主义是以研究政治为先导，兼顾经济、文化、社会、外交等方面的综合性科学。列宁认为："政治是经济的集中表现。"推而广之，我觉得也可以说政治是整个社会的集中表现，因为政治是上层建筑的核心，无论是资本主义社会还是社会主义社会都是如此，政治对经济、文化、社会生活、外交等起先导作用。我这里不提以研究政治"为主"或以研究政治"为核心"，是考虑到如果提"为主"就必然有"为辅"，提"核心"就必然有"边缘"，这两种关系并不是政治与其他方面的真实关系。

由于科学社会主义与政治学的研究对象不同，这就表明它们二者是性质不同的两门平行、并列的科学。前者是综合性科学，后者是单一性科学。它们之间除了平行、并列关系以外，还有从属、交叉关系。从属关系，表现在科学社会主义要研究资本主义社会和社会主义社会的整体，而政治学只研究资本主义社会与社会主义社会的政治，所以政治学应以科学社会主义为指导。交叉关系，表现在二者都要研究资本主义社会和社会主义社会的政治，但角度和侧重点有所不同。这是我对科学社会主义与政治学之间关系的基本看法。

我认为这些看法是符合马克思主义的。马克思、恩格斯早就认为社会主义不仅涉及政治，他们在自己的著作中也曾把社会主义和政治学看成是有区别的两门科学。例如《神圣家族》里就把社会主义同政治学、法学、经济学等并列。恩格斯的《反杜林论》中的“社会主义”编，内容就有历史、理论、生产、分配、国家、家庭、教育，等等。列宁于 1917 年写的《卡尔·马克思》在概述社会主义时，也包括了生产力、生产关系、阶级、家庭、教育、民族、国家，等等。可见他们都曾把社会主义看作是一门综合性的科学。

这里还涉及一个问题：马克思、恩格斯是否创立了马克思主义政治学？马克思主义政治学是否是马克思主义的组成部分之一？北京大学出版社出版的《政治学概论》认为：“马克思主义理论第一本纲领性文献——《共产党宣言》也可以说是马克思主义政治学的第一本主要著作。”① 湖北人民出版社出版的《简明政治学》说：《共产党宣言》“是标志马克思主义和科学社会主义的第一个政治学纲要”②。王鼎元和李佩龙同志的文章也认为《共产党宣言》“是无产阶级第一部政治学纲要”③。皮纯协主编的《政治学教程》认为《共产党宣言》“形成了马克思主义政治学的基本体系”④。我认为，这种看法如果只作为个人引申的体会，是可以的。但从严格、准确的意义上说，由马克思、恩格斯创立了政治学这个观点未必确切。还有的同志说：“现在普遍一致的意见是，《共产党宣言》的诞生，标志着马克思主义政治学的形成。”⑤ 我并不同意这个意见。我认为很难说马克思、恩

① 赵宝煦. 政治学概论. 北京：北京大学出版社，1988：1.

② 简明政治学编写组. 简明政治学. 武汉：湖北人民出版社，1983：4.

③ 王鼎元，李佩龙. 我国早期的一部马克思主义政治学——读恽代英《政治学概论》. 宁夏大学学报（社会科学版），1983（2）：16.

④ 皮纯协. 政治学教程. 郑州：河南人民出版社，1983：28.

⑤ 许崇德. 什么是政治学. 北京：群众出版社，1985：75.

格斯创立了马克思主义政治学，他们只是为马克思主义政治学奠定了基础。马克思主义是无产阶级解放的科学，无产阶级解放斗争最迫切、最直接需要的是哲学、经济学和科学社会主义三个部分，所以列宁把马克思主义归结为三个组成部分是正确的。哲学解决世界观、社会历史发展总规律的问题；经济学主要是用哲学着重研究经济关系，尤其是资本主义生产方式运动的规律；科学社会主义解决如何推翻和改变资本主义旧社会，建设社会主义、共产主义新社会。变革资本主义，建设社会主义当然涉及国家政权这个核心问题，马克思、恩格斯也有许多著作直接详细论述过国家政权这个核心问题，如《共产党宣言》《1848 年至 1850 年的法兰西阶级斗争》《路易·波拿巴的雾月十八日》《法兰西内战》《论权威》《哥达纲领批判》《家庭、私有制和国家的起源》，尽管马克思、恩格斯有很多关于政治学的著作，他们也批判过资产阶级政治学，但是他们还是把政治学作为科学社会主义的一个重要内容，当时他们还没有把科学社会主义与马克思主义政治学分开，没有在科学社会主义之外另再建一门马克思主义政治学。

现在随着社会主义建设的全面开展和马克思主义的向前发展，有人认为马克思主义不只包括上述三个组成部分，还应该包括政治学、法学、社会学、历史学在内，共七个组成部分。如果这种观点能够成立的话，那么伦理学、教育学、新闻学等也应包括在内，这样马克思主义何止七个部分，岂不有十几个部分吗？于光远同志于 1983 年提出要建立作为社会主义革命和社会主义建设的马克思主义。他认为除了纯粹自然科学（如物理学、化学等）以外，连边缘科学都要包括在马克思主义科学体系之内，如果是这样的话，马克思主义岂不成为几乎包罗万象的科学体系了？我认为，应该把马克思主义的组成部分与用马克思主义作为指导进行研究的科学区别开来，如果把这两个方面混淆了，那么马克思主义就成了无所不包的“科学之科学”。马克思主义作为无产阶级解放和人类解放的革命科学，它本身直接的组成部分就是三个。应该把科学社会主义作为一门综合性的科学来研究，它是从整体上研究社会主义社会，但不应该把研究这社会主义社会各个部门的科学都作为马克思主义的组成部分。以马克思主义为指导建立的社会主义政治学、法学、社会学、历史学等都是为社会主义服务的，但未必都要作为马克思主义的一个组成部分，马克思主义的指导代替不了各门科学。

列宁的《国家与革命》《无产阶级革命和叛徒考茨基》《共产主义运动中的"左派"幼稚病》，斯大林的《论列宁主义基础　论列宁主义底几个问题》《关于苏联宪法草案》等是继马克思、恩格斯的经典之后，进一步奠定马克思主义政治学基础的重要著作。但是列宁和斯大林也未来得及写出马克思主义政治学专著。现在人们研究各门科学都从马克思列宁主义经典著作中摘录有关的论述，力图以马克思主义为指导。比如编出马克思、恩格斯、列宁、斯大林论政治、论教育、论道德、论体育，等等，并且力求把他们在各个时期的论述构成一个体系。这样做对于指导研究某一门科学是很有意义的。但如果认为凡是马、恩、列、斯直接论述过的科学，就代表他们建立了这门科学，我认为是不恰当的。如果按此推论，那么可以说马、恩、列、斯已经建立了几十门甚至几百门科学。像《共产党宣言》，它是共产主义者同盟的"周详的理论和实践的党纲"，内容包括科学社会主义的各个原理，可以说是科学社会主义的百科全书。虽然它的内容也涉及政治、法律、文化、教育等各个方面，但是我们很难说它又是第一部马克思主义政治学、法学、文化学、教育学的专著。

我认为第一次主张把政治学作为一门独立科学来研究，并且第一次初步提出马克思主义政治学体系和要点的不是马克思和恩格斯，也不是列宁和斯大林，而是意大利共产党前总书记葛兰西。葛兰西于 1929 年至 1935 年在狱中写成的《狱中札记》，才真正是第一部马克思主义政治学专著。《狱中札记》全书共分四个部分。第一部分讲历史唯物主义，第四部分讲文化生活问题，第二、三部分讲革命和政治问题。既然此书内容涉及许多方面，为何说它是第一部马克思主义政治学专著呢？因为书中第一次明确提出并论证了"政治是一门独立的科学"。葛兰西给政治下的定义是："政治是一种经常的活动并正好在它和经济等同的限度内产生经常存在着的组织。"① 他强调政治是经常的活动并会产生经常存在着的组织。同时他还分

① 葛兰西．狱中札记．北京：人民出版社，1984：12.

析批判了马基雅弗利、克罗齐等人的政治学，阐明了各种政治要素，诸如治理者和被治理者、领导者和被领导者、国家精神、党的精神，等等。他指出，作为科学和艺术的政治其首要任务在于“怎样才可以实现最有效的领导，并且与此相联系的是怎样可以最好地培养领导者”①。他认为党内生活是培养领导艺术的最便利的手段。他还讲到党的正确领导方法，如何消灭领导者所固有的“卡多那主义”（路易·卡多那是第一次世界大战中意大利总司令，卡多那主义即指官僚主义、独裁主义、宗教主义等）。

毛泽东、周恩来、刘少奇等老一辈革命家的许多著作也为马克思主义政治学奠定了基础。我国第一本以马克思主义的观点写的政治学专著是1926年恽代英在黄埔军校时编写的《政治学概论》。1930年出版的邓初民的《政治科学大纲》，内容更为充实，曾多次再版，在20世纪30—40年代影响很大。新中国成立后受苏联的影响，政治学的研究停顿了，在很长一段时间都不再把它作为一门科学来进行研究。

1978年党的十一届三中全会以后拨乱反正，邓小平同志在1979年就提出，政治学等科学的研究，“我们过去多年忽视了，现在也需要赶快补课”②。近几年政治学的研究成绩很大，应该使政治学与科学社会主义明确划分对象与性质，使两门科学都迅速得到健康发展。如果还认为两者是同一门科学，那么两者都会受到阻碍。如果科学社会主义只限于研究政治，就难以概括社会主义社会的整体；而政治学如果只限于科学社会主义之论的框框内，也很难深入细致地开展研究。

2. 科学社会主义与政治学是密切相关、互相促进的两门科学

政治学与科学社会主义虽然是平行并列的两门科学，但是又是从属、交叉的两门科学。应该以科学社会主义为指导，加强政治学的研究。尤其是要加强研究政治学的一些薄弱环节，以政治学研究的新成果来丰富和发展科学社会主义，甚至要改变科学社会主义的一些固有观念。政治学的内容主要是两部分，一部分是对资本主义政治制度和资本主义国家的研究，

---

① 葛兰西．狱中札记．北京：人民出版社，1984：118.

② 邓小平．邓小平文选．北京：人民出版社，1983：167.

另一部分是对社会主义政治制度和社会主义国家的研究。这两部分都要以科学社会主义为指导，其研究成果都能进一步促进科学社会主义的发展。

政治学的研究有一些很尖锐的问题值得我们政治学研究者独立思考，大胆突破。比如，如何评价战后资本主义的民主？如何具体说明资本主义民主形式有一些可供我们借鉴之处？列宁于1916年说，帝国主义的“政治上层建筑，就是从民主制转向政治反动。自由竞争要求民主制。垄断则要求政治反动”，“帝国主义无疑是一般民主即一切民主的‘否定’”①。列宁这个论断是在帝国主义时代初期说的，它是否符合整个帝国主义时代，尤其是第二次世界大战后资本主义民主发展的趋势？斯大林于1952年在苏共第十九次代表大会上讲，“从前，资产阶级高唱自由主义，维护资产阶级民主自由”，现在“资产阶级民主自由的旗帜被抛弃了”②。当时世界上社会主义和资本主义两个制度冷战共处，在资本主义世界，反共思潮甚嚣尘上，美国推行麦卡锡主义，说明斯大林这一论断在当时是对的。但是，我认为，近些年来发达资本主义国家发展的情况说明列宁、斯大林的上述论断已不大符合当前的实际。

20世纪90年代后期，日本、联邦德国等资本主义经济得到振兴，两国战前的法西斯专政制度已经被摧毁了，资产阶级民主制度有所发展。日本在1947年开始施行新宪法，这部宪法把日本的国家体制由天皇制改为君主立宪制，规定国会为国家最高权力机关，不得保持海空军和其他战力。20世纪六七十年代以来日本的议会民主制度已经巩固。联邦德国于1949年通过了基本法，成为议会制共和国，1955年结束了被占领状态，成为完全主权国家。美国宪法在战后进行了修改，这种修改实质上是资产阶级民主的发展而不是对资产阶级民主的否定。1951年美国宪法修改时就规定：任何人当选总统职务不得超过两次。这是鉴于原来宪法没有这种规定，以致罗斯福四次连任总统，如果罗斯福不是于1945年中风死亡，根据他当时的成就和愿望，很有可能第五次连任总统。美国人看到总统没有任期，长期任职，个人集权的趋势越来越大，所以才要修改宪法。1965年美国宪法

---

① 列宁. 列宁全集：第23卷. 北京：人民出版社，1958：34，35.

② 斯大林. 斯大林文选（1934—1952）：下. 北京：人民出版社，1962：653.

又规定，当副总统和政府各部或国会多数向两院提出总统丧失履行其职权和责任的能力时，副总统应立即作为代总统承接总统的职权和责任，这也是为了防止总统个人专权。1971 年美国宪法还把拥有选举权的选民年龄要求从 21 岁降为 18 岁，这样就多出约一千一百万人得到选举权。关于选民资格，原来绝大多数州都规定要在本州居住三个月至两年，1970 年国会规定允许在州内住满 30 天即可。有些州原规定选民须纳一定人头税，甚至规定领失业补助金者无选举权，但 1964 年宪法修正案取消了关于选举人纳税的要求。我们现在出版的政治学专著，如湖北人民出版社出版的《简明政治学》，在揭露资产阶级民主时还说，“美国共产党在战后被宣布为非法组织”①。我认为这样说是不准确、不全面的。美国共产党在 1948 年以前一直参加美国的竞选活动，到 1948 年才被取缔。20 世纪 50 年代麦卡锡主义盛行时，美国共产党遭到严重迫害，但 1954 年，在麦卡锡下台后不久，美国共产党就恢复了合法地位。从 1968 年起美国共产党又恢复参加总统竞选，只是因为它跟苏共太紧，在国内影响很小。尽管它也提出了总统候选人，但估计到当选的希望很小，所以在历届选举中它都支持民主党候选人，美国共产党认为民主党比共和党反共的色彩更少一些。应该看到，资产阶级是比奴隶主、封建主更高明的一个统治阶级。其在长期统治中不断总结经验，逐步改进统治方法。如果一味单纯施加高压，势必使社会矛盾激化；通常情况下，适当扩大民主，更有利于缓和阶级矛盾，维护资产阶级的统治。

在另外一些发达资本主义国家，人民群众和共产党人利用资本主义制度下的民主在战后还是取得了很大胜利，而且还出现了一些新的现象，这些现象是用传统的科学社会主义原理和政治学原理解释不了的，这说明我们应该改变一些固化的观念。比方说，意大利共产党从 1946 年以来在历届议会选举中都能得到一百多个席位。1946 年得到 19%的选票，后来得到 20%多，有时这一比例可高达 30%，中部大选区有时接近 50%。1976 年在议会中得到 227 个席位，占总数的 35.1%，接近天主教民主党，成为罗

① 《简明政治学》编写组. 简明政治学. 武汉：湖北人民出版社，1983：83-84.

马地区第一大党。意大利共产党领导人皮埃罗当选为众议院院长，意大利共产党党员还当选为拥有立法权的议会 7 个委员会（其中包括众议院的财政委员会和参议院的预算委员会）主席，这使意大利共产党在该国的财政、预算方面有较大的影响。另外，在 94 个省中有 48 个由左翼力量掌握政权。意大利共产党领导人还担任 7 个市政委员会主席。意大利共产党领导人赞盖里曾长期担任罗马大区波罗尼亚市市长，他在任期内为市政建设做出了很多贡献，被意大利人民誉为“红色市长”。在赞盖里担任市长期间，他曾实行乘公共汽车免费，可见市政收入还不少。意大利共产党还掌握了不少电台，电视台、乐队、报刊、出版社、企业、合作社、贸易公司等。可以说，意大利共产党虽不是执政党，但它实际掌握了许多政治、经济、文化阵地。传统的科学社会主义观念认为，社会主义者、共产党人只能参加资产阶级议会当议员，利用议会讲坛揭露资产阶级，争取人民，而不能当议长，否则就是议会迷、议会主义者；要是到资产阶级政府当部长，那就是内阁主义者、米勒兰主义者；要是当市长，那就是市政主义者。议会主义、内阁主义、市政主义等都是机会主义，理应受到批判。从意大利共产党的经验来看，这都是传统的固化观念，必须打破。

现在，共产党人在资本主义国家不仅可以当议员，而且可以当议长、市长、部长甚至国家元首，这是二战后资本主义国家民主发展的新气象，过去的某些老观念必须改变。在发达的资本主义国家，由于不存在直接的革命形势，共产党人参加各种合法斗争，包括出任市长、部长、议长甚至国家元首，对于同资产阶级做斗争，维护群众权益，扩大党的影响，积累执政经验都有好处，否则就是作茧自缚，脱离群众。

对社会主义政治制度、社会主义国家的研究，也有许多亟待解决的问题，这里试以党政关系和干部制度两个方面的问题为例。

社会主义国家必须要由无产阶级政党来领导，这是科学社会主义的一项基本原则。但是，共产党究竟怎样领导政权？究竟以什么样的方式领导国家政权和政府机关呢？这是政治学要研究的问题。巴黎公社缺少党的领导，这是它失败的重要原因之一。十月革命后，社会主义在一国胜利，在特定的历史条件下，有许多问题需要党及时处理，所以国家和政府的主要领导人都由共产党人担任，形成了党政不分、以党代政的局面。领导人往往身兼二任，如列宁既是政治局委员，又是人民委员会主席。斯维尔得洛夫既是政治局委员，又是全俄苏维埃中央执委会主席。1919 年俄共（布）八大就党和政权的关系问题，着重批判了萨普龙诺夫、奥新斯基等否认党的领导的右倾错误，但只批右，没有批以党代政的“左”的错误。1922 年 3 月，列宁向联共（布）十一大明确提出划分党政职权的两条意见：第一，“提高苏维埃工作人员和苏维埃机关的责任心和主动性”；第二，“党的任务是对所有国家机关的工作进行总的领导，而不是像目前那样进行过分频繁的、不经常的、往往是对细节的干涉”①。这是针对十月革命后那几年党政不分，党往往对政府部门进行不正常的干涉而提出的。但是列宁仅仅是从原则上提出要解决党政关系问题，并未实际解决这个问题就逝世了。在斯大林时期，以党代政、党政不分的现象不仅没有解决，反而更加严重了。苏联的以党代政、党政不分的模式对当时许多社会主义国家影响很大，由于党政不分，党对政府部门和企业部门干涉过多、过细，政府部门和企业的作用未能充分发挥，而党由于用主要力量去管政、去代政，造成党不管党，结果党组织缺乏战斗力，党员的先锋作用和模范带头作用不能充分发挥。

当时还有一个干部制度问题。干部制度的改革是社会主义体制改革中突出的重大问题。1980 年 8 月 18 日邓小平同志在《党和国家领导制度的改革》中提出：“关键是要健全干部的选举、招考、任免、考核、弹劾、轮换制度，对各级各类领导干部（包括选举产生、委任和聘用的）职务和任期，以及离休、退休，要按照不同情况，作出适当的、明确的规定。任何领导干部的任职都不能是无限期的。”② 这里涉及干部工作的七个方面问题，还要加上干部的培训、工资待遇以及对干部的监督等同题。巴黎公社为了防止社会公仆变成社会主人采取了两项措施：第一，干部要由选举产生并随时可以撤换。第二，干部工资不得超过熟练工人的水平。这两点现在看起来仍有借鉴价值。

① 列宁．列宁全集：第 33 卷．北京：人民出版社，1957：221.
② 邓小平．邓小平文选．北京：人民出版社，1983：291.

在干部工作中还有一个问题，就是现在人民群众难以有效地监督干部。在党的领导和教育下，我国绝大多数干部是勤勤恳恳地为人民服务的，但也有一部分人思想作风不好、违法乱纪、官僚主义严重。有一部分干部确实是知识少、私心重、作风坏、权力大，这四样东西加在一起是十分可怕的。由于人民很难有效地监督干部，所以旧的不正之风还未完全铲除掉，社会上又兴起了新的不正之风。干部中的思想作风问题，除了通过加强教育和严肃处理来纠正外，最有效的解决办法是加强人民群众的日常监督。

十月革命后，列宁非常重视对各级政府机关和干部实行人民监督。1918 年 1 月苏维埃政府成立了国家监察人民委员部，受苏联人民委员会和全俄苏维埃中央执行委员会双重领导，如果用我们的机构名称来解释，就是类似于受国务院和人大常委会两个机构双重领导。1918 年建立的这个部，由于留用人员比较多，活动范围比较狭窄，所以在 1919 年 4 月进行了改组，从广大工农群众中吸取新鲜力量，各部门和各企业的监督机构都移交给该部进行统一管理。1920 年 2 月，国家监察人民委员部改组为工农检查院，并制定了特别条例。1921 年，为了加强对党员干部的监督，还成立了党的中央监察委员会，与中央委员会平权，由党的全国代表大会选举产生，它可以监督中央委员会和中央委员、政治局委员。1922 年 4 月，联共（布）十一大根据列宁的建议，把党的中央监察委员会与国家的工农检查院合并，精简机构、联合办公。列宁临终前还非常重视这项工作，他的一篇文章的名称就叫《怎样改组工农检查院?》。在苏联建立工农检查院，发挥人民群众对干部的监督作用，这是很有意义的重大措施。可惜 1934 年联共（布）十七大后，工农检查院又变成人民委员会下属的一个机构，1940 年改称国家监察人民委员部，1946 年又改名为国家监察部。这样重要的群众监督机关失去了群众性，实际作用不免被削弱了。中央监察委员会在 1934 年联共（布）十七大以后也缩小为监督党中央决议执行情况的机构。1938 年联共（布）十八大后又改为中央委员会下属的一个机构，这样苏共党内就没有机构能够监督中央委员会及其领导人了。

新中国成立后，我国在中央人民政府政务院之下曾设立人民监察委员会，它与政法委员会、财经委员会、文教委员会和国家计划委员会平行。1954 年制定宪法时，在国务院之下设监察部，可是到 1959 年就取消了这个部。党中央于 1949 年 11 月 9 日决定成立中央纪律检查委员会。1956 年 9 月党的八大建立了中央监察委员会。1969 年党的九大就取消了这个机构。到 1978 年 12 月党的十一届三中全会又决定设立中央纪律检查委员会，此后，该机构发挥了很大作用。

政治学与科学社会主义要紧密配合、互相促进，为匡正时弊、为社会主义体制的改革做出自己的贡献。我们要全面总结历史经验，及时反映国内外新的情况和人民的意愿，努力提高干部群众的知识水平，积极提出改革政治体制的建议。如果回避现实生活中迫切需要解决的问题，这两门科学是不会有生气的。政治体制改革不仅要与经济、科学、教育体制改革同步进行，而且应该起先导作用，否则整个社会主义体制的改革难以真正实现。

三、科学社会主义与社会学*

1. 科学社会主义与社会学同源不同向，同步不同宗

社会学与科学社会主义均产生于 19 世纪上半叶的西欧。社会是人与人关系的总和，是人群的集合体。自有人类社会以来，人们的衣食住行、生老病死等就成为社会问题，如何妥善地解决这些问题，需要很多门科学进行研究。19 世纪初，随着资本主义在西欧的蓬勃发展，无产阶级和资产阶级的矛盾显得十分突出，表现为两个阶级的两极分化和对立，资本家越来越富有，无产者越来越贫困，社会上饥寒交迫的人越来越多，很多小资产阶级破产，工伤事故、失业、犯罪、经济危机、城乡对立等一系列社会问题日益增多。怎样解决这些尖锐的社会问题呢？19 世纪 20—30 年代在西

* 本节内容选自：高放．社会学与科学社会主义——社会主义的过去、现在和未来．北京：中国展望出版社，1986.

欧出现了新的思潮，当时既叫作“社会主义”，又叫作“社会学”。当时出现“社会主义”和“社会学”就是力图解决社会上日益加剧的社会问题。“社会主义”和“社会学”刚出现时是同义词，并没有进行区别。“社会主义”与“社会学”同源是指：出现在同一时间，即19世纪的二三十年代；出现在同一地点，即西欧；为解决共同的问题，即资本主义的发展和劳资阶级的矛盾所带来的许多社会问题。

“社会主义”与“社会学”这两个词，自1820年以来是作为同义词在法国圣西门主义者和傅立叶主义者当中混用的。到1844年左右，法国小资产阶级社会主义者蒲鲁东还认为这两个词是一个意思。蒲鲁东在1844年给他的朋友茹尔·阿加特·米考德的信中说：“研究人与人之间的关系这个内容被德国人称为人类学或人道主义，而我称它为社会主义或社会学。”但是，从19世纪40年代后期起，“社会主义”与“社会学”就“分道扬镳”了。

“社会主义”一词是在1753年由德国神学家安·德辛最先使用的，它最初的意思是指“人的社会性”。到了19世纪30年代，圣西门派在《环球》杂志上发文，把社会主义作为一种与资本主义不同的新的社会制度来理解。到19世纪三四十年代，三大空想家——圣西门、傅立叶、欧文的门徒以及欧文本人都开始使用社会主义一词，作为与资本主义制度不同的新概念。三大空想家要改变资本主义制度，提出建立一种新的理想社会，即社会主义社会。但他们只设想在资本主义的矛盾解决之后会出现一个和谐的新制度，却没能从社会发展的规律对社会主义给予科学的论证。到19世纪40年代中期，德国出现了两个伟大人物——马克思和恩格斯，他们于1842—1847年参加了社会阶级斗争、工人运动和科学研究，通过这三个途径完成了他们的三大转变：阶级立场由资产阶级知识分子转为无产阶级知识分子；世界观由唯心主义转变为唯物主义；政治观由民主主义转变为共产主义。他们批判地继承了空想社会主义，论证了科学社会主义。1847年底，马克思、恩格斯受第一个共产党——共产主义者同盟的委托起草《共产党宣言》，这标志着科学社会主义的诞生。但“科学社会主义”一词，马克思、恩格斯很晚才开始使用。19世纪40—60年代，他们并不把自己的学说叫作科学社会主义，因为当时欧洲有很多打着社会主义旗号的派别，都是资产阶级、小资产阶级社会主义者派别。为了与资产阶级、小资产阶级社会主义相区别，马克思、恩格斯没有把自己的学说称为“社会主义”，而称“共产主义”。

“科学社会主义”一词是1845年德国小资产阶级社会主义者格律恩在《法兰西和比利时的社会运动》中最先使用的，用以指圣西门的社会主义，他认为圣西门一生都在探求新的科学。马克思、恩格斯不同意这个看法，他们在1846年合著的《德意志意识形态》一书中批判了格律恩的这种“高超的臆测能力”。马克思、恩格斯当时认为社会主义不可能是科学，然而到19世纪60年代，马克思的一些信徒却也开始使用科学社会主义一词。1863年成立的“全德工人联合会”，1869年建立的德国社会民主工党，在活动中都提出要实现社会主义。这样，马克思、恩格斯从19世纪70年代起也称自己的学说为科学社会主义。恩格斯在《论住宅问题》中四次提到“科学社会主义”一词[①]。他认为“德国的科学社会主义”与法国蒲鲁东标榜的社会主义是相对立的。马克思在《巴枯宁〈国家制度和无政府状态〉一书摘要》中最早使用“科学社会主义”一词。他反驳巴枯宁所说的“马克思主义者经常使用博学社会主义一词”。马克思说，“**‘博学社会主义’**这个名词从来没有使用过，**‘科学社会主义’**也只是为了与空想社会主义相对立时才使用”[②]。到了19世纪八九十年代，科学社会主义一词使用就更广泛了。到20世纪初，人们已经从广义上把科学社会主义与马克思主义作为同义词使用了，但是从狭义来说，科学社会主义其实是马克思主义的三个组成部分之一。

社会主义作为一门科学，它的主要内容是什么呢？就是科学地论证资本主义必然灭亡、社会主义必然胜利这一近代社会发展的普遍规律，但是这个规律的实现要具备许多基本条件：(1) 要有近代资本主义创造的产业无产阶级的领导；(2) 产业无产阶级要联合广大城乡劳动者，结成广泛的统一

① 马克思，恩格斯. 马克思恩格斯选集：第2卷. 北京：人民出版社，1972：527（2处），528（1处），535（1处）.

② 同①638.

战线；(3) 无产阶级与广大劳动者要通过阶级斗争的道路实现改变资本主义、建设社会主义的目标；(4) 无产阶级要夺取政权，掌握政权，依靠国家力量改造旧制度，建设新制度；(5) 建设新制度要经过过渡时期，即进行社会主义改造和社会主义建设；(6) 依靠无产阶级政党的正确领导。不具备这些基本条件，资本主义就不会灭亡，社会主义就不会胜利。

科学社会主义要建立的新的社会制度包括什么内容呢？社会主义作为社会制度，不仅与资本主义对立，而且有内在的继承关系。社会主义是继承资本主义精华，消灭资本主义弊病，比资本主义更高的新型的社会制度。资本主义精华指资本主义创造的庞大的社会化大生产及其管理体制和管理方法，不继承这个精华就意味着社会主义是建立在落后的小生产的基础上，那就不是科学社会主义，这是指经济方面。在政治方面，资产阶级民主的某些形式，如普选制、罢免制、表决制、任期制、竞选制等等，都是资本主义创造出的高于封建专制的精华。资本主义弊病的根是资产阶级私有制和资产阶级专政。剥削压迫、经济危机、种族歧视、社会犯罪、对外侵略扩张等是资本主义弊病的具体表现，社会主义制度的基本特征是社会主义的生产资料公有制，它可以促进生产力的发展，消灭剥削阶级、消灭剥削制度、消除两极分化，实行按劳分配、劳动人民当家作主。

2. 资产阶级社会学反对科学社会主义

在社会主义朝着革命的方向发展的同时，在资本主义社会中，社会学也逐步形成和发展了，但是它是向着改良主义的方向发展，逐步形成资产阶级社会学。资产阶级社会学是在保护资本主义制度的前提下，对资本主义做点滴的改良，缓和社会矛盾，妄图用改良主义的方法解决社会问题。社会学是在 19 世纪 40 年代由法国人奥古斯特·孔德创立的，他曾给圣西门当了七年的秘书，深受圣西门的影响，可以说孔德也一度是空想社会主义者。1823 年孔德因为在理论上、政治上与圣西门的分歧越来越大，遂与圣西门分开，随后他创立了资产阶级社会学。

从 1826 年起，孔德组织了一帮人宣讲他的实证主义哲学。他的讲稿在 1830 年至 1842 年陆续出版，共有六大卷，叫《实证哲学教程》。“社会学”

一词就是在1839年出版的第四卷中提出的。孔德把全部科学划分为五门：天文学、物理学、化学、生物学、社会学。他要使社会学与其他科学一样成为周密的、用实证来检验的科学。孔德后来被称为“社会学之父”，不仅因为他首先阐明了社会学概念的内涵，而且因为他为后来的资产阶级社会学奠定了基础。他认为社会学是专门以社会现象为对象的，对全部根本规律所进行的实证的研究。他把人类知识的发展分为三个阶段：神学、玄学和科学。与知识发展相适应，人类社会的发展也有三个阶段：神学精神统治的军事和君主的社会组织阶段，玄学精神统治的抽象法制政治阶段，实证精神统治的产业制度阶段。这三个阶段都是由人们的精神决定的，可见这显然是唯心史观。孔德把社会学分为社会动力学和社会静力学。动力学解决社会发展规律的问题；静力学解决社会和谐生存的条件的问题，主要条件是使宗教和世俗两种权力和谐并存。社会现象中“爱是原则，秩序是基础，进步是目的”。孔德自称是“秩序”的拥护者，他所确认的“秩序”就是没有矛盾的资本主义制度。他的社会动力学也讲社会的发展变化，但只承认科学、生活条件、人性、道德的发展变化，不承认社会制度的发展变化，不承认资本主义私有制要发生变化。他反对生产资料公有制。他认为社会主义、共产主义是高尚的理想，但这是根本不可能实现的空想，而资本主义则是基于科学思维而产生的最合理的社会制度。孔德创立社会学的目的是维护资本主义，反对科学社会主义。

孔德生前影响不大，在他去世后，反而声名鹊起，孔德学派在工人中有过一定的影响，部分学派代表还曾经参加了国际工人协会（第一国际）。马克思和恩格斯从19世纪60年代起开始研究孔德，并有过对孔德及其学派的全面评价，对他的哲学、经济学、政治学以及社会学观点都有过评论。1866年7月7日马克思在致恩格斯的信中，肯定他在个别细节问题上比黑格尔强，但从总体上看，黑格尔要比孔德伟大得多，指出他的博学迷惑了很多人。1869年3月20日马克思致恩格斯的信中又一针见血地指出：“在我看来，实证哲学就意味着对一切实证的东西的无知。”①

① 马克思，恩格斯．马克思恩格斯全集：第32卷．北京：人民出版社，1975：265.

第一国际成立后，孔德思想的支持者即孔德派力图打进其中，巴黎无产者-实证论者协会这个哲学团体早就派过莫尔作为代表参加 1869 年 9 月在瑞士召开的第一国际巴塞尔代表大会。当时就是否接纳他的问题，大会进行过争论，因为他是代表一个哲学团体，而不是代表工人组织；虽然他本人及团体成员都属于工人阶级，最后他作为第一国际的个人会员的代表被接纳了。这些青年在巴黎组成了大约包括六七个人的支部。伦敦和巴黎的孔德主义者便借此大肆喧嚣，他们认为这是向第一国际打进了一个楔子。总委员会在答复巴黎无产者-实证论者协会的入会申请时很有礼貌地提醒他们，只有在了解他们的纲领之后才能吸收他们，于是他们送来了一份纲领。这个纲领带有明显孔德主义标记，第一国际对之做了尖锐批判，加以拒绝，经长时间讨论后决定：由于他们是工人，该团体可被接纳为一个一般的支部，但不能是实证主义者支部，因孔德主义原则同国际章程相抵触……至于他们怎样使他们独有的哲学观点同章程原则一致起来，那是他们的事情。

孔德派加入第一国际后继续影响工运。在巴黎公社时期他们把公社只是看成城市自给组织，不理解工人为什么要否定帝国制度和私有财产制度，以遗憾的口吻谈论消灭“财产”的威胁，他们认为私有财产制是永恒的，消灭私有财产制就是消灭财产。马克思说：“正像他们现在为资本统治的‘恩德’和雇佣劳动制度进行辩护一样，如果他们生在封建时代或奴隶制度时代，他们会同样地把封建制度和奴隶制度当做建立在事物本性基础上的制度、当做自发地成长起来的自然产物而加以保卫；他们也会猛烈抨击这些制度的种种‘弊端’，但同时他们会由于自己极端无知而用什么这些制度是‘永恒的’，是有‘道德节制’（‘限制’）加以纠正的说教，来反驳预言这些制度将被消灭的主张。”“可怜的人们！他们甚至不知道，财产的任何一种**社会形式**都有各自的‘道德’与之相适应，而那种使财产成为劳动附属品的社会财产形式，绝不会制造个人的‘道德限制’，而会将个人的‘道德’从阶级束缚下解放出来。”①

① 马克思，恩格斯．马克思恩格斯全集：第 17 卷．北京：人民出版社，1963：610.

同样，资产阶级社会学另一奠基人斯宾塞也是反对科学社会主义的。赫伯特·斯宾塞是社会有机论的创始人，鼓吹社会达尔文主义。他认为社会如同生物有机体，社会上的不同阶级如同动物肌体中负责提供营养、分配和调节等功能的器官一样，劳动者如同肌体中的营养系统，从事生产，资本家如同肌体中的头脑。他坚持社会划分为不同阶级是生物规律的自然结果，反对资本主义就是“反自然性”；否认资本主义矛盾，鼓吹资本主义社会是最理想的平衡体系；劳资两个阶级共存，进步和保守势力均衡，是合理的自然现象；诬蔑无产阶级的革命斗争是对和谐均衡的破坏，违反自然规律。他公开反对社会主义，认为集体主义原则“从生物学的角度来看是极为有害的”，从心理学角度来看是荒唐的，因为它“鼓励坏人依赖好人为生”。他的《社会静力学》一书出版后，马克思对其进行了批评，指出斯宾塞的“这本书是妄想完全驳倒共产主义的”。

总之，马克思、恩格斯在19世纪对资产阶级社会学一直抱否定态度，因为它为资本主义制度辩护，希望通过点滴改良，保护资本主义制度，而科学社会主义要做的是改变资本主义，建立社会主义、共产主义新制度。资产阶级社会学产生之后一直是与科学社会主义对立的，它力图抵制科学社会主义的传播和影响的扩大。

3. 科学社会主义与西方社会学在中国的传播也是同源不同向，同步不同宗

西方资产阶级社会学几乎与科学社会主义同时在中国传播，也是同源不同向，同步不同宗。20世纪初正是革命浪潮高涨之时，斯宾塞的《社会学的研究》于1903年由严复译为中文出版，书名当时译为《群学肄言》。梁启超在他主编的《新民丛报》第38－39期合刊上发表过哀悼性文章：《大哲学家斯宾塞略传》。严复在译序中教训革命派，认为中国的变革要缓慢地进行，而不能骤然急变，只能改良，不能革命。

马克思主义的科学社会主义也在20世纪初被带到中国。1903年出版的日本福井准造所著的《近世社会主义》，论述了马克思的生平及其科学社会主义学说。1905年朱执信在《民报》发表文章，除介绍马克思生平

外，还译了《共产党宣言》部分内容。1908年《共产党宣言》英文版序和第一章在《天义报》发表。1912年恩格斯的《社会主义从空想到科学》在上海刊发的《新世界》上连载。1917年十月革命胜利后，科学社会主义全面自觉地在我国传播。1920年8月出版《共产党宣言》全译本。从此，科学社会主义的影响日益增大。这时西方资产阶级社会学更加对抗科学社会主义。1920—1922年，出版了美国资产阶级社会学家爱尔乌德的三本著作的中译本：《社会学及现代社会问题》《社会心理学》《社会问题——改造的分析》。爱尔乌德明确指出，我们在用科学方法改造社会的时候，应当丢开马克思所提倡的社会革命，而另筹改良社会的正当方法，足以代替社会主义以求良好的社会生活。马克思主义所主张的"穷人享有政权"，"把私有的生产资料变成社会公有"，"废除阶级，使世界上人们的经济状况一律平等"① 等，都是妄想。

除翻译国外书籍以抵制并攻击社会主义外，中国的资产阶级社会学学者也著文反对科学社会主义。卜愈之在《社会学及社会问题》一书中说，"不留心科学的人，多半不知道社会学和社会主义的区别，这是因为提社会主义的人，认为他们的主义是一种科学的缘故。其实这种主义不过是他们具体的规划罢了。他们的宗旨是使'生产'的方法中废止私有的财产；换言之，就是要把现在的社会推翻。抱这种主义的人，称他们的学说是科学的。其实他们的学说，或许是根据科学而生，但绝不能称之科学。社会学乃是一种科学，他是要研究社会的组织和变化上的根本的状况，以明白社会的现状去推求真理，并不是固执成见的要把现在的社会推翻。所以社会学和社会主义是绝无关系"。这里一方面攻击科学社会主义不是科学，另一方面倒是坦率道出了资产阶级社会学与科学社会主义的根本对立。

到20世纪40年代，在国民党统治区流行很广的一本《社会学》中讲："社会学是一种科学，社会主义则是若干人对于经济生活或政治生活的一种主张或见解。这种主张或见解的实现，自有其道途可寻，方法可依，如必须借社会学之名而后可以推动与实行，则不仅有损科学的尊严，抑且反

① 爱尔乌德. 社会学及现代社会问题. 上海：上海印书馆，1920.

证其自身必有所缺点而不能使一般人笃信无疑。”这里所说的借社会学之名进行传播，乃是当时马克思主义者被迫采取的一种宣传社会主义的策略，如 20 世纪 20 年代瞿秋白、恽代英等在上海大学设立过社会学系，宣传科学社会主义理论，20 世纪 30 年代李达著《社会学大纲》，20 世纪 40 年代许德珩在北大讲“社会学概论”等。这在一部分人中造成一种错觉，以为社会主义与社会学是一回事。20 世纪二三十年代社会学也曾受反动军阀压制，有的社会学者甚至被反动派杀害，如冯锐就被军阀韩复榘逮捕枪杀。

以上说明资产阶级社会学与科学社会主义是根本对立的，历史上马克思主义者反对、批判资产阶级社会学是完全必要的、正确的；但是马克思主义者在反对资产阶级社会学时犯了一个历史性的大错误，即长期以来否定建立无产阶级社会学的必要性。

4. 科学社会主义与无产阶级社会学关系密切，互相促进

（1）资产阶级社会学的某些方法和成果值得借鉴。

我们细读马克思的著作就会发现：他从总的方面是否定资产阶级社会学的，然而在具体问题上还是肯定资产阶级社会学者研究社会问题时所运用的某些方法和取得的成果。例如，比利时资产阶级统计学家、应用社会学的创始人朗伯特·凯特勒（1796—1874）于 1835 年出版了一本名著《人和人的能力之发展，或试论社会物理学》。马克思读到该书 1842 年的英译本之后，多次给予很高的评论并且引用此书的材料。马克思从凯特勒的统计数字中引申出自己的结论：凯特勒的统计数字证明“社会的这一或那一部分国民犯罪行为的平均数与其说决定于该国的特殊政治制度，不如说决定于整个现代资产阶级社会所特有的基本条件”。马克思是主张“改变产生这些罪行的制度”，即资本主义制度，而不是像资产阶级社会学家那样“去颂扬那些处死相当数目的罪犯来为新的罪犯腾出位置的刽子手”①。可见，科学社会主义者是可以从资产阶级社会学家的某些调查统计做出自己

① 马克思，恩格斯. 马克思恩格斯全集：第 8 卷. 北京：人民出版社，1961：580.

的革命结论，而摒弃其改良观点。

凯特勒本来是个统计学家，他的主要功绩是把数学或然率的原理和方法引进统计学。他在社会学上的重要贡献是从统计分析入手，研究社会上普通人与个别人的关系，创立了“平均的个人”论。我们现在通常使用的“人均国民生产总值”“人均国民收入”等，就是从这个“平均的个人”论衍化而来的，它从一个侧面可以看出一个国家在一定时期的生产水平和人民生活水平。可是苏联理论界却对这一理论抱否定态度，给凯特勒的“平均的个人”论扣上了反科学的、反动的帽子，认为这是违反阶级分析的。凯特勒在他的名著中还提出了关于“匀称的人”的理论，他认为“匀称的人”是最完美的、“真正的典型”，而单独的个人只不过是这种典型的畸形表现。马克思于 1875 年 8 月到达捷克的卡罗维发利疗养时，在致恩格斯的一封信中谈到他对疗养地的观感时，还诙谐地借用了凯特勒的有关说法。他写道：“这里的人尽管换来换去，但是看起来还是象从前一样：凯特勒的‘匀称的人’绝无仅有；相反地，大部分人是两个极端，不是肥胖得象酒桶，就是干瘪得象纺锤。”①

列宁也肯定统计在社会研究中的意义。他在《现代农业的资本主义制度》一文中指出：“一般的社会统计，特别是经济统计，最近二三十年来作出了巨大的成绩。有许多问题，而且是涉及到现代国家的经济制度和这种制度的发展的最根本问题，过去是根据一般的估计和大致的材料加以解决的，现在如果不根据按某一个一定的纲要收集并经统计专家综合的关于某一国家全国情况的浩繁材料，就无法加以比较认真的研究。”② 很多资产阶级学者想根据某些统计材料推翻马克思主义基本原理，所以如何对统计材料进行正确的综合和分析是更加重要的问题。列宁在文中就根据资产阶级学者提供的统计资料做出了与资产阶级社会学家完全不同的论断。列宁在 1917 年初还写成了《统计学和社会学》一文，从这篇文章的标题就可以看出，列宁不仅强调了统计学与社会学的紧密联系，而且在一定意义上肯定了社会学。文中列宁运用资产阶级学者做出的统计材料论述了马克思主

① 马克思，恩格斯．马克思恩格斯全集：第 34 卷．北京：人民出版社，1972：6.

② 列宁．列宁全集：第 16 卷．北京：人民出版社，1959：420.

义对帝国主义时代民族问题和民族运动的看法。

（2）如何区分社会学与科学社会主义的研究对象？

社会主义国家建立后，进行社会主义建设迫切需要社会学。建立无产阶级社会学，首先要确定它的研究对象，进而划清与其他学科的界限。

社会学究竟研究什么？历来各派社会学家众说纷纭，各执一端。我国社会学恢复、重建之后，我国学者提出了自己的各种新看法。由著名社会学家费孝通同志负责主编、七院校联合编写的《社会学概论》认为："社会学是从变动着的社会系统的整体出发，通过人们的社会关系和社会行为来研究社会结构、功能、发生、发展的一门综合性的社会科学。"① 这个意见大体上还是在综合过去看法的基础上提出的，而且表述略显冗长。中国人民大学社会学研究所所长郑杭生同志对社会学研究对象提出了自己的看法。他说："社会学是关于现代社会良性运行和协调发展的条件和机制的综合性具体科学。"不过，社会良性运行和协调发展的条件和机制涉及财经、政法、文教以及对外关系等多方面一系列问题，恐怕不是一门社会学能够包括得了的。

社会学的研究对象是有待进一步探讨的问题。这里我想着重讲的是社会学应如何与历史唯物主义和科学社会主义区分研究对象。苏联等社会主义国家学者还受传统观念束缚，仍有人把两者混同。罗任所著的《马克思主义社会学导论》认为，"历史唯物主义是社会学"，"马克思主义社会学研究社会生活一切经济战线内各种社会关系（现象）的发展规律和职能。简单而确切地说，马克思主义社会学研究各种社会形态的发展规律和职能"。作者又认为，"科学共产主义研究对象比历史唯物主义狭窄得多，它只研究一个共产主义社会形态产生和形成的一般规律"，"科学共产主义研究的是国际共产主义运动的理论和策略问题，是社会主义和共产主义建设的规律问题。马克思主义社会学研究的是阶级和阶级斗争、社会革命、社会经济形态有规律的更替和发展的一般理论"②。1977 年在莫斯科出版的《社会学家工作手册》，提出马克思主义社会学研究的是"社会经济形态的

① 《社会学概论》编写组．社会学概论（试讲本）．天津：天津人民出版社，1984：5.

② 罗任．马克思主义社会学导论．武汉：华中工学院出版社，1982：28，41-42.

发展和功能的一般规律性和特殊规律性，是一门关于这些规律在个人、社会团体、阶级和各族人民的活动中的作用机制和表现形式的科学”。这似乎为苏联社会学界多数人所公认。1979 年出版的奥西波夫所著的《苏联社会学研究的理论与实践》一书引用了这个定义①。这比历史唯物论的研究对象稍具体一些，但仍未划清社会学与历史唯物论的界限。1977 年出版的阿斯曼·斯托贝格所著的《马克思列宁主义社会学原理》也认为，“马列主义社会学是在各种社会现象与过程的相互联系中对它们进行综合研究，以找出社会规律性”②。在这个表述当中，也还是涉及历史唯物论和科学社会主义研究的范围，难以与之划清界限。

我认为社会学既然要作为一门独立科学来研究，就要与历史唯物主义和科学社会主义大体划清界限。不能再用马克思主义社会学指历史唯物主义。马克思主义社会学与无产阶级社会学应是同义词，前者指社会学的指导思想，后者指社会学的阶级属性。马克思主义即无产阶级思想体系。社会学只有两种，即资产阶级社会学和无产阶级社会学。无产阶级社会学是在批判继承资产阶级社会学的基础上以历史唯物主义、科学社会主义为指导建立的。无产阶级社会学分两部分：资本主义部分、社会主义部分。社会学与科学社会主义研究同一范围和领域，即资本主义社会和社会主义社会。社会学按其性质来说是属于现状科学和应用科学，不属于历史科学和理论科学。古代社会的社会问题主要应由历史学研究。科学社会主义与社会学都属于现状科学，但又有不同：前者基本上是理论科学，主要是从宏观上研究如何改变资本主义世界、建设社会主义世界的问题；后者基本上是应用科学，主要是从微观上研究资本主义社会和社会主义社会中的具体社会问题。科学社会主义研究什么？多数《科学社会主义》教材和专著都表述为：“研究无产阶级解放斗争的性质、条件和一般目的的科学。”恩格斯当年针对西欧资本主义发达国家无产阶级日益占据人口多数的情况，又与空想社会主义者相区别，故强调无产阶级的解放。近百年来情况发生很大变化。许多不发达国家中占人口多数的农民、手工业者等都是在科学社

---

① 奥西波夫．苏联社会学研究的理论与实践．北京：中国人民大学出版社，1982：176.

② 斯托贝格．马克思列宁主义社会学原理．哈尔滨：黑龙江人民出版社，1983：1.

会主义的指引下获得解放的。所以我认为科学社会主义的研究对象应该概括新的实践经验。我把科学社会主义的研究对象表述为：研究改变资本主义、帝国主义世界，建设社会主义、共产主义世界的一般规律。可以说无产阶级社会学是以科学社会主义为指导，研究各国人民当今面临的社会问题的产生、发展规律和对策的科学。

社会学的社会主义部分亦称社会主义社会学，它是要解决社会主义社会中的社会问题，如人口、劳动、就业、住宅、宗教、社会犯罪、婚姻家庭等。社会主义各国各个时期面临的社会问题重点有所不同，总的说来各个社会问题的解决都要为社会主义建设服务。社会学的资本主义部分，要解决资本主义社会中的社会问题，过去资产阶级社会学用改良的办法解决社会问题，维护资本主义统治。马克思、列宁预计很快能推翻资本主义制度，用革命的办法从根本上解决社会问题。实践证明，资本主义制度在很多国家不可能很快被推翻，在缺少开展直接革命的条件下，改良如果按照对广大无产者和人民群众有利的方向发展，还是有积极意义的。马克思主义社会学学者在资本主义国家应该善于为维护和增进工人阶级和广大人民群众的权益而出谋划策。很多资本主义国家中的共产党人当议员、议长、市长、部长，甚至国家元首，他们要学会管理市政、管理社会、管理国家，造福人民群众，积累执政经验，以备逐步改变资本主义世界。所以研究无产阶级社会学的资本主义部分也有现实意义，它与资产阶级社会学要维护资本主义制度从根本上说是对立的，它要善于与资产阶级社会学争夺群众。

郑杭生同志把马克思主义社会学的两种形态概括为“革命批判性的形态和维护建设性的形态”。“革命批判性的形态，就是以揭露批判资本主义社会致命的弊病为主要任务，以推翻资本主义社会为主要目标的社会学。”① 我认为这个看法值得商榷。如果马克思主义社会学在资本主义条件下只限于揭露批判资本主义社会的致命弊病，并以推翻资本主义社会为主要目标，那么它就不能成为一门独立的科学，因为这些内容本来应归科学

① 光明日报，1985-07-29.

社会主义研究，用不着另立一门社会学。所以这种表述实际上还是混淆了社会学与科学社会主义的界限，把二者混为一谈。况且，郑杭生同志既然认为“社会学是关于现代社会良性运行和协调发展的条件和机制的综合性具体科学”，那么资本主义社会学为什么不去研究社会良性运行和协调发展的条件和机制？是不是资本主义社会的固有矛盾和弊病决定了它根本不可能具有良性运行和协调发展的条件和机制？从资本主义私有制和社会化大生产的矛盾、无产阶级同资产阶级的矛盾以及周期性经济危机、失业、社会犯罪等方面来看，这些矛盾和弊病确实在资本主义制度范围内不可能从根本上得到解决，但是从长期的实践经验来看，资本主义社会的某些具体矛盾和弊病，在发达的资本主义国家，在生产和科学技术进步的基础上经过种种努力却是可以得到局部解决或者有所缓和的。因发展工业而造成的环境污染和生态破坏近几十年来有较大改善，例如过去烟雾弥漫的伦敦现在大体上已接近空气清新，混浊的泰晤士河也基本干净了。如果资本主义社会在任何问题上都不能达到良性运行和协调发展的条件和机制，它恐怕早就因社会矛盾激化而被无产阶级和人民群众推翻了。好多发达的资本主义国家之所以长期不具备开展直接革命的形势，其重要原因之一就是当权的资产阶级富有统治经验，想方设法处理面临的突出的社会问题，尽可能制造良性运行和协调发展的条件和机制，使各种社会矛盾钝化，以维护资本主义制度和资产阶级统治。在这种状况下，发达资本主义国家的马克思主义社会学者，就不能仅限于揭露批判资本主义社会的致命弊病，更不能在不具备革命形势的情况下轻率地号召无产阶级和人民群众起来推翻资本主义制度，而应该善于利用合法条件，进行合法斗争，为扩大和增进无产阶级和人民群众的权益出谋划策，为无产阶级积累管理企业、管理国家、管理社会的经验而努力奋斗，使社会的良性运行和协调发展往有利于无产阶级解放而不利于维护资产阶级统治的方向前进。我认为马克思主义社会学或无产阶级社会学有两种形态，但不是分为革命批判性形态和维护建设性形态，而是分为解决资本主义的社会问题和解决社会主义的社会问题这两种形态。解决资本主义的社会问题最终要达到改变、推翻资本主义社会的目标，解决社会主义的社会问题是为了更充分地显示社会主义的优越性，最终实现共产主义。

总之，我认为社会学与科学社会主义是有不同的研究对象的。科学社会主义是研究改变资本主义、帝国主义世界，建设社会主义、共产主义世界的一般规律的科学；社会学是以科学社会主义为指导，主要研究资本主义社会和社会主义社会各国人民面临的社会问题的产生、发展规律和对策的科学。

（3）科学社会主义与社会学的三种关系：平行、主从、交叉。

社会学与科学社会主义有共同的研究范围和研究客体，即两者都是研究资本主义社会和社会主义社会。因此两者有密切的关系。

首先，科学社会主义与社会学是平行的关系。它们是两门各有不同研究对象的并列的科学。既不能把社会学包括在科学社会主义之内，如某些科学社会主义教材和专著，把应归社会学研究的婚姻家庭等具体问题也作为专章列入；也不能把科学社会主义包括在社会学之内，如现有的某些社会学教材和专著，把应归科学社会主义研究的阶级划分和社会结构等重大问题也作为专章写进。有的同志虽然也认为社会学与科学社会主义是两门平行的科学，但是把科学社会主义看成是研究无产阶级解放的政治规律的科学，这无异于把科学社会主义与无产阶级政治学等同起来，如果科学社会主义就是无产阶级政治学，那么政治学与社会学就只有平行的关系。实际上，科学社会主义与社会学除了平行关系之外，还有更深一层的关系。

其次，科学社会主义与社会学是主从关系，即要以科学社会主义为指导开展社会学的研究。这样说有些同志可能感到诧异，既然科学社会主义与社会学是两门平行的科学，为什么社会学要以科学社会主义为指导呢？大家都会同意无产阶级社会学要以马克思主义为指导，而科学社会主义正是马克思主义的核心，正是马克思主义三个主要组成部分中最直接指导无产阶级和人民群众解放斗争的一部分，所以说社会学以科学社会主义为指导，我认为是顺理成章的。与其说社会学以历史唯物主义为指导，不如说社会学以科学社会主义为指导更直接、更明确一些。因为历史唯物主义是研究整个人类社会历史发展的规律，而科学社会主义则是以历史唯物主义为指导，研究资本主义社会衰落、灭亡和社会主义社会产生、发展的规律。科学社会主义是从总体上解决社会制度变革，即改旧建新的根本问题。社会学是以科学社会主义为指导，主要解决具体的社会问题。社会学应作为科学社会主义的必不可少的重要的补充。如果缺少社会学，科学社会主义只解决重大问题，具体问题解决不好，那么社会主义优越性就难以全面充分发挥，甚至还会影响重大问题的解决。如果缺少科学社会主义的指导，那么具体社会问题的解决就会迷失方向或者偏离正确的方向。所以，我们应该把科学社会主义和社会学看成同舟共济、互相依存的两门科学。它们都在社会主义的航船上，共同协作、互相配合，向着共产主义前进。科学社会主义掌舵，社会学划桨。如果只划桨，没有舵，就会迷失或偏离航向，甚至搁浅，翻船。例如，我们过去背离了科学社会主义，乱批所谓资产阶级人口论，结果造成人口过度膨胀，就是一个惨痛的教训。当然，在社会主义的航船上，不只有社会学这一支桨，还有政治学、经济学、法学、历史学、伦理学、教育学等许多的桨，共同为社会主义、共产主义事业贡献力量。

最后，科学社会主义与社会学还有交叉关系，即资本主义社会和社会主义社会人民群众所面临的许多社会问题，是不能硬性划分给社会学或科学社会主义分别孤立地去进行研究的，需要两者甚至更多的学科协同研究、综合治理。例如，关于如何减少、防止和惩治社会犯罪的问题，就需要科学社会主义、社会学、法学、心理学、教育学等学科交叉研究、互相协作。科学社会主义着重从正确区分和处理敌我和人民内部两类矛盾、从加强社会主义物质文明和精神文明建设、从改善人民民主专政等方面着手解决；社会学则着重从妥善解决劳动就业、劳动纪律、工资福利、闲暇时间安排等问题着手解决。

（4）社会学与科学社会主义是互相促进的。

社会学与科学社会主义这两门科学的互相促进，表现为一方面以科学社会主义为指导开展社会学的研究，另一方面社会学的研究又丰富、发展科学社会主义并端正、加深对科学社会主义的理解。

在实践中，我们要正确地对待科学社会主义，更好地解决社会问题，还要认真解决社会问题，努力探索，发现科学社会主义理论中的缺陷和实践中的弊病。

总之，无产阶级社会学与科学社会主义关系密切，所以社会学者同科学社会主义者要同心协力，殊途同归，共同为社会主义、共产主义的目标奋斗。

第二章　社会主义思潮的演变*

一、古代的理想社会观

在人类历史上，有一个永恒的主题长期以来吸引亿万人去努力探索，这就是如何实现人类解放，使人类摆脱各种奴役的枷锁，真正获得自由和全面的发展。人类社会起初由于生产力异常低下，人类备受自然的奴役，因此开始探索如何改造自然，改进工具，发展生产以实现丰衣足食，使人类逐步从自然的奴役中解放出来。可是一旦生产力发展到有了剩余产品的阶段，就产生了私有制和阶级、剥削和压迫，于是劳动人民尚未完全摆脱自然的奴役，又陷入了社会的奴役。这样，劳动人民又开始追求如何消灭剥削和压迫，以便从社会奴役中解放出来。在古代，就有不少仁人志士积极探索建立一个没有剥削和压迫、实现财产公有制和人类解放的理想社会。这种古代的理想社会观从奴隶社会到封建社会，代代相传。它不仅推动了劳动人民开展反抗剥削和压迫的斗争，而且成为近代社会主义思潮的

---

* 本章内容选自：高放．社会主义的过去、现在和未来．北京：北京出版社，1982.

历史源头。所以要了解近代社会主义思潮的产生，首先就要了解古代理想社会观的内容。

古代的理想社会观不叫作社会主义，它在各个国家的叫法也不尽相同。古代的理想社会观在我国历史上叫作“大同”或者“太平”。比较系统而又最有影响的关于“大同”世界的理想。这个“大同”世界的理想归纳起来有以下几点：第一，天下为公，就是实现财产公有制，社会财富归全体人民共同占有，不归私人占有；第二，人人应该尽力劳动，不当寄生虫，丧失劳动能力或不能劳动的人，要得到社会的适当安排和妥善照顾；第三，“大同”世界里担任公职的人应该由选举产生，“选贤与能”就是选举德才兼备的人管理这个社会；第四，将来的社会安定团结、秩序良好、讲求信义、大家和睦，没有人兴风作浪、搞阴谋诡计，晚上睡觉都不必关门，不用害怕有人盗窃、抢劫；第五，“大同”世界没有掠夺，没有战争，人们互助、互敬、互爱。“大同”世界的思想在我国的影响非常深远，近代改良主义者康有为写的空想社会主义著作就命名为《大同书》。这本书是在20世纪初完成的，1884年开始构思，1913年部分发表于《不忍》杂志，一直到1935年才出版全书。毛泽东在《论人民民主专政》一文中曾把康有为列入近代“向西方寻求真理”的“先进的中国人”；还提到康有为这本书，说：“康有为写了《大同书》，他没有也不可能找到一条到达大同的路。”毛泽东和周恩来都曾经用“大同”这个词来表达科学社会主义、科学共产主义的理想。

除了“大同”理想以外，我国古代劳动人民还追求一种社会理想，叫作“太平”世界。“太平”的基本意思就是天下大治、人人平等。宋朝钟相起义时提出“等贵贱，均贫富”的口号。“太平世界”这种农民的社会理想在历史上影响也是很深远的，洪秀全领导农民起义的时候，就提出建立“太平天国”，即农民的理想王国。康有为在《大同书》中把公羊三世之义与“大同”理想结合起来。古代公羊家认为社会发展分为三世：据乱世，升平世，太平世，以太平世为社会发展的最高阶段。

以上说明，在我国奴隶社会、封建社会中早就有近似近代社会主义的理想社会观，当时叫作“大同”世界或“太平”世界。

在西方，古代的理想社会叫什么呢？最初，最有影响的是古希腊黄金时代的传说。古希腊人不满当时奴隶制度的剥削和压迫，幻想出一个黄金时代，认为它将是人类最美好的时代，黄金时代的社会物产丰富，没有私有制、没有政权，人们平等自由、生活幸福。这种黄金时代的理想，实际上带有复古主义色彩，美化原始社会，想倒退到原始社会。原始社会固然没有剥削和压迫，但物产并不丰富，生产力很低，人们的生活很困苦，并不幸福。这种黄金时代的理想对后来欧洲社会主义思想的产生起过重大作用。在古希腊知识分子中最有影响的是柏拉图，他的代表作是《理想国》。柏拉图反对君主专制，提出了建立一个至高极乐的共和国的理想。在这个至高极乐的共和国中，没有暴力、没有贫富对立，社会有公正的原则，实行物质财富的公有制。他认为私有制是一切争端和动乱的根源，所以只有确立财产均等的制度才是达到社会幸福的唯一道路。他主张男女平等，认为妇女应走出家庭，与男子共同担任公职、建设社会、保卫国家。教养儿童应由社会负责，儿童从小就应通过音乐教育陶冶性情，通过体育教育锻炼体魄。青年人要学习各种科学。30～50岁的人适合担任国家领导职务。在他的理想国内，有三个等级，三个等级分别对应三种职能：哲学家——管理国家，武士——保卫国土，自由民——从事生产。他主张选举最有学问的哲学家担任执政者。柏拉图主张社会应有严格的分工、劳动应有严格的分工，分工是划分社会等级的基础。他认为在“理想国”中执政者（哲学家）、武士和自由民这三个等级的绝对分工永远不变、世代相传，就可保证贵族的永久统治。柏拉图这个至高极乐的共和国的理想对之后的社会主义思潮，产生过很大影响。

古代欧洲社会也和中国社会一样，除了上层知识分子提出过社会理想以外，下层农民中也流行过类似“天下为公”的社会理想。例如在罗马帝国，农民就很向往维吉尔的诗篇中所描绘的理想世界：“没有篱笆和界石来分开田垄，没有土地的争讼，天下为公！”① 在英国14—15世纪的农民起义中，有人提出财产公有、平均分配的理想。英国农民起义的领导人

① 比尔. 英国社会主义史：上. 北京：商务印书馆，1960：1-2.

约翰·保尔主张，“一切东西尽归国有，没有奴隶和主人的区别”，生活完全平等。他非常不满当时社会上一些人可以穿天鹅绒的衣服，而广大农民只能穿破麻布；他愤怒谴责富人有美酒、香料和精制的面包，而穷人只有黑面包和清水。欧洲古代农民也和中国古代农民一样，有一种追求财产公有、消灭剥削、实现人类平等的理想。“财产公有”就是当时欧洲盛行的理想社会观。

总而言之，在古代的理想社会观中有一种反对剥削压迫、反对贫富对立，主张财产公有制和人类平等的思想。当社会上有较多的人持有一种思想时，这种思想就会发展成为一种社会思潮。这种社会思潮在历史上曾唤起并鼓舞广大劳动人民去为推翻剥削、压迫制度而斗争，同时这种思潮对近代空想社会主义的产生有着重大影响。人类思想的发展是有继承性的，一种先进理论的形成总要从前人那里吸取充分的养料。近代社会主义正是批判地继承了古代杰出的思想家和农民革命领袖提出的社会理想。但是我们也不要美化古代的理想社会观，应当看到它也有很大的局限性，这主要表现为以下几点：第一，它是以落后的小生产为基础，而不是以先进的社会化的大生产为基础。第二，古代的理想社会观带有复古主义性质，怀念原始社会，实际上是要倒退到原始社会，不利于推动人类社会向前发展。第三，平均主义，要平分财富，过一样的生活，不允许有差别。第四，禁欲主义，在小生产基础上搞社会公有制，必然带有平均主义和禁欲主义的色彩。生产力水平很低，社会财富不丰富，要平等，大家就只好节衣缩食，粗茶淡饭，过苦行僧式的艰苦生活。第五，带有宗教色彩。在西方，这种古代社会理想往往带有基督教色彩；在中国就带有道教色彩，如张角的太平道、张鲁的五斗米教、太平天国的拜上帝教。第六，古代理想社会观的局限性有时还表现为逃避现实，遁世隐居，并不引导人民进行积极的斗争。我们应该看到，虽然古代早就产生了追求消灭剥削、实现平等的社会理想，但是在古代社会生产力非常低下的条件下，根本不可能消灭剥削、不可能消灭阶级、不可能实现人类平等的理想。同时，我们还应该看到这种古代理想社会观的局限性对近代社会主义思潮也有影响，有些近代空想社会主义者就继承了这些局限性。

二、近代空想社会主义

要了解什么是社会主义，首先就要了解社会主义思潮的由来。因为历史上是先有社会主义思潮，然后才有社会主义的实践。近代社会主义思潮产生于近代资本主义生产方式兴起之后，它是资本主义社会存在的反映，是作为反对资本主义的社会意识出现的。社会主义思潮的本质是要使人们从资本的奴役中解放出来，实现人的自由平等和全面发展。作为社会存在的反映的社会意识，不仅有维护社会存在的保守的一面，而且还有预测、推动社会存在发展变化的进步的一面，这正是先进社会意识的能动作用。社会主义思潮正是资本主义制度的社会存在产生的先进社会意识，而它本身又是基于对古代的理想社会观的继承而形成的。所以，在世界上还没有社会主义制度的情况下，在资本主义社会里就产生了社会主义思潮。

近代社会主义理想起源于 16 世纪①。它超出古代理想社会观之处，主要在于古代理想社会观是针对奴隶制度、封建制度的，主张对奴隶制度和封建制度进行改革；而近代社会主义则是反对资本主义制度的，主张建立一种高于资本主义的新社会制度。由于在相当长的一段时间内，欧洲的资本主义发展还很不充分，消灭资本主义、建立社会主义的客观和主观条件都不具备，一些思想家只限于愤怒地谴责资本主义并虚构未来理想社会的方案，所以这种社会主义只能是空想。空想社会主义最初只是由个别人提

① 近代社会主义理想究竟起源于何时，其说不一，刘以治同志在《读书》杂志上读到于光远同志和我之间关于社会主义一词的通信之后，引述了如下这样一种看法："西方有些历史学家认为（社会主义思想）应该说是从 1775 年开始，这一年英国经济学家托马斯·斯宾斯（1750—1814）在他的《人的真正权利》一书中首先提出废除土地私有制，建立农业社会主义的主张。"（见 1979 年第 9 期《读书》，第 35 页）。这一看法源于美国哥伦比亚大学出版的《哥伦比亚百科全书》。但是，斯宾斯虽然也属于空想社会主义学派之列，可他比近代空想社会主义的奠基人莫尔晚了两百多年，而且其思想也不如莫尔全面、彻底，他自己也承认，他的理想是介于莫尔的《乌托邦》和哈林顿的《大洋国》之间。莫尔主张财产公有、集体劳动、集体生活，而在英国新贵族思想家哈林顿理想的"大洋国"中，只是实行土地国有，建立共和政府。

出，后来社会上信仰者逐渐增多，乃形成社会思潮。在马克思、恩格斯的科学社会主义诞生以前，空想社会主义思潮在欧洲从16世纪到19世纪，经过大约300多年时间的发展。它在近代世界历史的长河中可以说是源远流长。近代资本主义生产方式的确立经历了家庭手工业简单协作、手工工场和机器工业这样三个时期；与之相适应，近代欧洲空想社会主义思潮也经历了从初级、中级到高级形态的发展变化，这种变化大体上也可以划分为以下三个时期：

近代空想社会主义的第一时期是16—17世纪的资本原始积累和家庭手工业简单协作时期。这一时期的主要代表人物是英国的托马斯·莫尔（1478—1535）和意大利的托马斯·康帕内拉（1568—1639），这两个“托马斯”是近代社会主义最早、最有影响的双璧。英国的莫尔于1516年出版了《关于最完美的国家制度和乌托邦新岛的既有利益又有趣的金书》，此书尔后以其简称——《乌托邦》闻名于世。意大利的康帕内拉深受莫尔的影响，于1623年出版了他在监狱中写成的《太阳城》，这本书在历史上也颇负盛名。这两本书开创了空想社会主义的新时期，最初只有这两个“托马斯”分别提出与资本主义不同的公有制社会制度的新理想，还没有形成派别、没有付诸实践。这两个“托马斯”都积极投身现实政治斗争，莫尔拒绝宣誓承认国王是教会的首领，康帕内拉坚决反对罗马教廷和西班牙侵略者，结果他们都遭到监禁，莫尔最后被处死刑，康帕内拉亡命法国后在贫困潦倒中死去。

莫尔和康帕内拉是近代历史上空想社会主义的发轫时期的代表。这一时期的空想社会主义还只是初级形态。当时资本主义处于萌芽时期，各种矛盾还没有明显暴露出来，因此还不可能采取理论叙述的形式来论证资本主义制度为何必然灭亡，社会主义制度为何必然胜利。这时空想社会主义的特点是采取文学描绘的形式，如幻想海外有一个仙岛，那里的社会制度和英国、意大利当时的社会制度很不一样，那里的人们怎样在公有制的条件下平等、和睦、幸福地生活，那里没有资本主义私有制所造成的各种弊病。这两个“托马斯”都反对处于萌芽状态的资本主义私有制，主张废除私有财产制，实现财产公有制，有计划地组织生产，取消货币，平等分配，人们过着集体生活，在公共食堂里吃饭。在乌托邦，人人每天只要劳动六个小时，在太阳国人们的劳动时间更短，一个人每天只要劳动四个小时；其余时间用来学习、娱乐和休息，从事各种科学、艺术和体育活动。劳动已经成为一种乐事。在乌托邦和太阳国都实行教育和生产劳动相结合，脑力劳动和体力劳动相结合。乌托邦岛上清静秀丽，每家都有花园、果树和葡萄架。社会安定，秩序良好，没有战争、暴行和偷盗，家家夜不闭户。

在莫尔和康帕内拉这两位“托马斯”之间，还有一位“托马斯”值得关注，这就是德国的托马斯·闵采尔（1490—1525）。闵采尔在空想社会主义史上独树一帜，新辟源流。如果说，莫尔和康帕内拉是代表社会的上层、代表知识分子提出社会主义的理想的话，那么闵采尔则是代表社会的下层、代表工农群众提出这一理想。他没有《乌托邦》《太阳城》那样的传世佳作，但他积极投身工农革命运动，成立秘密革命组织“上帝的选民同盟”作为平民无产者的代表领导农民战争，并为此舍身，英勇就义。闵采尔在空想社会主义史上开创了通过阶级斗争和武装斗争推翻旧政权、建立新公社来实现财产公有制的新途径。当然，他的空想社会主义还带有浓厚的小生产者意识和宗教神学色彩。

近代空想社会主义的第二个时期是18世纪的手工工场时期。这一时期的代表人物是法国的摩莱里（1720—1780）和加布里埃尔·博诺·马布利（1709—1785）。摩莱里的代表作是1755年出版的《自然法典》，马布利的代表作是1776年出版的《论法制或法律的原则》和1789年出版的《论公民的权利和义务》。18世纪，资本主义已由家庭手工业发展到手工工场，社会主义思潮也相应发生了变化。这时的社会主义思潮已经由初级形态发展为中级形态，开始摆脱纯粹虚构的幻想，开始面向现实。他们已不再像十六七世纪的空想社会主义者那样采取文学的形式描绘海外仙境的理想社会制度，而是进一步采取法律条文的形式把他们的理想社会法律化、制度化。

这一时期，继承了闵采尔的传统，并积极参加下层人民群众的革命斗争中提出社会主义理想的代表人物是法国的弗朗斯瓦·诺艾勒·巴贝夫

(1760—1797)。1789 年资产阶级革命爆发后，他立即投入革命洪流，领导故乡的人民开展反对盐酒税的斗争，旋又参与维护宪法的斗争和反对投机商的斗争。1795 年他在狱中形成了自己的空想社会主义。马克思、恩格斯既批判巴贝夫主义所具有的“普遍的禁欲主义和粗陋的平均主义”①，同时，又肯定“巴贝夫和他的同谋者从 1793 年的民主思想中给平等作出了当时最进步的结论”②，“法国革命产生了超出整个旧世界秩序的思想范围的思想”，即共产主义的思想，这种思想经过巴贝夫等人的倡导和研讨，就成为关于新世界秩序的思想。

近代空想社会主义的第三个时期是 19 世纪初产业革命时期。这时英国已经初步实现了产业革命，法国也开始实行产业革命。随着资本主义机器工业生产和发展，空想社会主义思潮也开始发展到一个新阶段，达到高级形态。它的主要代表就是三大空想家：法国人昂利・圣西门（1760—1825）、沙利・傅立叶（1772—1837）和英国人罗伯特・欧文（1771—1858）。这三个人可以说达到了近代空想社会主义的顶峰，取得了近代空想社会主义的最高成就。高在哪里呢？高在他们已经不是采取虚幻的文学描写的形式，也不是采用细致的法律规定的形式，而是采用详尽的理论论证的形式来说明资本主义制度的不合理、塑造未来理想社会的模式；高在他们已经摆脱了小生产主义、复古主义、平均主义、禁欲主义的传统，主张在现代化大生产的基础上实行按劳分配甚至各取所需。空想社会主义虽然经历了近三百年的发展，但是从严格意义上说，它只是到 19 世纪初资本主义产业革命时期才作为反资本主义的产物正式诞生。因为只有到产业革命实现之时，生产力的高度发展才比较充分地暴露出资本主义制度的矛盾，并且具备了消灭资本主义、建立社会主义的客观物质前提；也只有这时才可能稍为切合实际地提出社会主义的理想。所以马克思、恩格斯称圣西门、傅立叶、欧文为“第一批社会主义者”“社会主义的鼻祖”“社会主义创始人”。

---

① 马克思，恩格斯．马克思恩格斯选集：第 1 卷．北京：人民出版社，1972：281.

② 马克思，恩格斯．马克思恩格斯全集：第 2 卷．北京：人民出版社，1957：664.

三、近代科学社会主义

到19世纪三四十年代，随着资本主义内在矛盾的发展，西欧的工人运动发展到了一个新阶段。开始工人们没有认识到自己遭受剥削和贫困的根源，于是采用破坏机器、烧毁厂房等方式进行反抗；当工人认识到资本家的残酷剥削和压迫，就开始实行罢工，要求缩短劳动日和提高工资。1831年和1834年，法国里昂丝织工人爆发了两次要夺取政权的武装起义；英国工人于1836—1848年爆发了三次请愿示威游行，并且局部地转变为武装起义，为争取实现包括普选权在内的人民宪章而斗争；德国西里西亚纺织工人于1844年也爆发了武装起义，提出了要消灭资本主义私有制的问题。法、英、德三大工人运动虽然都被当权的资产阶级和反动派镇压了，但是它们表明无产阶级已经作为独立的政治力量登上历史舞台，无产阶级已经提出了要用武装斗争手段推翻资产阶级统治、要夺取政权、要建立自己的统治、要消灭资本主义私有制等问题。究竟工人运动向何处去？工人运动发展的道路和前景是什么？这些都是空想社会主义者未能正确回答的问题。

“山重水复疑无路，柳暗花明又一村。”空想的尽头出现了科学。到19世纪40年代，西欧出现了两个伟大的思想家：卡尔·马克思（1818—1883）和弗里德里希·恩格斯（1820—1895）。他们继承了空想社会主义中的科学因素，批判了其中的空想成分，创立了科学社会主义新学说。科学社会主义与空想社会主义存在着继承、批判和创新的关系。1841年，马克思23岁，刚从柏林大学毕业；这年恩格斯21岁，在柏林服义务兵役时也在柏林大学旁听。他们先后参加青年黑格尔派的活动，按社会身份和思想状况来说，他们都属于资产阶级知识分子，在哲学上是唯心主义者，在政治上是民主主义者。1842—1844年，是他们阶级立场、哲学观点和政治观点发生根本转变的关键时期。他们分别参加了阶级斗争、工人运动和科学研究的实践。通过民主派报刊的活动，通过与工人的结合（马克思与法国工人结合、恩格斯与英资国工人结合），他们感受到无产阶级反对资产阶级的斗争问题的重要性和迫切性，认识到工人阶级革命性和纪律性。他们带着从实际斗争中提出的有关无产阶级解放和社会如何向前发展的一系列问题，进行了艰苦卓绝的科学研究。他们吸取了德国经典哲学中黑格尔的辩证法的合理内核和费尔巴哈的唯物论的基本内核，批判了他们的唯心论、形而上学、唯心史观，创立了辩证唯物主义哲学和唯物史观。他们吸取了英国资产阶级政治经济学家亚当·斯密和李嘉图的劳动创造商品价值的学说，批判了他们掩盖资产阶级剥削的谬论，发现了资产阶级剥削的秘密，创立了剩余价值理论。同时，他们还吸取了圣西门、傅立叶、欧文三大空想社会主义者揭露资本主义制度和描绘社会主义制度的合理部分，批判了他们的不彻底性和空想性，从而创立了科学社会主义学说。社会主义之所以能够从空想变为科学，就理论条件而言，关键在于唯物史观和剩余价值论这两大发现。科学社会主义理论正是建立在唯物史观和剩余价值理论的基础上的。马克思、恩格斯发现了生产力是人类社会发展的根本动力，生产力的提高必然引起生产关系的变革。当生产力不太发展时消灭阶级只能是一种空想，当生产力高度发展时就可能而且必然要求消灭阶级，建立无产阶级的社会主义、共产主义社会。“马克思和恩格斯在他们的科学著作中，最先说明了社会主义不是幻想家的臆造，而是现代社会生产力发展的最终目标和必然结果。”① 工业无产阶级正是现代社会生产力的代表者、社会财富和剩余价值的创造者。无产阶级不仅是因受剥削而富于革命性的阶级，而且是因掌握着现代科学技术而具有文化的阶级，它代表着历史前进的方向和社会发展的未来。它不同于历史上受剥削的奴隶和农奴，它是“掌握着未来的阶级”②。如果无产阶级推翻了资产阶级统治，消灭了资本主义制度，消灭了剩余价值，直接占有自己创造的全部产品，直接占有现代社会生产力提供的犹如喷泉一般涌现的社会财富，必能建立一种没有阶级对立、没有剥削压迫、人人生活幸福的美好的新社会，使人彻底从自然和社会的奴役中解放出来，成为真正自由的人。资本主义不仅创造了消灭阶级的物质条件，而且造就了作为资本主义的掘墓人、共产主义的建设者的无产

① 列宁．列宁选集：第1卷．北京：人民出版社，1972：86.

② 马克思，恩格斯．马克思恩格斯选集：第1卷．北京：人民出版社，1972：261.

阶级。推翻资本主义、实现共产主义，这是社会发展赋予无产阶级的历史使命，阐明无产阶级的历史使命是科学社会主义理论的核心。

马克思和恩格斯于1844年不约而同地分别发表了科学社会主义的一些新观点，并且开始了伟大的合作。他们努力把科学社会主义与西欧工人运动相结合。在1844—1847年他们撰写的一系列著作中，最重要的莫过于1848年2月出版的《共产党宣言》，其中，他们对无产阶级的思想体系、对科学社会主义原理做了全面的论述。

社会主义作为一种科学理论，包含哪些基本原理呢？主要有以下几条：

第一，社会化的大生产与资本主义私人占有制之间不可克服的矛盾，必然使私有制的资本主义制度灭亡，代之以公有制的社会主义、共产主义制度。资产阶级的灭亡和无产阶级的胜利是同样不可避免的，这是人类社会发展不可抗拒的客观规律。

第二，资产阶级竭力维护它的统治，资本主义绝对不会自动灭亡，要实现社会主义就必须依靠无产阶级通过各种形式，开展阶级斗争，进行无产阶级革命，“推翻资产阶级的统治，由无产阶级夺取政权”①。在资本主义社会内部不可能建立社会主义，无产阶级不夺取政权、不掌握政权，就不可能实现社会主义。

第三，无产阶级在推翻资产阶级统治之后，必须建立起自己的统治，即各种形式的无产阶级专政的政权。世界上从来没有过超阶级的代表一切人的政权，任何政权都是代表某些阶级的意志和利益的，从这个意义上说，任何政权都是一种专政。在近代社会中，不是资产阶级专政就是无产阶级专政。无产阶级专政必须以广泛而充分的社会主义民主为基础。“工人革命的第一步就是使无产阶级上升为统治阶级，争得民主。”② 可见专政与民主是统一而不可分割的。民主与专政都说明国家的阶级实质，关乎国体。只有依靠无产阶级专政的政权才能剥夺剥削者，改变资本主义私有制，改造小私有制，使生产资料归社会占有，建立起社会主义公有制；才能镇压剥削者的反抗，并把他们改造为自食其力的劳动者，消灭剥削、消

① 马克思，恩格斯．马克思恩格斯选集：第1卷．北京：人民出版社，1972：264.
② 同①272.

灭阶级，才能发展社会主义的经济和文化、生产和科学技术。当消灭了阶级和阶级差别，建成了共产主义，国家政权也就被消灭了。无产阶级专政“不过是达到**消灭一切阶级**和进入**无阶级社会**的过渡”①。

第四，要实现无产阶级革命和无产阶级专政，要推翻资本主义并建成共产主义，必须以无产阶级为领导，同其他劳动者结成巩固的联盟，争取一切可以团结的朋友，形成广泛的统一战线，孤立、分化、打击一小撮阶级敌人。

第五，共产主义是全世界各国社会历史发展的必然趋向，所以共产主义事业需要各国无产阶级和被压迫民族、被压迫人民的通力合作和互相支援。“全世界无产者，联合起来！”② 这个凝结着无产阶级国际主义精神的战斗号召，是共产主义事业胜利的重要源泉。

第六，无产阶级的解放和共产主义的实现，必须有以科学社会主义理论为指导的无产阶级政党的领导。在有人的地方，总有先进、后进之分。只有由无产阶级先进分子组成的政党，按照社会发展的客观规律，从各国具体条件和实际情况出发，制定出正确的路线、方针、政策，率领广大群众，进行长期的艰苦奋斗，才能完成推翻资本主义和建成共产主义的历史使命。随着共产主义的实现，共产主义政党也就消亡了。

科学社会主义的基本原理，主要是以上几条。这些基本原理并不是马克思、恩格斯凭空想象出来的，而是他们根据社会发展规律，总结工人运动实践经验得出的。社会主义运动的新的实践证明了：这些基本原理是颠扑不破的，放之四海而皆准的；同时它又必须与各国具体的情况相结合，不能生搬硬套，不能简单照抄历史经验和外国经验，而且在实践中，这些原理还要进一步丰富和发展。

只有科学社会主义理论才能指引无产阶级和广大人民群众去为建立社会主义、共产主义制度而奋斗。

无产阶级夺取政权之后不可能在资本主义的废墟上立即建成无产阶级的共产主义社会，而要经过一个资本主义到共产主义的过渡时期。过渡时

---

① 马克思，恩格斯．马克思恩格斯选集：第4卷．北京：人民出版社，1972：332-333．

② 马克思，恩格斯．马克思恩格斯选集：第1卷．北京：人民出版社，1972：286．

期并不是要拖长到建成高级的共产主义社会才结束，在过渡时期结束之后的共产主义社会，按其经济文化发展成熟程度的不同，可分为初级阶段和高级阶段。这初级阶段的社会制度通常称为社会主义。

社会主义是在改变资本主义制度的基础上建立的、与资本主义对立的、高于资本主义的一种新型社会制度。社会主义社会与资本主义社会相比，具有以下基本特征：

第一，社会主义社会应该实现生产资料归社会占有，即以社会主义的公有制逐步代替资本主义的私有制；对旧社会遗留下来的个体劳动者的小私有制，不能像对待资本主义私有制那样剥夺或赎买，而要通过合作社等途径把个体小私有制逐步改造为公有制。社会主义公有制在各个国家可以采取不同形式。不发达国家在进入社会主义社会之后，可以在坚持社会主义公有制为主体的前提下，允许多种经济形式、多种经营形式存在，这有利于加快发展生产力，满足人民的需要。

第二，社会主义社会建立了公有制经济，从而使阶级关系和人际关系发生了根本变化。剥削阶级作为一个阶级已经被消灭，小资产阶级被改造，工人阶级壮大并不断提高，使全社会逐步工人阶级化，培养出大公无私、先公后私的新型的人，在人与人之间铲除了尔虞我诈、互相倾轧的思想，树立一种新型的互助合作友爱的关系，集体主义和社会主义人道主义成为社会主义劳动者之间关系的重要准则。

第三，社会主义社会除了建立生产资料公有制之外，还要继承资本主义社会的大生产，创造出高于资本主义的生产力和劳动生产率，这样全体人民才可能享有幸福美好的生活。这是马克思、恩格斯在《共产党宣言》这部科学社会主义的纲领文献当中就提出来的。书中写道：无产阶级“把一切生产工具集中在国家即组织成为统治阶级的无产阶级手里，并且尽可能快地增加生产力的总量”①，使它成为“只是扩大、丰富和提高工人的生活的一种手段”②。所以无产阶级夺取政权，改变资本家所有制，改造小私有制，建立社会主义公有制，目的是增加生产力的总量，提高劳动生产

① 马克思，恩格斯．马克思恩格斯选集：第1卷．北京：人民出版社，1972：272.

② 同①266.

率，发展生产，改善人民生活。社会主义既然是高于资本主义的社会制度，最终它就应该在生产力方面高于资本主义。因为资本主义私有制限制生产力的发展，所以社会主义要解放生产力，使社会生产力达到比资本主义更高的水平。列宁曾经形象地指出："蒸汽时代是资产阶级的时代，电气时代是社会主义的时代。"① 这是1920年时列宁对两种社会制度下不同生产力水平的设想。从中可以体会到，我们搞社会主义如果忽视了发展生产这一面，就无法建设高度的社会主义物质文明，就难以显示出社会主义制度的优越性。从长远来看，我们主要发展现代化社会化的大工业生产，以最新的科学技术来改造整个国民经济。如果只是发展小生产的农业和手工业，那还不能建成完满的社会主义。应该认识到，社会主义公有制是与社会化大生产相联系的，它必须建立在社会化大生产的基础上才能巩固发展并充分显示出优越性。

第四，社会主义社会在分配方面应该是消灭剥削，消灭资本主义社会的按资分配，消灭资本家掠夺工人的剩余价值，实行各尽所能、按劳分配的原则。许多空想社会主义者长期探索社会主义社会的分配原则，概括地说，他们先后提出过五种方案。第一种：莫尔、康帕内拉等人主张各取所需。早期的莫尔、康帕内拉都还是根据个人想象提出各取所需，实际上在生产力不高的情况下不可能按需分配（如果硬要实行，只能是低标准的平均主义分配）；后来欧文已经根据19世纪中叶社会化大生产的发展，预计将来必要而且可能实行各取所需。第二种：圣西门派主张"按能力计报酬，按工效定能力"。即按劳分配的意思。第三种：主张按需、按劳相结合，如摩莱里认为"应按人的需要，分配产品"，但是当某种消费品不足以分配给所有的人时，就要考虑"按活付酬"。第四种：傅立叶主张按劳动、资本、知识三结合，在他设想的"法郎吉"的全部收入中，十二分之五按劳分配，十二分之四按股份资本分配，十二分之三按知识分配②。第五种：平均主义，如德国闵采尔派、英国平均派、法国的巴贝夫派等。马

---

① 列宁. 列宁全集：第30卷. 北京：人民出版社，1957：303.

② 傅立叶到晚年已改变了看法。他认为，在和谐制度向前发展过程中，劳动和知识的作用将愈来愈大，资本的作用会逐步下降，所以应该相应地逐步排除非劳动收入。

克思、恩格斯坚决反对小资产阶级平均主义，他们早期是赞成按需分配的，《资本论》进一步研究了资本主义社会的生产力状况，预计到社会主义阶段首先还是要实行按劳分配。《哥达纲领批判》研究共产主义社会有它发展的不同阶段，才明确主张初级阶段实行按劳分配，高级阶段实行按需分配。看来在向高级阶段过渡时，会有一个实行按需和按劳分配相结合的过程。按劳分配意味着在实现生产资料公有制的同时，承认劳动力和消费品的个人所有制。马克思、恩格斯认为西欧发达的资本主义国家具备首先实现社会主义的条件，同时看到资本主义制度下商品和货币的弊害，所以他们设想这些生产力高度发达的国家建立社会主义制度之时，可以取消货币和商品流通，不要市场，按劳分配的具体形式是人们凭劳动证书“从社会储存中领得和他所提供的劳动量相当的一分消费资料”①。后来的实践证明，货币、商品和市场是可以用来为社会主义服务的。

第五，社会主义社会实行计划经济。由于实现了生产资料社会主义公有制，“从此按照预定计划进行的社会生产就成为可能的了”②。计划经济可以避免资本主义社会生产的无政府状态，使整个社会经济和文化事业得到协调发展。过去根据苏联的经验，人们都以为计划经济只能采取由国家机关编制并下达指令性计划指标的形式，以为在社会主义社会中商品生产只能限于个人消费品的生产。现在根据好多社会主义国家建设的新的经验，越来越多的人认识到：实行计划经济的形式除了指令性计划之外，还必须有指导性计划，还要有市场调节，才不至于把经济统得很死，才能够调动地方和企业的积极性、主动性和创造性；在社会主义社会，除了个人的消费资料之外，生产资料也要作为商品进入市场，才有利改进并促进生产。计划经济究竟可以在多大限度上允许商品生产？计划经济是否与商品经济互相排斥、绝对对立？社会主义是否可以越过商品经济阶段而由自然经济、半自然经济直接过渡到产品经济？这些问题人们经历了很长的探索过程。现在从原理原则上越来越多的人认识到商品经济是社会主义经济发展不可逾越的阶段，计划经济可以与商品经济融合为社会主义有计划的商

① 马克思，恩格斯．马克思恩格斯选集：第3卷．北京：人民出版社，1972：11.
② 同①443.

品经济，只有社会主义商品经济的大发展才能迅速促进社会生产力的全面发展，从而为过渡到共产主义高级阶段有计划的产品经济创造条件，但是在实践中如何使商品经济具有计划性，如何避免资本主义商品经济的弊病，还有待在总结实践经验的基础上去逐步解决。

第六，社会主义社会在政治方面应该在坚持无产阶级专政、坚持无产阶级政党领导的前提下使全体人民享有广泛而充分的民主自由。恩格斯说过："难道我们要求别人给自己以言论自由，仅仅是为了在我们自己队伍中又消灭言论自由吗?"① 在资本主义社会里，资产阶级有自由，它不给或很少给无产阶级自由，所以无产阶级要争自由。资产阶级民主是虚伪的、残缺不全的，社会主义民主应该是真实的、十分完备的。当然，无产阶级社会主义民主自由不是无政府主义的极端民主、绝对自由，民主要有集中、自由要有纪律。对于违反集中、破坏纪律的人和侵犯民主、扼杀自由的人都要进行批评教育甚至对其进行法律制裁。社会主义民主自由要有完备的法制加以规定和保护，这样社会主义社会才有可能达到空前的安定团结。马克思、恩格斯设想的社会主义政治制度大体上就是巴黎公社式的共和国，劳动人民真正当家作主，管理国家、管理社会，轮流担任公职，民主选举干部。干部应该是人民的公仆，要受人民群众监督，不许享有特权，不许享受高薪，不称职的可以随时撤换，人民有普选权、监督权、罢免权。到建成社会主义并向共产主义过渡的阶段，无产阶级的国家就要逐步消亡，作为国家形态的专政和民主都要消亡，但是人民的民主自由权利会更加充分。

第七，社会主义社会应该批判地继承资本主义创造的文化和古代优秀文化遗产，在马克思主义指导下创造出社会主义新文化，实现高度的社会主义精神文明，使社会主义共产主义思想发扬光大，使科学、艺术、文化、教育空前繁荣，使劳动者的思想觉悟水平和文化教育水平普遍得到显著提高，使劳动者普遍享有内容健康、丰富多彩的文化生活，陶冶出德、智、体全面发展的新型的人。同时，社会主义社会应该培养出大量高水平的自然科学家、社会科学家、艺术家、医生、工程师、农艺师等各行各业

① 马克思，恩格斯．马克思恩格斯全集：第37卷．北京：人民出版社，1971：324.

的专家，应该从大学生的行列中“产生出这样一种脑力劳动无产阶级”，他们负有同体力劳动无产阶级兄弟般地并肩战斗的使命，要在社会主义革命和建设中发挥巨大作用。社会主义社会是以工农体力劳动者和知识分子脑力劳动者的战斗联盟为基础的。只有物质生产和科学文化事业的高度发展，只有到高级的共产主义社会，才能消灭脑体差别，消灭历史上遗留下来的绝对分工，做到人人都能按照自己的兴趣、爱好进行专门学习，人人可以自由选择并变换工作。

第八，社会主义国家在对外关系方面应该摒弃资产阶级民族主义，实行无产阶级国际主义。坚持民族独立平等，支援民族解放运动，尊重民族权益，加强互助合作，反对将自己的意志强加于人，严禁对外扩张和侵略战争，维护世界和平，推进世界进步，实现世界“大同”。马克思在《国际工人协会成立宣言》中明确地宣布，工人阶级要“努力做到使私人关系间应该遵循的那种简单的道德和正义的准则，成为各民族之间的关系中的至高无上的准则”，“为这样一种对外政策而进行的斗争，是争取工人阶级解放的总斗争的一部分”①。

以上几条大体上就是社会主义作为一种社会制度所具有的质的规定，也就是一个社会主义国家的标准。这几条并非马克思、恩格斯、列宁等人主观上人为地确立的，而是他们根据社会发展规律总结社会主义的实践得出的。当然，这几条不是平分秋色，而有主次之别，犹如心脏、大脑和四肢、五官一样。失去心脏，人就死亡；失去大脑，就成为无用的人；失去四肢、五官，就是残疾人。这几条并不是无产阶级刚一夺取政权就能具备的，而是要经过一个过渡时期才能逐步达到。如果这个国家原有的基础薄弱，在建设社会主义的过程中失误又多，那么它达到这几条标准所需要的时间也就越长，所付出的代价也就越大，但是只要按照这些规定和标准办事，社会主义制度就能不断显示出优越性，一旦完全达到这些标准，社会主义制度就能充分显示出优越性。如果背离了这些标准，就会败坏社会主义的声誉，社会主义制度就难以显示出优越性，甚至还会发生局部的甚至全

① 马克思，恩格斯. 马克思恩格斯选集：第 2 卷. 北京：人民出版社，1972：135.

面的蜕变，变成资本主义、帝国主义、法西斯主义、封建主义，等等。

在社会主义制度真正完满建立之后，在社会主义制度的优越性全面充分显示出来之后，社会将进一步发展成为共产主义制度。到那时，社会生产力的高度增长将使“集体财富的一切源泉都充分涌流”，社会在自己的旗帜上将写上“各尽所能，按需分配”①；到那时，人的个性和才能将得到全面发展，从而消除奴隶般的绝对分工。只有共产主义制度才能实现人的彻底解放，使人们结合成为“自由人的联合体”，“在那里，每个人的自由发展是一切人的自由发展的条件”②。

话说回来，一言以蔽之，究竟什么是社会主义制度呢？可以说就是按照社会发展的客观规律建立的一种高于资本主义的、以社会化大生产和生产资料公有制为基础的新的社会制度。科学社会主义和近代空想社会主义有共同点，即都是要建立高于资本主义的新的社会制度，解决资本主义制度不可克服的固有矛盾，都是要继承资本主义社会创造的社会化的大生产和其他方面的资本主义的精华，都是要消灭资本主义私有制所造成的种种罪恶，建立公有制经济，造福于人民。可见科学社会主义与空想社会主义是有共同性的，因而是有继承性的。但是两者也有原则的区别，最主要的一点在于空想社会主义是按照所谓理性的原则和主观的空想来建立这样一个社会，科学社会主义则是按照社会发展的客观规律来建立这样一个社会。为什么叫科学社会主义？科学就是要求按照客观规律办事，人们的主观认识要正确反映社会发展的客观规律；科学就是从实际出发，实事求是。

可以看出，类似近代社会主义的思潮，早就产生于奴隶社会，继续于封建社会。近代空想社会主义产生于资本主义社会，它是作为资本主义的对立物出现的。它继承了古代理想社会观，但是又比古代理想社会观进了一步，它是要按照主观愿望，建立一种高于资本主义的社会制度。科学社会主义又比空想社会主义更进了一大步，它是按照社会发展的客观规律来建立一种高于资本主义的社会制度。概括地说，社会主义思潮的演变经历

① 马克思，恩格斯. 马克思恩格斯选集：第 3 卷. 北京：人民出版社，1972：12.

② 马克思，恩格斯. 马克思恩格斯选集：第 1 卷. 北京：人民出版社，1972：273.

了一个漫长的历程，它孕育于古代的理想社会观之中，以近代的空想社会主义形态诞生于世，进而发展成为科学社会主义。发展到科学社会主义这个阶段，它才真正给人类指出了一条正确争取社会主义的道路，从此社会主义运动才有了正确的方向。

四、社会主义、共产主义名词的由来及其含义的异同

社会主义一词的出现要比社会主义思潮晚得多，这是因为社会存在决定社会意识，一种新的社会意识只有发展到一定的成熟阶段，人们才会迫切地感到有必要创造一些新词来表达这种新意识。空想社会主义这种思潮自从 1516 年莫尔出版《乌托邦》，在三百多年时间内，欧洲一直以“乌托邦”或“空想主义”见称。社会主义一词在欧洲是到 18 世纪中叶才出现的，它来源于古拉丁文 socialis，这是一个形容词，而这个形容词又是从名词 socius 变化来的，原意是“同伴”“同伙”“同志”“同盟”“善于社交”等。以英文为例，social（意为社会的）一词就是相当于拉丁文 socialis，再加上 ism（意为比较系统的一种思想观点）这个后缀，就成为 socialism（意为社会主义）。社会主义一词在欧洲究竟是谁最早创造的，已无据可考。从留存的材料来看，社会主义一词究竟何时开始见诸史书，真是众说纷纭①。仅就我所见到的中外文资料来看，竟有十二种说法之多。有人认为花好多时间精力去考证一个名词的由来，没有什么意义，犹如去考证谁最先把椅子叫作椅子，而不叫作桌子一样。其实不然，与某些生活用语不同，考证社会科学中重要名词的由来有助于弄清某些社会问题产生的背景。考证社会主义一词的由来，有助于了解社会主义这一门科学是怎样产生的。因此，这里有必要不厌其烦地把这十二种不同的说法逐一介绍，并略加分析。

第一种说法，社会主义一词最早是德国学者、天主教本笃派教士安塞

① 1967 年在汉诺威出版了汉斯·穆勒的专著——《社会主义一词及其近义词的起源和历史》，该书对欧洲历史上社会主义一词的起源做了详细的考证。

尔姆·德辛（1699—1772）在1753年与别人论战时使用的。德辛把信奉天主教的神学家和倡导尊重自然规律的人士加以区别，他称后者为社会主义者，即指那些承认人具有社会性的人。当时很可能社会主义和社会主义者二词先在口头上流传过一段时间，然后才作为书面语使用。18世纪的欧洲宗教和教会的势力很大，它们把人看成是神的奴仆，否认人的社会性。“社会”或“社会的”一词当时已经盛行，所以主张承认人的社会性（人的世俗性）的观点和人士，很自然地被称为社会主义和社会主义者。

第二种说法，最早见于1803年意大利传教士贾科莫·朱利安尼所著《驳斥反社会主义》一书。他在书中使用了“社会主义”和“社会主义者”这两个词，激烈地抨击了18世纪盛行的个人主义，他认为个人所有制造成了人类的不平等，他认为个人主义是“反社会主义”。他驳斥反社会主义，表明他反对个人主义，赞成社会主义。作为一个传教士，他自己是把社会主义解释为由上帝安排好的传统的社会制度。这和后来空想社会主义者把社会主义作为反对资本主义的另一种更高形态的社会制度相比，还有所不同，二者只有在反对个人主义这一点上是一致的。当时欧洲正进行宗教改革，教会中出现一批革新派，他们承认人的社会性，主张人要为上帝安排好的社会服务，反对人只为自己个人打算。朱利安尼就是属于这一派的。不过既然他的书名叫作《驳斥反社会主义》，足见在他之前早已有人使用并论述过社会主义了。

第三种说法，1822年欧文派的一位名叫爱德华·科珀的通信者，第一次用英文使用了社会主义这个术语。欧文派使用社会主义是表达了他们不满资本主义社会中盛行的个人主义，朦胧地倾向于集体主义，主张人们要有社会整体观念。这时社会主义一词已经具有了新的含义，它是指人们追求一种与资本主义不同的新的社会制度。

第四种说法，社会主义一词最早是在1827年英国正统欧文主义者创办的定期刊物——《合作杂志》中使用的。欧文派的信徒早就提出过这个看法，德国历史学家马克斯·比尔于1912年出版的《英国社会主义史》一书沿用了这种说法。据说，在《合作杂志》上曾经展开了是否要以合作制度代替私人竞争制度的辩论。比尔推测说：“‘社会主义’这一名词必然是在这些辩论中创造出来的，它第一次出现在 1827 年 11 月的《合作杂志》里。”可是他从该期杂志第 509 页脚注上能够直接引证出来的论据只是：主张资本应归公有的则是“公有主义者和社会主义者”①（此处公有主义者亦可译为共产主义者）。这句引文只能证明这时使用的是社会主义者一词，并非社会主义。在欧洲文字中，“社会主义者”并非从“社会主义”一词演变来的，这两个词都是从当时西欧流行的“社会的”一词衍生而来的，只是后缀不同而已。当然，当时既用了社会主义者一词，很可能同时也用了社会主义一词。不过至今还没有见到有人从《合作杂志》中摘引出社会主义一词。这两个词虽然密切相关，但是毕竟不是一个词，含义也有所不同。社会主义指一种学说，社会主义者指信仰社会主义的人。值得我们注意的是，比尔后来已经发现自己原来的说法不妥，所以在其 1929 年出版的《社会主义通史》中做了原则性的修改②。研究过大量原始资料的现代英国著名学者柯尔，在其所著多卷本《社会主义思想史》一书中也认为：“直到 1827 年，欧文主义者的《合作杂志》才使用‘社会主义者’一词来称呼欧文合作学说的信徒”。

第五种说法，社会主义一词于 1830 年“在欧文运动中首先使用”。此说源于 1935 年美国哥伦比亚大学出版的《哥伦比亚百科全书》。

第六种说法，在 1831 年 11 月 13 日出版的法文《播种人》杂志（一种包括宗教、哲学、政治、文学的综合性周刊）上登载了一篇未署名文章——《旧教与新教》，其中首次使用社会主义一词。据说此文为瑞士传教士亚历山大·威内所作。他认为，“新教是思想上的个人主义，是自由的一种形式”，他主张“个人主义应该重新回到社会主义，新教应该重新回到真正的天主教，自由应该重新回到统一”。可见他还是在原来宗教徒的意义上来使用社会主义一词，他是反对革新，站在保守的旧教一边的。

---

① 比尔．英国社会主义史：上．北京：商务印书馆，1960：170.

② 比尔．社会主义通史．北京：三联书店，1958：460. 比尔此书初次出版于 1922 年，其中讲到欧文是一个社会主义者时他在脚注中还认为：“‘社会主义’这一名词，最初出现于 1827 年的《合作杂志》中。”这与他在 1912 年所著《英国社会主义史》中的说法一样。可是在 1929 年《社会主义通史》一书第 6 版中他就把这一条脚注的内容删去了，换上了“‘社会主义者’这个名词，最初出现于 1827 年欧文之子威廉·欧文的日记中”。

第七种说法，1832 年 2 月 13 日法文《环球》杂志上圣西门的门徒戎西埃雷在一篇评雨果《秋叶》的文章中首先使用。该刊为圣西门所创办，旨在宣扬圣西门的学说。这一种说法比较有说服力，因为能拿出论据来。戎西埃雷反对与社会没有任何有机联系的个性，主张建立一种人人彼此间存在有机联系的社会制度。他在这篇文章中提出，“我们不愿意为社会主义而牺牲个人，也不愿意为个人而牺牲社会主义”。看来作者已开始把社会主义作为一种新的社会制度来理解，不过他自己对于新的社会主义制度还是有保留的，担心它会牺牲个人。

第八种说法，1833 年 8 月 24 日欧文派《贫民卫报》上首先使用，英国人克卡朴写的《社会主义史》① 就持此说。

第九种说法，1834 年圣西门派的著名活动家比埃尔·勒鲁首先使用。勒鲁曾主编《环球》杂志，上述 1832 年戎西埃雷使用社会主义一词的文章就是发表在该刊上；1832 年底《环球》停刊后，勒鲁于 1833 年又创办了《百科全书评论》杂志。1834 年勒鲁在该刊发表了《论个人主义与社会主义》一文，他自认为是社会主义一词的创始人②，实际上他只是第一次按照圣西门的学说较充分地阐述了社会主义的概念，并且使社会主义一词流行于法国。勒鲁反对资本主义社会通行的个人主义，他把社会主义理解为“联合观念的扩大”；他认为社会主义是与个人主义对立的，在社会主义社会个人愿为社会的利益而牺牲自己，而社会并不会把个人吞没，只有社会主义道路才能使广大人民群众摆脱贫困的命运。后来勒鲁的合作者雷波于 1840 年出版了《论改革派和现代社会主义》一书，他在评介圣西门、傅立叶和欧文的学说时使用了社会主义和社会主义者二词。因为此书曾经广为流传，以致有一段时间雷波被误认为是社会主义的首创者。

第十种说法，1835 年在欧文派组织的“各民族各阶级联合会”上首先使用。还有人说这一年欧文在英国建立了社会主义研究会，始用此词。

第十一种说法，欧文派在 1836 年的曼彻斯特大会上最初采用。

---

① 此书早在 1919 年就作为“新青年丛书”之一译为中文，是毛泽东同志在《关于农村调查》一文中所说的五四运动后对他思想转变影响最大的三本书之一。

② 普列汉诺夫. 普列汉诺夫哲学著作选集：第 3 卷. 北京：三联书店，1962：592.

第十二种说法，始见于1837年9月2日欧文派的《新道德世界》杂志。

为什么关于社会主义一词的起源有这么多种说法？这一方面是由于社会主义越来越成为有重大影响的社会思潮和政治力量，所以引起好多人兴致勃勃地去考证这一名词的由来；另一方面是由于不同的研究者个人所查到的资料都很有限，每个人提出的角度本就有所不同，他们又急于以个人的管窥蠡测得出结论，所以不免众说纷纭。从以上十二种说法来看，如果1753年安塞尔姆·德辛最先使用社会主义和社会主义者二词的说法能够成立的话，那么其余十一种说法就都不算数。问题在于1753年甚至1803年意大利传教士使用这两个名词，都只是偶尔在出版物上出现，其含义与后来空想社会主义很不一样，而且当时在欧洲大陆资本主义的矛盾还并不突出，所以社会主义一词的出现在社会上并没有引起重视，并没有很快在书刊上推广，往后也就有几十年之久没有再见到有好多人使用。以上这十二种说法当中，除了1753年、1803年之外，1822年、1827年这两种说法属于19世纪20年代，其余八种说法都属于19世纪30年代，大都说是由英国欧文派或法国圣西门派首先使用的，其中只有1832年这一说法能够引证出作者的原话是怎么说的，这可以算是真凭实据，其余多种说法都拿不出有力的论据，即便有论据，如果是在1832年之后，那么还是应该首推1832年。好多英国人写的书都说是欧文派先用社会主义一词，但是总未见到他们引用出令人信服的第一手史料来加以论证。掌握了大量史料的英国学者柯尔在其所著多卷本《社会主义思想史》一书中倒是承认"'社会主义'一词是1832年在法文《环球》杂志上首次出现的"。尽管众口不一，目前还很难做出定论，然而社会主义一词产生于18世纪中叶，到19世纪二三十年代才在英、法两国由空想社会主义者带头使用并流行起来，这一点可能是符合实际的。

颇为有趣的是英国人和法国人曾经互相争夺"社会主义"的"发明权"。英国人说是英国创始，而后传到欧洲大陆，例如欧文派就认为社会主义一词是经法国人雷波于1840年写的《论改革派和现代社会主义》一书而风行于欧洲大陆；法国人则说该词是法国创始，不久输入英伦三岛，例如圣西门派的一些人自认为是他们首创，然后欧文派才跟着使用。从现在能查到的有根据的材料来看，应该说社会主义一词确是1832年在圣西门派的《环球》杂志上由法国人先用；而社会主义者一词则是 1827 年在欧文派的《合作杂志》上由英国人先用，时间都在 19 世纪二三十年代。社会主义和社会主义者这两个词基本含义相近，同一词根，只是后缀不同，能使用其中一个词，就同时能使用另一个词。所以，也可能是英、法两国几乎同时使用这两个词，未必就是从一国传入另一国，这也绝非偶然的巧合。因为英国是当时资本主义经济发展最典型的国家，法国则是当时资本主义政治斗争最尖锐的国家，这两国又是空想社会主义最发达的国家，所以法国的圣西门派和英国的欧文派最先使用社会主义和社会主义者这两个词也就顺理成章，不足为奇。奇怪的是圣西门、傅立叶、欧文这三大空想社会主义创始人，他们本人都没有带头使用社会主义一词，他们自己对于未来理想的社会制度各有不同的称谓。圣西门称之为“实业制度”，傅立叶称之为“和谐制度”，欧文称之为“理性制度”。把未来理想的社会制度称为社会主义，这是由他们的门生创始的。这也说明到 19 世纪 30 年代，在英国和法国，资本主义的各种矛盾已暴露得比较充分，已达到相当尖锐的地步，社会问题堆积如山，诸如小生产者破产、工人困苦失业、工伤事故增多、经济危机、贫富对立、劳资纠纷，等等。社会上很多有识之士都十分不满资本主义，向往建立一种不同于资本主义的新的社会制度。这种新的社会制度该叫什么好呢？“社会主义”（socialism）一词的使用显然是和当时已经流行的“社会的”（social）一词密切相关的。既然“社会问题”（social problems）严重，所以人们就很自然地赞同把解决社会问题的方案和设想称为社会主义。社会主义一词表达了社会上许多人酝酿已久的共同心愿，于是它就迅速传播于英、法两国，成为一种时髦的革新思潮。圣西门死于 1825 年，傅立叶死于 1837 年，他们本人都没有在自己的著作中使用过社会主义一词①。欧文比他们活动的时间稍晚一点，也活得更

① 苏联学者伏兹涅辛斯卡娅在其所著《西方伟大空想社会主义者的经济观点》一书中曾引用了傅立叶关于社会发展阶段的一个表解，其中说傅立叶把简单的联合制度称为“社会主义”。据笔者查阅傅立叶原著，傅立叶是称之为“协作制度”，德国学者鲁德哈德·施托贝尔格在其所著《资产阶级政治经济学史》一书中也把傅立叶写于 1829 年的《经济和协作的新世界》一书译为《工业和社会主义的新世界》。实际上在傅立叶的著作中并未发现使用过社会主义一词。虽然在 19 世纪 30 年代中期圣西门派的门徒已在刊物上使用社会主义一词，但是傅立叶是敌视圣西门派的，即使他知道这种情况，也不会随声附和。

长，他死于1858年，他到晚年已经开始使用社会主义一词。1835年欧文在英国组织了一个社会主义研究会，从此社会主义一词逐步为英国人所熟悉；欧文随即也在自己的著作中把“社会主义”作为理想社会制度的总称。例如，1840年他出版了《社会主义或理性社会制度》一书，1841年又发行了《关于〈什么是社会主义〉问题欧文和布林德利的公开论战》。

三大空想家及其门徒并没有自称为空想社会主义者，也不承认自己是空想社会主义者。“空想社会主义者”一词是法国资产阶级经济学家日罗姆·阿道夫·布朗基（1798—1854）在其所著《欧洲政治经济学从古代到现代的历史》一书中首先提出的。他是站在维护资本主义的立场，把这些反对资本主义自由竞争，主张协作联合的社会主义者贬称为“空想社会主义者”；而后来马克思、恩格斯则是深怀敬意地称三大思想家为“空想社会主义者”。他们指出：只是由于当时的社会关系还没有发展为足以使工人阶级组织成为一个战斗的阶级，所以这些人只好限于幻想未来的模范社会，“我们不应该否定这些社会主义的鼻祖，正如现代化学家不能否定他们的祖先炼金术士一样”①，“虽然这三位思想家的学说含有十分虚幻和空想的性质，但他们终究是属于一切时代最伟大的智士之列的”②。

社会主义一词从19世纪30年代在英、法两国流行起来以后，很快就遍及欧洲大多数国家。例如德国，从1840年起就开始出现社会主义一词。据说，在1840年出版的罗豪所著的《傅立叶社会理论评述》一书中出现了“社会主义者”一词；同年，布斯为其所译法国人布朗基所著欧洲政治经济学史一书撰写的前言中也用了“社会主义者”一词，并且把三大空想家统称为“社会主义学派”；同年，发表在《德意志季刊》上的一篇未署名文章中最早使用了“社会主义”一词，并将欧文的观点称为“社会主义的学说”。1842年洛伦茨·冯·施泰因的一本关于法国社会运动的书，也使用了“社会主义”和“社会主义者”。大体上在19世纪40年代初，一些不满新兴资本主义制度的德国人日益增多地使用“社会主义”一词，这时

① 马克思，恩格斯．马克思恩格斯选集：第2卷．北京：人民出版社，1972：557.

② 同①301.

“社会主义一词在德国指的就是这样一些人所具有的各种不明确而且也无法明确的模模糊糊的幻想”①。

总之，到19世纪40年代初，社会主义一词已盛行于西欧各国书刊中，成为一种十分时髦的新思潮。除了三大空想社会主义流派之外，许多小资产阶级、资产阶级改革家甚至封建贵族的政治思想代表也都打出社会主义旗号，按各阶级的不同利益和要求对社会主义做了各色各样随心所欲的解释。这就使得社会主义成为内涵和外延都过于宽泛的一个概念。但是，万变不离其宗，在19世纪三四十年代，总的看来社会主义大体上是一个反对资本主义，追求一种新的社会制度的思潮和运动。然而，它并不是要根本推翻、消灭资本主义制度，而是要在资本主义的基础上对资本主义进行修补和改革。即便是圣西门和傅立叶，也没有提出要消灭资本主义私有制，而是主张在保存私有制的前提下大加革新。欧文比他们前进了一步，主张以公有制代替私有制，不过欧文也反对革命，坚持逐步改良。正如恩格斯所说：“在1847年，所谓社会主义者，一方面是指那些信奉各种空想学说的分子，即英国的欧文派和法国的傅立叶派，这两个流派都已经变成纯粹的宗派，并在逐渐走向灭亡；另一方面是指各种各样的社会庸医，他们都答应要用各种补缀办法来消除一切社会病痛而毫不伤及资本和利润。这两种人都是站在工人阶级运动以外，宁愿向‘有教养的’阶级寻求支持。至于当时工人阶级中那些确信单纯政治变革全然不够而认为必须根本改造全部社会的分子，他们把自己叫做共产主义者。”“可见，在1847年，社会主义是资产阶级的运动，而共产主义则是工人阶级的运动。”“所以我们也就丝毫没有怀疑究竟应该在这两个名称中间选定哪一个名称。而且后来我们也根本没有想到要把这个名称抛弃。”② 正是基于这种考虑，1847年改组正义者同盟、建立第一个无产阶级政党时，马克思、恩格斯及其绝大多数拥护者都主张取名为“共产主义者同盟”，而否决了少数人拟采用“社会主义者同盟”的意见；这个党的党纲最初是称为《共产主义宣言》，而不

---

① 马克思，恩格斯．马克思恩格斯全集：第2卷．北京：人民出版社，1957：600.

② 马克思，恩格斯．马克思恩格斯选集：第1卷．北京：人民出版社，1972：236，236-237，237.

叫作《社会主义宣言》①。

这里就提出了一个新问题，共产主义一词是怎么起源的？它同社会主义一词是什么样的关系？有什么区别和联系？

“共产主义”在欧洲文字中也是到19世纪30年代才出现的一个新词。“共产主义”一词源于拉丁文communis，意为“公有”，显然它来自原始社会财产公有制。现在欧洲文字中的“共产主义”（如英文communism、法文communisme、德文kommunismus）就是从古拉丁文communis衍生而来的。自从原始社会解体、奴隶社会产生以后，人们为了反抗剥削和压迫，曾经幻想能够恢复原始公社无剥削无压迫的公有制。所以从古代希腊、罗马到中世纪，就有不少人使用过“共同体”（相当于现代英文communion或community）一词②。一些宗教徒还曾经建立过某种“共同体”，在“公有制”的形式下过集体生活。近代出现的共产主义一词，就是从古代的“公有”“共同体”等词逐步演变而来的。共产主义一词和社会主义一词几乎是同时在19世纪30年代一起流行起来的。不过，社会主义一词首先是在知识分子当中、在英国和法国空想社会主义者当中使用的，而共产主义一词则是首先在工人当中、在法国工人秘密结社组织当中使用的。法国于1830年爆发了七月革命，推翻了波旁王朝的复辟政府，建立了路易·菲利浦新的王朝政府。巴黎工人曾经拿起武器积极参加七月革命，可是金融贵族窃取了革命胜利果实，建立了所谓“七月王朝”，工人们依然处于水深火热之中。所以19世纪30年代在巴黎、里昂等地爆发了一系列的工人起义，产生了好多秘密的工人革命组织，如四季社、工人平等社等。这些工人主张用激烈的革命手段，推翻资产阶级统治，消灭资本主义私有制，实现财产公有制，建立工人自治的公社组织，因此大约于1834—1839年在秘密革命集会中最先使

---

① 1847年底，马克思、恩格斯在执笔起草党纲时本拟定名为《共产主义宣言》，但马克思在1848年1月定稿时改称《共产党宣言》，1872年以后的版本又易名为《共产主义宣言》，19世纪80年代以后，他们又时常称之为《共产主义宣言》。

② 在比尔的《社会主义通史》（1958年由三联书店出版的中译本）中，引用了古希腊柏拉图《理想国》一书的如下一段话：“因为共产主义社会的公民，共同甘苦，而对某些事情的出现与消灭，人人有高度的共同的快感和共同的痛楚，这必然会促进团结。”经笔者查对了两种柏拉图原著的英文本（1901年美国的亨利·大卫的译本和1935年英国的林得西的译本），原文都是用“communion”，应译为“共同体”为妥，在柏拉图的著作中不可能使用“共产主义”一词。

用了共产主义一词。在巴黎工人秘密团体中首先使用共产主义一词是有双重意义的：既渴望消灭资本主义私有制，实现财产公有制，又主张建立“公社”作为社会基层自治组织。因为在法文中共产主义（communisme）一词既与公有制（communauté）一词基本含义相近（共产主义亦可译为公有主义，即主张公有制的思想观点），又与公社（commune）一词密切相关。法国在1789 年资产阶级革命以后，许多地方的人民在反击国内外敌人的斗争中，都曾经建立公社作为社会基层自治组织。全国先后共建有 44 000 多个公社，它们在推翻君主政体、确立革命政权、维护社会秩序、镇压反革命、执行限价政策等方面发挥了积极作用。1794 年热月反革命政变后各地公社虽被取消，但是后来广大人民尤其是工人在革命斗争中时常向往并且渴望恢复公社的传统。所以共产主义一词朦胧地表达了当时法国工人的革命理想。到 1840 年时，共产主义一词在法国已经由秘密转向公开，在社会上相当流行了，例如，1840 年 7 月 1 日在巴黎近郊贝别维尔工人区就第一次举行了盛大的“共产主义宴会”，这是工人们为了抵制资产阶级民主派发起的旨在反对“七月王朝”政府的笼络群众的宴会运动，而自己另起炉灶单独举行的宴会，参加贝别维尔“共产主义宴会”的工人有 1 200 人之多，其中有装订工人、染色工人、钟表工人、裁缝、鞋匠、理发匠等。与会者热烈拥护共产主义原则，并决定为宣传、实现共产主义而斗争。这时又有一批在工人中活动的法国空想家也开始主张共产主义，宣传共产主义学说。最著名的有：让·雅克·皮佑、泰奥多尔·德萨米、埃蒂耶纳·卡贝、路易·奥古斯特·布朗基等。共产主义者一词大概也是在 1840 年这一年第一次在英国报刊上出现。当时在欧文派举办的《新道德世界》上刊登了一篇文章，作者约翰·古德温·巴姆贝在文中记叙法国工人的活动时使用了共产主义者一词。到 19 世纪 40 年代共产主义在英国、法国、德国、瑞士已经广为流传，到处有共产主义的团体、报刊和集会。

总之，共产主义一词虽然源于古老的原始公社的公有制，但直到 19 世纪 30 年代才和社会主义一词一起在西欧作为反对资本主义思潮的名称出现；到 19 世纪 40 年代，共产主义已经发展成为西欧社会一种有重大影响的反对资本主义的政治派别。

当时流行于欧洲的社会主义和共产主义这两种思潮和派别，既有区别又有联系。如上所述，主要区别在于：共产主义明确主张要通过革命斗争消灭资本主义私有制并实现生产资料公有制，从其起源来看主要是在工人群众、社会下层中传播；社会主义则是倡导对资本主义私有制进行修补，从其起源来看主要是在知识分子、社会上层中流行。一般说来，共产主义是无产阶级的思潮和派别；社会主义则是资产阶级和小资产阶级的思潮和派别。有产阶级（首先是资产阶级）非常害怕、仇视共产主义，是因为害怕共产主义者“共他们的产”，消灭生产资料私有制；他们并不害怕社会主义，甚至有时还表示赞成社会主义，有的人也以社会主义者自居，因为社会主义一词概念的内涵不像共产主义那么精确，它可以被随心所欲地做出各种各样的解释。一百多年来，人们对社会主义所下的定义真是盈筐满箧，不胜枚举。欧洲人早就说过，社会主义有 57 种之多。在 19 世纪三四十年代，资产阶级当权派和在野派、封建王公贵族和王朝拥护者都可以自命为社会主义者；到 20 世纪三四十年代，连希特勒、墨索里尼这样的法西斯头子也可以自命为社会主义者，然而这些人都是坚决反对共产主义的。历史上出现的许多资产阶级、小资产阶级社会主义流派，如蒲鲁东派、路易·勃朗派等也是鼓吹社会主义而反对共产主义的。在马克思、恩格斯的早期著作中，我们也可以看到社会主义和共产主义二词在使用上是有区别的。马克思第一次使用这两个名词是在 1842 年 10 月 15 日写的《共产主义和奥格斯堡“总汇报”》一文中，这时他正处于从民主主义者开始转变为共产主义者的阶段，同情共产主义并且开始介绍共产主义。当在奥格斯堡出版的反动的《总汇报》出面攻击《莱茵报》宣传共产主义时，他就挺身而出，严加驳斥。《总汇报》的一个记者“认为君主政体应当竭力把社会主义—共产主义思想放在自己的控制之下”；马克思指出：这是“异想天开”①。相比之下，反动派害怕共产主义更甚于社会主义，所以《总汇报》非常仇恨《莱茵报》宣传共产主义。马克思说，“它之所以绝不原谅我们，原来是因为我们向群众毫无掩饰地介绍了共产主义真相”②。单凭这一点就可以看

①② 马克思，恩格斯．马克思恩格斯全集：第 1 卷．北京：人民出版社，1956：131．

出，当时共产主义已成为资本主义国家“极端严重的问题”①，已“具有**欧洲的意义**了”②。恩格斯第一次使用社会主义、共产主义二词是在1843年5—6月所写的《伦敦来信》中，这时他旅居英国，信中谈道，“就在这个时候，受人轻视和嘲笑的社会主义却沉着而满怀信心地向前迈进并逐渐深入社会舆论”③。这里的“社会主义”是指欧文派的理论和实践。信中还谈道：“但就是在社会主义者当中也有理论家，或者像共产主义者所称呼的**十足**的无神论者，而共产主义者则被称为**实践**的无神论者。”④ 可见，当时共产主义确实是比社会主义更激进、更彻底的思潮。

同时，我们也要看到，社会主义和共产主义二词也有极密切的联系。它们是出现在19世纪30年代的孪生兄弟，都是作为反对资本主义的思潮和派别出现的；二者往往是通用的同义词，都是要改变资本主义私有制、建立高于资本主义的公有制社会制度。恩格斯曾经说16世纪的空想家们显露出“共产主义思想的微光”⑤，“而在十八世纪已经有直接共产主义的理论（摩莱里和马布利）”⑥。在《共产党宣言》第三章第三节，他们则把各种空想社会主义派别统称为“批判的空想的社会主义和共产主义”⑦。马克思、恩格斯在1847年时虽然把自己的理论称为共产主义，而不赞成称为社会主义；但是，有时他们也会使用社会主义一词。例如，恩格斯于1845年撰写的《英国工人阶级状况》中就讲过“真正的无产阶级社会主义现在已经在许多社会主义者和宪章运动的领袖（他们几乎全是社会主义者）那里形成起来”⑧。马克思于1847年所著《哲学的贫困》中也写道：“正如**经济学家**是资产阶级的学术代表一样，**社会主义者**和**共产主义者**是无产者阶级的理论家。”⑨ 他于1850年所著《法兰西阶级斗争》一书中又说：当各种空想社会

① 马克思，恩格斯．马克思恩格斯全集：第1卷．北京：人民出版社，1956：130-131.
② 同①131.
③ 同①560.
④ 同①567.
⑤ 马克思，恩格斯．马克思恩格斯全集：第7卷．北京：人民出版社，1959：405.
⑥ 马克思，恩格斯．马克思恩格斯选集：第3卷．北京：人民出版社，1972：406.
⑦ 马克思，恩格斯．马克思恩格斯选集：第1卷．北京：人民出版社，1972：281.
⑧ 马克思，恩格斯．马克思恩格斯全集：第2卷．北京：人民出版社，1957：526.
⑨ 同⑦121.

主义流派之间斗争不休时，“**无产阶级**就愈益团结在**革命的社会主义**周围，团结在被资产阶级用**布朗基**来命名的**共产主义**周围。这种社会主义就是**宣布不断革命**，就是无产阶级的**阶级专政**”①。到19世纪六七十年代以后，他们更是时常用社会主义一词代替共产主义。恩格斯于1869年7月写的《卡尔·马克思》一文中就把共产主义者同盟称为“组织得很好的社会主义政党”；在论及马克思的《资本论》时，他说，“社会主义在这里第一次得到科学的论述”②。到1872年底恩格斯写《论住宅问题》第三篇论文时就开始使用“德国科学社会主义”③；1874年7月1日写《德国农民战争》第二版序言的补充时指出，“德国科学社会主义，即过去从来没有过的唯一的科学社会主义”④。科学社会主义一词本来在19世纪40年代就已出现，例如真正的社会主义者格律恩于1845年出版的《法兰西和比利时的社会运动》一书中曾说：“他〈圣西门〉包含着……科学社会主义，**因为**圣西门的整个一生都在寻求新的科学！”马克思、恩格斯在1846年写的《德意志意识形态》一书中不同意这种提法，他们认为社会主义不可能成为科学，并且批判了格律恩这种“高超的臆测能力”⑤。但是从19世纪70年代起，他们就改变为把自己的理论称为“科学社会主义”。随着第一批社会主义政党在欧美各国的建立，从19世纪70年代到20世纪初，社会主义一词甚至已经取代共产主义广为流行。例如，德国社会民主党领袖倍倍尔的《妇女与社会主义》这一名著中就用“社会主义社会”作为“共产主义社会”的同义词。此书在出版后的三十年中曾经发行五十版之多。以至于在社会主义政党的纲领中，关于党的最终目的也只提社会主义，而不提共产主义。例如，在1875年哥达大会通过的德国社会主义工人党纲领中就只提出争取“社会主义社会”。就是后来被奉为第二国际各国党纲范本的1891年爱尔弗特代表大会通过的德国社会民主党纲领（著名的爱尔弗特纲领）也只是提出将“资本主义的私

---

① 马克思，恩格斯．马克思恩格斯选集：第1卷．北京：人民出版社，1972：479.

② 马克思，恩格斯．马克思恩格斯全集：第16卷．北京：人民出版社，1964：407，412.

③ 马克思，恩格斯．马克思恩格斯选集：第2卷．北京：人民出版社，1972：527，528，535.

④ 同③300.

⑤ 马克思，恩格斯．马克思恩格斯全集：第3卷．北京：人民出版社，1960：595.

有制转变成为社会所有制”，实现“社会主义的生产”①。到 1903 年，在列宁领导下通过的俄国社会民主工党党纲中关于党的最终目的也只是提出，“以社会主义生产关系代替资本主义生产关系”②。在十月革命胜利后，1919 年制定的新党纲中已改为“以共产主义生产关系代替资本主义生产关系”；同时也用了“社会主义生产方式”的提法，显然这是指共产主义社会的第一阶段③。

但是，值得注意的是，到 20 世纪 20 年代，马克思主义者在论述共产主义社会发展的不同阶段时，已开始把共产主义的第一阶段明确称为社会主义。马克思于 1875 年写的《哥达纲领批判》中第一次明确提出共产主义社会按其成熟的不同程度可划分为第一阶段和高级阶段，但是他没有把第一阶段明确地称为社会主义④。在马克思、恩格斯的所有著作中，都没有发现他们把共产主义社会的第一阶段称作社会主义。到 1916 年 7 月列宁在《关于自决问题的争论总结》一文中阐述哥达纲领关于国家问题的思想时，才把共产主义社会的第一阶段叫作社会主义。他写道：“国家将一直生存到胜利的社会主义转变为完全的共产主义的时候。”⑤ 到 1917 年 4 月，列宁在详述著名的《四月提纲》的思想时进而阐明：“人类从资本主义只能直接过渡到社会主义，即过渡到生产资料公有和按劳分配。我们党看得更远些：社会主义必然会渐渐成长为共产主义，而在共产主义的旗帜上写的是：‘各尽所能，按需分配’。”⑥ 在《国家与革命》一书中列宁精确地指出，马克思称共产主义社会的第一阶段为“社会主义”⑦。

---

① 恩格斯. 爱尔弗特纲领草案批判. 附录. 德国社会民主党纲领. 北京：人民出版社，1957：22.

② 苏联共产党代表大会、代表会议和中央会社决议汇编：第一分册. 北京：人民出版社，1964：36.

③ 同②528，542.

④ 马克思在文中曾指出，庸俗社会主义“把分配看成并解释成一种不依赖于生产方式的东西，从而把社会主义描写为主要是在分配问题上兜圈子”（马克思，恩格斯. 马克思恩格斯选集：第 3 卷. 北京：人民出版社，1972：13），然而他并没有用社会主义一词专指共产主义社会第一阶段。

⑤ 列宁. 列宁全集：第 22 卷. 北京：人民出版社，1958：317.

⑥ 列宁. 列宁选集：第 3 卷. 北京：人民出版社，1972：62.

⑦ 同⑥250.

总之，马克思主义者对社会主义、共产主义这两个词的理解和使用是有一个变化和发展过程的。大体上说，在19世纪40年代中叶马克思主义诞生以及其后一个时期，因为社会主义已成为资产阶级的改良性思潮，所以一般不用社会主义，而使用共产主义，不过偶尔也有通用的情况。到19世纪70年代以后马克思主义获得广泛传播、社会主义政党普遍建立时期，就更多地使用社会主义一词以代替共产主义，甚至社会主义已成为共产主义的同义词，“科学社会主义”一词也是这时才开始通用的。因为这时建立的第一批无产阶级政党基本都命名为社会民主党或社会党，而没有一个称共产党。到20世纪初，社会主义在一国取得胜利后，就开始把社会主义定义为共产主义社会的第一阶段。现在，马克思主义者认为，第一，作为一种思想体系，社会主义和共产主义是同义词，社会主义世界观即共产主义世界观，科学社会主义即科学共产主义。就广义而言，科学社会主义即马克思主义；就狭义而言，科学社会主义是作为无产阶级思想体系的马克思主义的三个主要组成部分之一。第二，作为一种社会制度，社会主义社会是高于资本主义社会的共产主义社会的第一阶段，有时也可作为共产主义社会形态的同义词。现在在资本主义社会里，由于人们的阶级地位和思想观点不同，对于社会主义仍然做出各种各样不同的解释，社会主义仍然是一个含义很不确定的概念，共产主义一词由于它特定的消灭私有制、实现公有制的含义，依旧使资产阶级感到心惊肉跳、惶惶不安。

综上所述，自18世纪中叶社会主义一词出现以来，它的含义在历史上大体经历了四个阶段。第一阶段，自18世纪中叶至19世纪初，最先由教会人士使用，其含义是指人的社会性。第二阶段，自19世纪二三十年代起，先由圣西门派、欧文派空想社会主义者使用，其含义是指要通过改良的办法建立一种与资本主义有所不同的新的社会制度。随后一些小资产阶级、资产阶级以至封建阶级的代表也按各阶级的利益和观点使用社会主义一词，旨在对资本主义制度做些修补，甚至要倒退，复辟到小生产者的小私有制和封建制。第三阶段，自19世纪40年代马克思主义诞生以来，开头马克思主义者很少使用社会主义一词，19世纪70年代以后社会主义已成为共产主义的同义语。第四阶段，自20世纪20年代起，尤其是1917年十月革命胜利以来，在马克思主义者看来，社会主义主要是指共产主义社会的第一阶段。至于共产主义一词，在19世纪30年代出现时，最初用于表达下层工人的革命理想，随后一些小资产阶级空想家也用以表达自己实现财产公有制的主张。19世纪40年代马克思、恩格斯形成新世界观之后就称自己的学说为共产主义，有时亦称批判的共产主义，指要对以前的空想共产主义进行批判，以示与之有所区别。

最后，还要说明一下在中文中社会主义、共产主义这两个词的由来。它们都不是古汉语中既有的旧词，也不是近代中国人在翻译外文时创造的新词，而是20世纪初才由日文直接移植过来的新词。早在我国隋唐时期就有大量汉字输入日本，从此汉字和汉语词汇就成为日文的组成部分。后来，日本人又利用汉字创造出许多新词。社会主义、共产主义就是日本人19世纪70年代初在翻译欧洲学术著作时创造的新词。日本在1868年明治维新以后努力向西方学习，1870年加藤弘之（1836—1916）在其讲述欧美政体的专著《真政大意》一书中最早还是用日文片假名音译“社会主义”“共产主义”这两个词的。随后不久，日本学术界、出版界就采用汉字意译为“社会主義”“共产主義”①。

古汉语中有“主义”这个词，但其含义与现在不同。《汲冢周书》（这是晋朝在汲县古墓中发现的记载周朝典籍文献的写在竹简上的书）说：“主义行德日元。”意即以义和德作为行为准则，这就叫作达到最高境界。所以这里“主义”一词是“以义作为准则”的意思。大概到宋朝以后，“主义”一词已有“合乎义理的主张”之意。近代日本人就借用

① 我在《社会主义一词的由来》（人民日报，1978-12-04）一文中曾认为，加藤弘之在1870年所译《真正政府的原理》一书中第一次使用“社会主义”这个日文新词。这个材料是根据马丁·伯纳尔所著《1907年以前的中国社会主义》（1976年美国康奈尔大学出版的英文本），在我国，查不到加藤弘之的原书，最近，承日本友人、京都大学人文科学研究所狭间直树先生给我寄来了《真政大意》一书明治三年初版的复印本，从而才弄清：此书是加藤弘之讲述的，而并非单纯翻译的；书中是第一次用日文片假名音译西方“社会主义”“共产主义”二词，而尚未用汉字意译，1871年西周（1828—1897年）在《百学连环》一书中把“社会主义”“共产主义”二词用汉字译为“会社之说”和“通有之说”。福地原一郎（1841—1906年）在1878年6月6日的《东京每日新闻》报上发表的《邪说之危害》一文中，第一次用汉字意译为“社会主义”（见丝屋寿雄著《日本社会主义运动思想史》一书的14-15页，1972年由新日本出版社出版）。

此词来翻译西方文字的特定后缀（英文 ism、法文 isme，德文 ismus）。

古汉语中本来也有“社会”这个词，但是其含义与现在也大不相同。现在“社会”一词是指人类的集合体，即以一定的物质生产活动为基础而相互联系的人们的总体，在古汉语中，相当于现在“社会”一词含义的有人群、人世、人间、世间等。古汉语中“社会”一词有两个意思，第一，指古代民间每逢春秋两季祭祀土地神之日或其他节日里社举行的群众性集会。“社会”即“里社集会”的简称。里社是居民聚居的里中结社，那里设有专门供奉土地神的处所。从周朝以来，一般定于每年立春、立秋后第五个甲日（汉以后各朝代有所不同，也有改为第五日戊日的）为“社日”，这一天四邻群众集合在里社，备齐酒肉，先祭土地神，再举行会餐，这就叫作“社会”。晋朝著名画家史道硕就画过农民举行社会的热闹场面，所以唐朝斐孝源撰写的《贞观公私画史》中就提道：“田家社会图，史道硕画。”宋朝吴自牧著《梦粱录》中说：“安排社会，结缚台阁，迎列于道。”宋朝孟元老著《东京梦华录》中也说：“八月秋社……市学先生预敛诸生钱作社会，以致雇倩祗应、白席，歌唱之人。归时各携花篮、果实，食物、社糕而散。春社、重午、重九，亦是如此。”① 这就是说，到宋朝时，“社会”已不仅限于春秋社日，而且也在端午节、重阳节举行；已不仅限于里社，而且在学校里老师也会预先收学生的钱，积极筹办，甚至搭起台阁，张灯结彩，临时雇人打杂、办酒席、奏乐歌唱。第二，“社会”又指群众结社组成的地方团体。例如宋朝程颢、程颐所著《二程全书》中有“乡民为社会”之语。日本人就沿用古汉语中的“社会”一词来翻译西方的 society（英文）、société（法文），来指“人类的集合体”②，进而又创造出“社会主义”这一新译名。

在古汉语中，我没有查到有人使用过“共产”这个词，而只有“共有”“共财”“同产”“财产”等词，是日本人推陈出新创造了“共产主义”这一新译名。

---

① 孟元老. 东京梦华录. 上海：古典文学出版社，1956：50.

② 1902 年梁启超在东京创办《新民丛报》时，最早在期刊上从日文移植过来“社会”一词，曾引起国内读者的反对，该刊在第 11 期问答栏回答江苏高邮一读者的问题时写道：“社会者日人翻译英文 Society 之语，中国或译之为群。”“本报或用群字，或用社会字，随笔所之，不能划一”，“然社会二字，他日亦必通行于中国无疑矣”。

到19世纪80年代以后，日本已有较多的书刊介绍欧洲的“社会主义”和“共产主义”。1881年《宇宙》杂志上发表了一篇题为《现代社会党起源》的文章，1882年翻译出版了美国学者伍尔西的《共产主义与社会主义》一书①，同年成立了日本历史上第一个社会主义政党——东洋社会党，三天后即被政府禁止；翌年又成立一个社会党，即日又被解散。第一批接受社会主义的先进分子转而在群众中进行社会主义宣传工作。1898年成立了社会主义研究会，1900年进而成立了社会主义协会，1901年又创建了社会民主党。总之，到19世纪末，“社会主义”“共产主义”在日本已经是相当有影响的一种社会思潮和政治势力了。可是，那时在我国还不知“社会主义”“共产主义”为何物。

1899年在《万国公报》（英美基督教传教士于1868年在上海创办的中文刊物）第121号上登载有英国人颉德著《社会的进化》一书的部分内容；同年就由广学会（英美传教士办的文化出版机构）出版了一个节译本。此书由英国传教士李提摩太和中国人蔡尔康合译，中文书名意译为《大同学》，书中提到马克思、恩格斯和社会主义、共产主义，可是译者当时把英文的“社会主义”一词意译为“安民新学”和“养民学”，把“共产主义”也译为“安民之学”②。这大概要算是中国人通过近代出版物最早了解到的马克思、恩格斯及其社会主义、共产主义。除了国内出版物中偶尔提到“安民新学”“养民学”“安民之学”之外，我国知识界先进人士当时主要是从日本接触到并了解到西方的社会主义、共产主义。1898年戊戌变法失败后，我国新兴的资产阶级革命派及原先改良派中的许多人士在国内高压政策之下无法立足，纷纷东渡一衣带水的邻邦日本进行活动。在他们主

---

① 伯纳尔．一九〇七年以前的中国社会主义思潮．福州：福建人民出版社，1985.

② 李提摩太（Timothy Richard，1845—1910年），英国浸礼教派传教士，1870年来华传教，在华活动四十五年，积极鼓吹、传播西方资产阶级学说，译著有数十种。他姓Richard，通常本应译为“理查”，可是他自己简化为“李”，另取中国名字“菩岳”，有时就用李菩岳的名义发表文章。他不会用中文写作，特聘请中国文人蔡尔康与之合作，无论著述或翻译，都是他口述，蔡笔录。《大同学》一书，就是署名李提摩太菩岳译、蔡尔康纂述，光绪二十五年（1899年）广学会铅印线装本。书中写道：“试稽近代学派，有讲求安民新学之一家。如德国之马客偲。”（第16页）“德国讲求养民学者。有名人焉。一曰马克思。一曰恩格思。”（第40页）又说：“英人米勒，讲求富国新策，独出冠时。其书中有言：安民之学，宜使无争，殊不思人尽安贫，世事即江河日下也。”（第16-17页）此处所引米勒（Iohn Stuart Mill）的书是指《政治经济学原理》一书，查该书“安民之学”一词英文原文为“共产主义”（Communism），见《社会的进化》一书，伦敦麦克米伦公司1895年英文版，第81-82页。

办的刊物上最先介绍了西方的社会主义流派，正是他们当中一些人最早从日文中把“社会”“共产”“社会主义”“共产主义”等词输入到中国来。

本来，严复在1895年译述赫胥黎的《天演论》一书时，把欧洲的“社会”一词意译为“群”“人群”，赫胥黎在原书中还曾讲道：“在蜂群社会中实现了‘各尽所能、按需分配’这种共产主义格言的理想。”① 严复则把这句话意译为：“夫蜂之为群也，为近世以均富言治者之极则也。”“然必事各视其所胜，养各给其所欲，平均齐一，无有分殊。”② 可见严复是把共产主义错误地理解为平均财富、平均分配。康有为在其《大同书》中谈到欧洲的社会主义、共产主义思潮时用的是“近者人群之说益昌，均产之说益盛”，“合群均产之说，皆为大同之先声也”③。可见当时中国人是把欧洲的“共产主义”一词理解为均富、均产之说，把欧洲的“社会主义”一词理解为“人群之说”“合群之说”。梁启超曾兼采中文和日文，把欧洲的社会主义一词译为“人群主义”④；当时属于资产阶级革命派的宋教仁也兼采中文和日文，把它译为“民胞物与之主义，太平大同之主义”⑤；而冯自由则把它译为“民生主义”⑥。可是更多的人还

---

① 赫胥黎．进化论与伦理学（旧译《天演论》）．北京：科学出版社，1971：17.

② 赫胥黎．天演论．北京：科学出版社，1971：38-39.

③ 康有为．大同书．上海：上海古籍出版社，1956：236，70．奇怪的是康有为在此书中偶尔也用“共产之说”（见第235页）。《大同书》原是一部未完成的初稿，写于1884后，大部分写于1901—1902年，也有一些地方可能是作者后来修订增补的，所以用词并不统一。

④ 梁启超在1902年2月发表的《论学术之势力左右世界》一文中就指出“近世所谓人群主义socialism，专务保护劳动者，使同享乐利”。

⑤ 宋朝学者张载在其《西铭》一书曾提出：“民吾同胞，物吾与也。”意即视民与物为一体。

⑥ 冯自由在其《革命逸史》第4集中说：在1905年10月《民报》出世以前，“世界尚无‘民生主义’之一名词，孙总理与同志研究社会经济问题时仍称社会主义”。自1905年10月孙中山在《〈民报〉发刊词》中提出民族主义、民权主义、民生主义之后，冯自由即把民生主义当作社会主义来使用。他在1905年冬写的《民生主义与中国政治革命之前途》一文中说：“民生主义（Socialism），日人译名社会主义。”（见《革命逸史》第4卷，商务印书馆1946年版，第115页）。从此同盟会同志都主张“社会主义本译民生主义”（见《民报》第4号，第45页）孙中山本人也多次讲到民生主义就是社会主义（见《孙中山选集》，人民出版社1956年版，第77、92页）。但是，到1907年他又说：“民生主义一名词，当为Demosology，而不为Socialism”（见《民报》第12期，《辛亥革命前十年间时论选集》第2卷下册，三联书店1963年版，第708页）。按：Demosology一词在英文中是极少见的，它是由Demos和后缀-oiogy结合而成。Demos原指古希腊城邦的平民，Demosology一词亦可译为平民主义，到1924年孙中山讲解三民主义时又说他的民生主义包括并且超过了马克思的社会主义、共产主义，这些说法的变化多少反映了孙中山本人思想的变化。

是径直把当时日文书刊上常用的“社会主义”“共产主义”移植过来。

现在我们能查到的当时的报刊文章中，最早使用“社会主义”一词的当推梁启超发表于1902年9月15日出版的《新民丛报》第18期上的《进化论革命者颉德之学说》一文。梁启超在此文中十分推崇英国资产阶级社会学家颉德所著《泰西文明原理》一书。文末在转述颉德的观点时讲道：“今之德国，有最占势力之二大思想，一曰麦喀士之社会主义，二曰尼志埃之个人主义。”（麦喀士、尼志埃指马克思、尼采）梁启超在此文的一个小注中又写道：“社会主义，即人群主义。”1903年10月在东京出版的《浙江潮》第8期上发表了署名为“大我”的《新社会之理论》一文，在介绍风靡欧美的社会主义思潮时，还第一次专门介绍了“共产主义”：“是派创于法人罢勃（Baboeuf），其后劲则犹太人埋蛤司（Karl Marx）也，今之万国劳动党其见象也。”① 文中把巴贝夫的平均共产主义与马克思的科学共产主义混为一谈，而且对共产主义学说还有曲解之处，但是它毕竟使中国人开始知道马克思的共产主义在欧美已成为各国社会党的旗帜。1905年11月蛰伸（朱执信的笔名）在《民报》上发表《德意志革命家小传》，用4 400多字的篇幅比较全面地介绍了马克思和恩格斯的生平及其社会主义、共产主义学说。这个时期，在革命派的报刊上还发表过多篇介绍社会主义、共产主义的文章，国内也出版了好几本从日文翻译过来的介绍社会主义、共产主义的书籍。例如，1902年上海的商务印书馆出版了新译的幸德秋水的《长广舌》。1902—1903年，改良派在上海刚创办的广智书局出版了四本书，即《社会党》（西川光次朗著，周百高译）、《社会主义》（村井知至著，唐蟒译）、《近世社会主义》（福井准造著，赵必振译）、《社会改良论》（乌村满都夫著，赵必振译）；同时，上海作新社还出版了《社会主义概评》（岛田三郎著），上海闽学会还出版了《社会问题》（大原详一著，高种译）。1903年10月《浙江潮》编辑部在东京发行了日本社会主义先驱幸德秋水的名著《社会主义神髓》。总之，在1902—1905年，“社会主义”“共产主义”二词在中文书刊中才开始使用并成为约定俗成

① 张枬，王忍之．辛亥革命前十年间时论选集：第1卷（下册）．北京：三联书店，1960：513-514.

的词语①。到 1917 年俄国十月革命后，科学社会主义、科学共产主义理论才真正在我国获得广泛传播②。从社会主义、共产主义这两个词的由来，我们可以看到中日两国的文化交流真是源远流长！我国古代灿烂的文化影响了日本，而一些近代西方的先进文化，则是我们从日本间接学习到的。

① 颇有意思的是，当时著名翻译家、思想家严复在 1898—1903 年翻译斯宾塞的《社会学研究》一书时，在书中已采用“社会”一词代替他于 1895 年翻译《天演论》时使用的“群”和“人群”，但在书名上还是把社会学译为群学，把《社会学研究》译为《群学肄言》（1903 年还出版有马君武译的《斯宾塞社会学原理》）；可是到 1904 年，严复又翻译出版了甄克思的《社会通诠》一书，足见从这一年起他在书名上也进而采用了当时刚流行的“社会”一词。

② 中国的反动派千方百计阻挠社会主义、共产主义学说的传播，有时竟达到十分可笑的地步。例如愚蠢无知的军阀们误认为社会学也就是社会主义会传播危险思想、危及自己的统治，为此山东军阀韩复榘曾经逮捕枪杀了社会学者冯锐。为了便于传播革命理论，在 20 世纪二三十年代的书刊中，“共产主义”有时音译为“亢慕义”“康敏主义”“康民尼斯姆”，“共产主义者”则音译为“康民尼斯特”，1920 年 3 月李大钊在北京大学指导马克思学说研究会创办小型图书馆时就曾把它取名为“亢慕义斋”，19 世纪 20 年代中国共产党出版的宣传共产主义的书籍曾名为“康民尼斯特丛书”。

第三章　社会主义运动的发展*

一、空想社会主义试验的失败

社会主义是先有思潮，后有运动。这个思潮发展到一定阶段，才出现了社会主义运动。近代社会主义思潮的演变，从莫尔的《乌托邦》到圣西门、傅立叶、欧文的空想社会主义，差不多有三百年。这三百年之中，主要是一些空想家们个人构思、著书立说、制造舆论、进行宣传。一直到19世纪二三十年代社会主义思潮才开始与社会实际相结合，形成社会主义运动。社会主义的社会运动，最早就是三大空想家和其他一些空想家按照他们的空想方案搞的社会主义试验。他们幻想在资本主义社会内部就着手社会主义试验。马克思主义者认为，在资本主义社会里面开展社会主义运动，只能是争取人民群众推翻资本主义制度和资产阶级统治，只有在夺取政权之后才能开始建设社会主义。而空想家们不是这样，他们认为可以搞阶级调和、社会改良，在资本主义社会内就开始建立社会主义据点，妄图

* 本章内容选自：高放．社会主义的过去、现在和未来．北京：北京出版社，1982.

逐步由点成片，进而取代资本主义制度。最早在资本主义社会搞社会主义试验的是圣西门、傅立叶、欧文学派。

圣西门于 1825 年逝世，享年 65 岁，这时法国还处于反动的封建波旁王朝复辟时期，不可能有条件进行他的社会主义试验。他生前一直寄希望于开明的国王和慈善的资本家，曾向国王和资本家多次发出诚挚的呼吁，请求他们体察无产阶级的疾苦和他设计的“实业制度”的优越性，帮助无产阶级建立这种新的社会制度。他曾劝说拿破仑皇帝来帮助他实现改造社会的计划，结果被拿破仑斥为“疯子”。他在最后一部著作——《新基督教》中还吁请君主们：“要记住，基督教吩咐有产者要用全力以最快的速度提高穷人的社会幸福。”① 他以未能眼见其理想的实现而抱憾终生，临终时还对学生们表示：“在这即将离开人间的时刻，我只能对你们说：用你们联合的力量去完成最伟大的成就的时候来到了。梨子已经成熟，只等你们去摘。”② 在圣西门死后，圣西门的门徒才把他的理想付诸实践。1829 年，圣西门的高足安凡丹、巴札尔等建立了圣西门主义的新教会，把圣西门的门徒组织在一起，规定了统一的制服，创办了同吃共饮的僧院食堂，宣传圣西门的教义。他们准备以此为基地逐步扩大影响，一方面继续向上层阶级发出呼吁，另一方面网罗更多的信徒，可是没有什么成效。上层阶级仍然没有任何反应，由于新“教会”只单纯说教而不解决工人的实际问题，许多工人也不感兴趣。1830 年法国发生第二次资产阶级革命，推翻了波旁王朝，1831 年里昂工人起义。同年，巴札尔因与安凡丹意见分歧并不满他的专断作风，遂退出“教会”。安凡丹在内外交困的形势下，改变做法，走出“教会”，开始在工人中间组织消费公社和合作工厂。按规定每个社员要把自己的全部收入交给公社，在公社中一起生活、一起劳动。参加圣西门派公社的多半是失业的工人或低工资者。这些公有制的公社办起来以后，由于消灭了剥削，工人们生活有所改善；但是公社因管理不善，不断地亏损。例如有一个公社年收入六百五十五法郎，支出却是二千零九十二法郎。合作工厂也同样亏损，最终都瓦解了。1832 年 4 月，安凡丹又

---

① 圣西门. 圣西门选集：下册. 北京：商务印书馆，1962：270.

② 同①287.

召集一批圣西门派最忠实的信徒在巴黎郊区组织了劳动公社，作为他们设计的未来社会基层单位的起点，并且宣告这是他们新的伟大事业的开端。可是，就是这种改良性的试验也遭到法国政府的迫害。同年 8 月，法国政府就逮捕、审判他们，控告他们破坏法律、违背道德，从此他们创办公社的活动几乎停滞了。到 1848 年，圣西门派又燃起了新的希望，安凡丹等人曾向拿破仑三世进言，祈求开恩协助实现他们的美妙计划，结果又落得一场空。此后这批信徒纷纷散去，有的甚至当了银行界巨头，安凡丹本人当上铁路公司经理。所以圣西门派的运动是很短暂的，没有什么成果就烟消云散了。但是，其中有些人并不死心，又投奔到傅立叶门下。

傅立叶生前多方努力，要把自己的理想付诸实践。他认为：“改造工作只要从一平方法里和一千八百人的小范围的试验做起。”① 他天真地估计，如果有人赞助的话，只需四五年时间就可实现他的社会改造计划。早在 1803 年，他就发表文章，希望国家元首拿破仑采纳并执行他的“全世界和谐”的方案。随后，他直接上书政府，要求拿破仑成为上帝的助手，“把人类从社会混乱中引导出来，永远根绝世界上的贫穷和犯罪”。结果反而招来了灾祸。警察当局曾经详细审查了他的政治背景，还有人在报上著文主张把他送到疯人院。然而这个“狂人”并不气馁，还是不断寄希望于内阁。内阁首脑的每一次更迭，都会唤起他一次新的遐想。但这种与虎谋皮的幻想必然一次又一次破灭！同时他还四处发信，从俄国公爵和英国贵族到法国的银行家、资本家，寄希望于有人资助他筹建第一个试验性“法郎吉”。1825 年他果然得到一个土伦地方的地主（英国人）的答复，愿意给他一笔钱，他欣喜若狂地准备在巴黎郊区搞试验，然而事实证明这不过是张空头支票，并未兑现。1830 年初，又有一个银行家表示愿意资助他建立第一个“法郎吉”，结果又是一场空；年底，他又找到一个富裕的资本家充当“法郎吉”的发起人，他还向议院工业委员会提出长达 70 页的报告书，建议国家协同来搞试验，当然也没有下文。到 1832 年，有一个傅立叶的信徒、众议院议员、富翁——博德・杜拉利表示愿意献出他的一片土

① 傅立叶．傅立叶选集：第 3 卷．北京：商务印书馆，1979：15.

地，供建立“法郎吉”之用。傅立叶盼望已久的试验，这次总算是有了着落。已有地皮，还缺资金，他就兴致勃勃地亲自出面负责筹集工作。预定要筹集一百二十万法郎作为股金，可是费了九牛二虎之力只募集到三十一万八千法郎，只有原计划的四分之一多一点。这点钱盖不起设计精湛的“法伦斯泰尔”，就只好先修一个包括若干建筑物的农场，准备先干起来再扩大影响。傅立叶的理想是吸收一千六百二十人，然而只招募到一百五十个人参加他的第一个“法郎吉”，而且大部分都是雇佣工人，没有一个富人愿意入股。由于资金不足，组织管理不善，只经过一年多时间，这个农场就瓦解了。这次试验的失败，并没有使傅立叶灰心丧气。他自信心很强，自以为失败的原因只是没有按照他的指示办事，所以一心还要再次搞试验。1834 年他为政客梯也尔（后来镇压 1871 年巴黎公社的罪魁祸首）写过两篇文章，用税收问题来打动他，希望他赞助社会改造的计划。他还写了长达十页的文章，论证路易·菲利普国王如果能够迅速着手组织“法郎吉”的话，那么这种德政就可能消除有人要谋害国王的阴谋。在企求、奔波一再碰壁之后，傅立叶就转而在家耐心等待。他对外声明每日中午十二时在家恭候达官显贵光临共商改革大计；不论他外出办什么事，一定都要赶在十二时之前回家。他总是一个人单独到饭馆吃饭，长思久盼，但希望一次次落空。于是他进而在门口张贴告示，改为每日上午深居简出，在家静候。每听到门前有人路过或叩门之声，总激起他的希望。然而好几年时光消逝了，还是门可罗雀，无人光临，他的空想又一次破灭了！

1837 年 10 月 10 日他去世之后，他的门徒继续他的遗愿，曾建立了“傅立叶学说宣传和实现协会”，据说又试办过第二个“法郎吉”，可惜没留下什么材料就消失了。倒是有几个资本家曾按照“法郎吉”的方案略宽待工人，因为管理有方，取得了一定成效；不过要保持资本家所有制，就不可能真实行社会主义，无非搞点改良而已。傅立叶在法国播下的种子，虽未在本土抽枝发叶，却在大西洋彼岸的新大陆昙花一现。

傅立叶的门徒艾伯特·布里斯班回到美国后大力宣传傅立叶主义，使它成为第一个全国性最负盛誉的社会主义体系。从 1840 年起，在美国出现了傅立叶主义的“试验热”，持续了十多年。先后建立有四十多个“法郎吉”，分布在马萨诸塞、纽约、新泽西、宾夕法尼亚、俄亥俄、威斯康星、密歇根等州。按照傅立叶原来的设计，每个“法郎吉”要有一千五百至两千个社员，约一百万法郎资金。这样高的标准实在难以达到。布里斯班只好缩小规模，把它降低为四百个社员，每人收股金一千美元，合计四十万美元，其中以十五万美元建造大厦，其余用于生产和生活开支。法郎吉实行综合经营：种粮、菜、水果，饲养牲畜。每日劳动最多十个小时，免费供养十岁以下儿童和七十岁以上老人，免费提供教育、医疗、洗澡，自办图书馆和报纸。在美国创办的“法郎吉”中，最著名的是波士顿市郊区的布鲁克农庄。1841 年刚创办时社员只有约二十人，三年后增加到约七十人。公社的管理委员会分为四个部，即总指导部、农业指导部、教育指导部和财务指导部，各由三个人组成。社员们在一天劳动之余过着丰富多彩的文化生活，在俱乐部里跳舞、游戏、唱歌、弹琴，农庄还会举办远足、文学和科学讨论等活动。从 1844 年春天起美国傅立叶派的机关刊物——《先驱》还移交这里出版，这个公社成为宣传傅立叶主义的中心。公社办的学校分为四个部：幼儿园、小学、补习学校和准备进高等学校的预科。头几年，这个公社吸引了不少人，申请入社者纷至沓来，访问参观者每年达数千人。然而由于资金不足，盖不起大厦，一时容纳不了更多的社员。1846 年春天的一个夜晚，一座即将竣工的木结构大厦由于施工工人的疏忽，突然失火，“法伦斯泰尔”的烧毁给公社带来了致命的打击。他们再也无力筹划资金重建了。到 1847 年秋季，运转了六年的公社只好停办，剩余财产被卖掉，人员四散。后来这个地方成为路德教堂办的一所孤儿院。

在所有“法郎吉”中生命最长者为新泽西州的北美“法郎吉”，它建于 1843 年 9 月，原始资金只有八千美元。公社盖了一个三层大楼用作住宅，除经营农业外，还有果园、牧场和碾粉厂。分配方式遵照傅立叶的“公平比例”原则，即一部分按劳动轻重，一部分按才能高低，一部分按投资多少。例如，制砖工人每小时工资一角，农业工人每小时工资约八分，服务员每小时六点二五分；才能高超者有附加工资；投资得百分之五的利息。个人在公社食堂吃饭采取记账法，每月月底结算。由于基本上都是手工劳动，劳动生产率不高，公社收入微薄。开办之初主要靠热情与信仰来支撑，随后社员们在经营管理和生活安排方面的意见分歧越来越大。1854 年 9 月一场大火把公社花了约一万二千美元建造的碾粉厂化为灰烬，这直接导致了公社的瓦解。1855 年公社只好拍卖财产，股东的股本按每一元折算为六角六分偿还，存在十二年之久的北美“法郎吉”也停办了。

除此之外，其余的“法郎吉”一般平均寿命只有大约十五个月就结束了，而且没有一个“法郎吉”曾达到布里斯班设想的四百个社员、四十万美元资金的规模。公有制经济建立起来之后，确实在消灭剥削、安排生产、改善生活等方面初步显示出优越性。然而资金不足、劳力不多、领导力不强、生产水平低、经营管理不善，这许多原因注定了这个阶段社会主义试验的失败。

欧文比傅立叶大一岁，比圣西门小 11 岁，活到 87 岁，他进行的社会主义试验最多。1800 年，他 29 岁时，就从岳父手里接管了一个拥有两千多名工人的纺织厂——新拉纳克纺织厂。他想把这个工厂办成一个模范工厂。1819 年，他在工厂里实行了第一个工厂法，把工人的劳动时间由十三四个小时缩减为十个半小时，还准备降为八个小时；同时，改善了车间的劳动条件和工人的生活条件，取消了对工人渎职行为的惩罚制度，代之以教育。他拆除了工人的破棚陋室，为工人修建了新式住宅，改善了他们的居住条件；还为工人创办了合作社，商品比一般商店减价百分之二十五；设立了多种学校，提倡职业教育，使工人的子女可以上学。他于 1816 年第一次给工人创办了幼儿园，工人的孩子从两岁起就入托进园，在那里愉快地生活。他倡导用亲切友好的谈话来激发儿童的好奇心和求知欲，热心地回答儿童们提出的各种问题；耐心地教导儿童不欺负自己的小伙伴并且乐于助人；重视直观教育，通过各种游戏来培养儿童多方面的学习兴趣，提高儿童生活上的自理能力。这样诱人的幼儿园生活，以至于连父母都很难把孩子领回家去。他把酒馆和酒吧间全部迁走，严禁酗酒和赌博，使二千五百名狂饮滥赌的工人改邪归正，开始正常生活。1806 年，因美国禁止原料输出，英国棉织业面临危机，棉织厂几乎全部停工，成千上万的工人失业、挨饿。而欧文的工厂仍然保留全部职工，在停工四个月期间照发薪金，总额达七千英镑。他办工厂，尽量想办法少剥削工人的剩余价值，把一部分剩余价值拿来给工人谋福利。很多股东对此颇有意见，1813 年他们联合起来，想把欧文撵出新拉纳克的董事会。多谋善断的欧文立即把他们之间的分歧和他拟订的改造工厂的人道主义计划印出并广为散发，结果争取到七个富豪愿意给予大笔投资，同意把他们投资所得的超过百分之五以上的利润用于慈善事业。这样欧文就可以用这大笔投资买下准备退股者的股份，安然渡过了危机，继续经营他的模范工厂。这个工厂经他经营了二十多年，面目焕然一新。昔日破烂、杂乱、监狱般的车间，变成了完好、清新、井然有序的劳动场所；昔日污秽、堕落的贫民窟，变成了整洁、安乐的居民点。一时间新拉纳克工厂誉满欧美，俨然成为新型的工业圣地，年年都有几千名国内外各界知名人士前来参观访问。

欧文踌躇满志，自以为他这一套改革方案会得到推广并取得成功。和圣西门、傅立叶一样，他也把希望寄托在达官显贵身上。他频频向权门富家发出呼吁，向政府首相和百万富翁恳切陈词。1817 年他还向政府提出了救济贫穷工人的新办法，主张按照互相合作原则建立兼营工业、农业和副业的公社，每个公社从五百人到一千五百人，男的从事生产，女的操劳家务、管教儿童。公社自产自销，自足自给；社员住宅宽敞，周围修筑花园。尽管这个计划遭到政府的拒绝，他仍然不遗余力地宣传鼓动。在 19 世纪二三十年代的英国各地，确实有一批信徒建立了若干个欧文主义的公社，当然都无法持久。1818 年，欧文还向参加在普鲁士莱茵省的亚琛城召开的神圣同盟会议的各国政府首脑提出了两份《关于劳动阶级的备忘录》，甚至也向俄国沙皇尼古拉一世呈递了他的改造社会计划，结果自然也是希望都成泡影。就是他苦心经营的新拉纳克工厂也好景不长。很多股东因赚不了大钱，相继退股。其他工厂的资本家非常害怕欧文的这些改革措施扩大影响，纷纷合伙诋毁欧文，还派人前往新拉纳克工厂搜集关于欧文的无神论思想和他袒护非国教徒等方面的材料。在资产阶级的逼迫和围攻之下，欧文只好于 1824 年辞去工厂经理职务。

但是，他并未就此罢手。1824 年他到了美国，又筹集了十五万美元，在印第安纳州买了约有三万英亩土地连同地面建筑物和工厂，在这里办了一个社会主义新村，叫作“新和谐公社”（New Harmony），有的翻译为

"新大同村"，搞新的社会主义试验。欧文想在这里建立一种全新的社会制度，集体占有生产资料、集体劳动、集体生活，受集体教育，培养出具有诚实、节制、勤奋、清洁等特性的新型的人。这个"新大同村"约有近一千人参加，种粮食、果树，实行免费医疗、免费教育，经费几乎都是欧文自己掏腰包。欧文还请了一批科学家、教育家来参加他的公社事业。他在公社开幕典礼上宣称："我到这里来，是要建立一种完全崭新的社会制度，要将愚昧、自私的制度变成文明和谐的社会制度。它要把各种人们熔于一炉，并且铲除产生人与人之间各种对抗的根源。"他还预言："从公社传到公社，从国家传到国家，从这洲传到那洲，最后传遍全球，对人们的子孙后代放出光芒，撒布芳香和富足、智慧和幸福。"① 实践证明，这种预言像五光十色的肥皂泡一样迅速消逝了。公社开办之初，大家满腔热忱，兴高采烈，劳动勤奋，生活愉快。但是，这个"新和谐公社"只办了两年，就因不和谐而解体了。短短两年内，管理体制改变了七次，主要是集中和分散的矛盾。开始分散一些，劳动纪律松弛，有人偷懒，于是大家要求欧文个人加强集权。经过整顿，工厂和农场确实出现了勤奋景象。有些本位主义、个人主义思想严重的人又要求把公社划分为若干独立的小公社。分为四个小公社之后，又遇到投资和生产资料分配不均等问题，最后全部大权只好又由欧文本人和他指定的四个人员来掌握。在体制改革过程中暴露出有一些人特权思想严重，不想参加集体劳动，总想脱产、搞特殊化。每次体制改革都导致一部分不满的社员退出。同时，社员之间又因宗教信仰不同而争吵不休，民族偏见较深，隔阂大，于是愈加离心离德。生产增长慢，满足不了消费的需要，而公社又采取平均分配的办法，不顾个别能力的差别，结果人心日益涣散。到 1827 年，欧文只好把公社四周的土地以每英亩每年五角租金的条件给各个小公社去耕种和经营。私营的商店、酒馆和工厂等都在公社周围开设起来了。到 1829 年，"新和谐公社"就完全瓦解了，它几乎耗尽了欧文的全部资财。在美国，欧文的信徒在田纳西、宾夕法尼亚等州和辛辛那提、纽约等城市先后还办了十多个公社，如黄泉公

---

① 希尔奎特．美国社会主义史．北京：商务印书馆，1974：48.

社、纳肖巴公社等，命运也和欧文自己办的公社一样，最多只办了几年，也都垮了。

办工厂垮了，办公社垮了，然而欧文本人并不心灰意冷。他又想到墨西哥买土地重新搞试验，未果。1832年，他把四个儿子留在美国，自己风尘仆仆返回英国，以61岁的高龄，又搞了一个新的社会主义试验、新的社会主义运动，他在伦敦格雷法学院路办了一个“劳动产品公平交换所”，实行劳动券制度，取消货币，由交换所对生产者交来的产品进行估价，按照生产这个产品所需社会平均劳动时间，发给以一小时劳动时间为单位的劳动券。印制精美的劳动券分为一小时、两小时、五小时、十小时、二十小时、五十小时、一百小时等不同的面额。劳动者拿这个劳动券可以在交换所换取他所需要的物品。所谓劳动产品公平交换，就是按照等量劳动进行交换。欧文错误地认为工人把劳动出卖给资本家，资本家并没有以货币付给工人全部劳动价值，而只付给工人部分价值，所以工人的劳动和资本家的货币之间是不等价交换，资本家是利用货币剥削了工人，货币成了资本家欺骗工人的工具。为了按照等量劳动进行交换，所以他异想天开地要以劳动券取代货币，自以为这样一来就可以使工人摆脱资本家的剥削，摆脱中间环节的剥削，使工人自己的劳动能够得到全部报酬。欧文得意地自认为运行这个“劳动产品公平交换所”是“摆脱无知与贫困的措施”。这个交换所开办之后，确实大受劳动者的欢迎。接着，欧文又设立分所。欧文的劳动券甚至流通到其他商店，乃至伦敦的戏院之中。1833年6月，在全国钢铁中心——伯明翰市也成立交换所的分所；在利物浦、格拉斯哥等城市由工人合作组织出面也开办了“劳动产品公平交换所”，解决了产品销售和原材料供应问题，劳动券一度代替了官方货币。可是，欧文办交换所的理论前提是错误的。工人出卖给资本家的不是劳动而是劳动力，资本家剥削剩余价值的秘密在于劳动力会创造出超过补偿工人劳动力价值以外的新的价值，资本家无偿地占有了工人剩余劳动所创造的新价值，这才是剩余价值的来源。所以资本家的剥削产生于生产过程中，而不在于交换流通过程中。欧文开办公平交换所，并没有改组生产，而只是改组交换和流通，这是舍本逐末的措施。在资本主义商品生产的包围中，在资本主义经济规律的支配下，这是无法解决工人问题的，广大雇佣工人受雇于资本家，他们根本就没有什么自己的产品可以拿来交换；这个交换所只能为个体生产者和合作组织（合作工厂和合作社）生产者解决问题，然而也无法长期存在。因为很难准确地计算越来越多的各种各样产品所需的劳动时间，评价者与生产者时常发生争吵；而且只在参加交换所的生产者之间交换产品，实在无法做到各项产品供销的平衡。有的产品供不应求，有的却堆积如山。何况还有好多工厂主和商人也冒充劳动者蜂拥而至，都拿产品来换劳动券，都要到这里来捞一把。所以这个“劳动产品公平交换所”只办了一年多时间，到 1833 年年底就关门了，欧文又赔了一笔钱。实践证明，在资本主义商品经济的条件下，不可能实现不用货币的“公平”交换。

欧文多少也感觉到只限于在交换流通领域搞改革是无济于事的，因此他又致力于改造生产领域。1833 年 10 月，他领导建立了全国生产部门大联盟，致力于开展全国性的生产合作运动。他以为通过大联盟可以提高工人的工资、缩短工人的劳动时间，把工人组织到合作工厂和合作社中，由工人自己管理生产并决定分配。他设想以这种滚雪球般的发展，就能和平地将资本主义私有制改造为财产公有制。在几个月时间内，有几十万人参加了大联盟，罢工运动此起彼伏，合作组织到处开花。这可吓坏了资产阶级，资产阶级政府当即下令取缔大联盟，宣布它为非法组织并逮捕其领导成员。资本家还实行同盟歇业，强迫工人签署绝不参加大联盟的保证书。在资产阶级的镇压和围攻下，加上大联盟内部在是否开展和如何开展阶级斗争等问题上意见不同，大联盟终于在 1934 年 8 月被迫解散。1839—1845 年，欧文还致力于组织劳动公社的最后一次试验。1839 年他在英国汉普郡奎因伍德又建立了名为“协和”的试验区。这个试验区拥有二百英亩土地，根据欧文建议建立了一个公社，社员一百多人，主要从事农业，耕地管理得很好，还养了七百只羊，并且自己制砖、烧石灰、修筑楼房和道路，社员集体居住在一幢美观、宽敞、坚固的楼房里：第一层是大餐厅和厨房，通过机器把丰盛的菜肴和空碗碟在厨房和餐厅之间往返传递；第二层是一间大跳舞厅；第三层是布置得十分舒适的单间卧室。厨房的炉子把暖气送到每个房间，冷水管和热水管也通到每个房间。厕所里设有抽水马桶。这些设备现在看来很平常，在当时可算是十分先进的。社员的孩子在社办学校里受公费教育，德、智、体三育并进，劳动是教育的一部分。社员们“和睦相处，互相帮助”，讲究清洁卫生，对人彬彬有礼。公社还修建了面积为二十七英亩的公园，布局出色，供大家休息娱乐。来这里参观访问者络绎不绝，人人都对它印象良好。欧文本来是想把这个公社建设成为新社会制度的完美典范，可是公社资金不足，不可能大展宏图。一贫如洗的工人没有钱投资，开始筹集的约三万英镑大部分是有钱人入股的。这样从一开始就潜伏着“无产者”和“有产者”之间的矛盾，这个矛盾的激化最终导致公社瓦解。广大工人要求实行民主管理，要求全体成员都参加劳动；而那些提供资金的人却要争得特权，他们要掌握公社管理权，宁可自交膳宿费也要逃避体力劳动。这种内部意见造成冲突后，又因劳动力不足、不得不雇用社外劳工而使冲突加剧，于是这个“协和”公社终因内部不和谐而于 1845 年分崩离析。欧文的最后一次试验，也未能逃脱失败的命运。

欧文一生不遗余力地宣传、试验社会主义，尽管是精疲力竭，倾家荡产，穷困潦倒，但是一直锲而不舍。仅仅在 1826—1837 年这十一年间，据说他就发表了一千多次公开演说，起草了五百多份请愿书，撰写了两千多篇报刊文章，进行了三百多次宣传性旅游。1858 年，他已是八十七岁的老人，还在利物浦召开的全国社会科学促进协会代表大会上做报告，继续宣传他的空想社会主义。可是刚说了几句话，他就因心力交瘁，支撑不住，报告被迫中断。最终因抢救无效，欧文于 11 月 17 日与世长辞。他一生反复多次进行社会主义试验，企求达官贵人帮助未果之后，他转而诉诸工人，在工人中进行了三十年的活动。这些都是他在实践上超出圣西门、傅立叶之处。然而他依旧停留在空想社会主义范畴之内。他还是以救世主的姿态去拯救工人，还是幻想通过和平的逐步的改良措施来改造资本主义，而不是依靠工人阶级的阶级斗争去推翻资本主义。恩格斯说过，“当时英国的有利于工人的一切社会运动、一切实际成就，都是和欧文的名字联在一起的。例如，由于他的五年的努力，在 1819 年通过了限制工厂中女工和童工劳动的第一个法律。他主持了英国工会的第一次代表大会，在这次大会上，全国各工会联合成一个总工会。同时，作为向完全共产主义的社会制度过渡的措施，一方面他组织了合作社（消费合作社和生产合作社），这些合作社从这时起至少已经在实践上证明，无论商人或厂主都决不是不可缺少的人物；另一方面他组织了劳动市场"，作为"社会改造的第一步"①。他毕生为工人做出的这些努力，是有积极意义的，为工人运动提供了有益的经验。然而，他的空想社会主义毕竟不能为工人阶级的解放指明正确的道路。在他活动的后期，科学社会主义已经诞生。马克思、恩格斯对他深怀敬意，在自己的很多著作中对他评价很高。1851 年 5 月 18 日，在伦敦约翰街庆祝欧文八十寿辰时，三十三岁的青年马克思还曾现场聆听欧文的讲演。可是，欧文始终没有接受马克思主义，他的空想社会主义试验终究难免失败！

除了三大空想家之外，还有一个空想社会主义者——法国的埃蒂耶纳·卡贝，他在美国也做了多年的社会主义试验。1840 年他出版了名为《伊加利亚旅行记》② 的三卷本空想社会主义著作之后名噪一时，到 1847 年时他在法国的信徒据说已有四十万人之多。他吸取了自莫尔至欧文几乎所有空想社会主义者的美好理想，熔于一炉，继续以游记形式描绘一个名为"伊加利亚"的海外共产主义天堂。卡贝于 1847 年 5 月热情洋溢地向法国工人发出"让我们到伊加利亚去"的口号，有几千人来信热烈响应并且自动捐献财物，决心跟随"卡贝老爹"（这时他已近六十岁）到美国去创办"伊加利亚"公社。为了办好社会主义公社，1847 年 9 月卡贝还专程到伦敦征求欧文的意见，决定在美国得克萨斯州大片空旷土地上建立公社。经过几个月的精心筹备，1848 年 2 月 3 日，第一批共六十九个人作为创建社会主义的先锋队从法国起航，卡贝称颂他们为"人类的勇士"，还把这一天看作"划时代的日子"。他原想会有一百万人响应，实则不到五百人。总共筹集了约一万七千美元的资金，办了一个得克萨斯公社，有约一万英

① 马克思，恩格斯．马克思恩格斯选集：第 3 卷，北京：人民出版社，1972：415，416.

② 卡贝．伊加利亚旅行记：第 1 卷．北京：商务印书馆，1976．该译本的第 2、3 卷于 1978 年出版。

亩的土地，在那里自建了几十座小木屋和几所木棚，就开始开垦草原。由于开拓者干劲十足，起初还颇有生气。可是到了 7 月，因疟疾流行、疾病折磨，好多人开始失去信心；公社内部意见分歧大，不到一年就有二百人退出。余者于 1849 年 3 月又转移到伊利诺伊州办新的公社。在那里租了一千亩土地耕种，还经营了面粉厂、锯木厂、威士忌酒厂和几个裁缝店、鞋店；兴办了学校、印刷厂、图书室、公共食堂等。公社曾用英、法、德三种文字出版报纸和小册子。社员们在集体劳动之余还愉快地参加戏剧演出和音乐、舞蹈活动。社员最多时曾达到六百人。公社繁荣六七年之久。卡贝年年被选为公社主席，以他为首的六人组成的董事会掌管公社的生产、生活、财政、教育、文化、卫生印刷等事项。最初他还比较谨慎，后来年纪愈老，心胸也愈狭窄，办事也愈独断，终于遭到群众反对。这样公社内部形成了两派：一派以卡贝为首，主张加强个人独裁和董事会的少数人集权；另一派要求民主管理，这些人控制着社员大会。这两派矛盾愈发尖锐，先是发表文章互相攻讦，后来竟至双方大打出手。1856 年 10 月，公社创始人和领导人卡贝竟被公社大会开除社员资格。至此，两派分道扬镳。

卡贝率领少数派约一百八十人拂袖而去，迁往圣路易，力图重整旗鼓，另建公社。六十八岁的卡贝对公社分裂耿耿于怀，最终于 1856 年 11 月 8 日在前往圣路易的途中猝然中风而死。他的信徒们在失去领袖之后颠沛流离，到 1858 年 5 月才在契尔坦哈姆重建公社。依靠着卡贝的盛名，在巴黎的一次募捐中他们得到一万美元的资助，在这里又办起了工厂、学校、剧院和印刷所，一度颇为景气，曾被法国人承认为唯一真正的“伊加利亚”公社。但是这个公社只坚持了六年，到 1864 年该公社又因管理体制方面争执不下的老问题重新爆发而瓦解。这一次是保守派获胜，主张民主管理的青年人纷纷退出，最后公社只剩下十五个成年人和几个儿童，不得不宣布解散。原先留在伊利诺伊州的那部分人，在卡贝离去之后也处境维艰，又迁到艾奥瓦州欲东山再起，但几经内讧、分裂、重建，坚持到 1895 年还是以解散告终。这时马克思主义已得到广为传播，工人运动蓬勃发展，空想社会主义试验已无法吸引新的成员。伊加利亚派先后在美国五个州办公社长达四十七年之久，这算是空想社会主义试验中坚持时间最长的了，但也不可避免地失败了。恩格斯在1885年曾经这样说过，法国“唯一有关共产主义的实验，就是卡贝的乌托邦的实验；这种实验的结果就是在美洲大陆建立了一个模范移民区，也就是说，从法国逃跑出来，然后在美国吵吵闹闹和陷于半破产”①。

欧洲人为什么纷纷远渡重洋跑到美国来搞社会主义试验呢？这是因为美国这块新大陆当时还有大量廉价的土地，并且封建残余很少，社会比较开放、松散，处于资本主义发展初期，欧洲有大量移民涌入，各种生活方式可自由发展，各种社会改革的试验容易吸引群众，又不会受到多大干预；而且从1776年以来，就有各类派别的教徒先后在这里建立过几十个宗教公社，试行过财产公有的集体生活。当然他们并不是为了实行社会主义，而是为了保存自己教派的完整性，避免自己的教徒受异教徒的影响，并企图建立新的宗教制度。这些宗教公社得以维持几十年并不是靠其教徒集体劳动，而是雇工劳动，甚至发展成为农业和工业股份有限公司。但是，最终也不免要垮台。傅立叶派和欧文本人最初在美国搞社会主义试验时就是从他们手中买下即将破产的公社土地和地面设施。所以宗教公社也为了空想社会主义的试验提供了方便和传统经验。很有意思的是，美国这个现今最发达的资本主义国家，在历史上竟是最早从事社会主义试验的场地。美国在1825年之后的七十年之内，至少有二百个乌托邦计划付诸实施，结果无一幸免地破产了。

虽然如此，但是这些社会主义先驱者最初的试验并非毫无积极意义。因为当时社会上有许多人囿于长期以来私有制的偏见，总认为公有制搞不起来，而且也搞不好。空想社会主义者的试验，提供了“能把这种反对意见完全驳倒的事实”②。恩格斯于1844年10月已转变为科学社会主义者之时，还在《现代兴起的今日尚存的共产主义移民区记述》一文中满腔热忱地给予这些试验以肯定的评价。他认为：“共产主义，即以财产公有为基础的社会生活和活动，不仅是可能的，而且在美国的许多公社中以及在英

---

① 马克思，恩格斯. 马克思恩格斯全集：第36卷. 北京：人民出版社，1975：368-369.

② 马克思，恩格斯. 马克思恩格斯全集：第42卷. 北京：人民出版社，1979：221.

国的一个地方已经真正实现"，"它们还颇有成效"[①]。"一切困难不是由公有造成的，而是由于公有尚未完全实现。"[②] "因此，我们看到，财产公有并不是什么不可能的事，相反，所有这些实验都十分成功。我们也看到，共同生活的人花费的劳动比较少，而生活得很好，他们有很多空余时间用于智力的培育，同他们那些保留私人财产的邻居相比，他们是更好的、更有道德的人。所有这一切，美国人、英国人、法国人、比利时人以及很多德国人已经认识到了。"[③] 虽然恩格斯这时对于这些实验的前景估计得过于乐观（认为它绝对不可能失败），但是他毕竟从中领悟到"这件事情同这些工人的关系最大。在其他国家，工人正组成要求财产公有的党的核心，德国工人也有责任严肃地考虑这件事情"[④]。

好些空想社会主义者，一生奔走呼号，甚至耗尽资财，致力于社会主义的试验。然而，由于缺少科学理论的指导，好比是"雾失楼台，月迷津渡，桃源望断无寻处"[⑤]。他们幻想的桃花源般的世外乐园，终究无法在资本主义社会内部建立起来。从这些经验，我们可以认识到，在资本主义社会内部是不可能建立社会主义的公社、社会主义的经济组织的。资本主义经济能够在封建社会内部逐步成长起来，因为它们都是私有制，彼此虽有矛盾，但在一定时期内却是相容的；而社会主义经济则不可能在资本主义社会内部产生，因为社会主义公有制和资本主义私有制是不相容的。即便劳动人民能够自己集资办起公有经济，在当时的条件下，由于势单力薄，犹如咩咩羔羊，很快就会被资本主义的虎狼吞噬。实践证明：要建设社会主义，必须首先建立无产阶级的政权，这是前提条件。无产阶级只有掌握"印把子"和"枪杆子"，才能改造和消灭资本主义私有制，才能建立和发展社会主义公有制，才能切实保护和妥善照顾劳动人民的根本利益。空想社会主义试验的失败，给我们上了生动的一课，使我们从中领悟到一个颠扑不破的真理：无产阶级不掌握政权、不依靠政权，就不可能实现社会主义。

---

① 马克思，恩格斯．马克思恩格斯全集：第 42 卷．北京：人民出版社，1979：221.

② 同①232.

③ 同①235-236.

④ 同①236.

⑤ 秦观．淮海居士长短句．北京：中华书局，1957：16.

二、科学社会主义运动的进展

和空想社会主义相反，科学社会主义认为无产阶级要实现社会主义，第一步就要推翻资产阶级的统治，建立无产阶级的政权。资产阶级是依靠庞大的国家机器来维护其统治的，所以无产阶级首先要建立以科学共产主义为指导的政党，领导广大劳动人民为夺取政权开展革命斗争；在夺取政权之后再依靠政权建设社会主义、共产主义。概括起来说，科学社会主义运动的主要内容有三项：第一，建设一个以科学社会主义为指导的党；第二，在党领导之下进行夺取政权的斗争；第三，在党领导之下进行社会主义、共产主义建设。这也可以说是国际共产主义运动的三部曲。

共产主义政党就是科学共产主义与工人运动相结合的产物和体现。在科学共产主义理论形成之初，马克思、恩格斯及其他第一批科学共产主义战士就积极努力为建党而斗争。1847 年 6 月 2 日第一个共产主义政党——共产主义者同盟的创建可以说就是科学社会主义运动的起点。这个党在欧洲七国（德、法、英、比、荷、瑞士、瑞典）建立有支部，盟员达四百人。它制定了以民主原则为基础的党章，确定党内各级委员会“由选举产生并随时可以罢免，仅这一点就已堵塞了任何要求独裁的密谋狂的道路”①。党章还规定了党员入党的条件、党的秘密工作原则和党内的纪律。第一个共产党的党纲——《共产党宣言》给我们留下了取之不尽的丰富的精神遗产。它以“全世界无产者，联合起来!”的伟大号召指明了在全世界实现社会主义、共产主义的基本力量源泉。第一个共产党刚建立不久，就迎来了席卷全欧洲的 1848—1849 年的革命风暴，广大党员积极投身革命烈火，利用各种阶级斗争形式，在街垒中、战场上、议会内、法庭里都站在斗争的前列，经受了锻炼和考验，取得了重大的成绩，赢得了群众的信任。

在 19 世纪 60 年代欧洲工人运动高涨的基础上，第一个国际无产阶级

① 马克思，恩格斯. 马克思恩格斯选集：第 4 卷. 北京：人民出版社，1972：196.

的群众性组织——国际工人协会（后来通称第一国际）建立了。第一国际在欧美非十八个国家（英、法、德、比、荷、瑞士、瑞典、丹、西、葡、意、波、俄、奥、美、墨、阿根廷、阿尔及利亚）建立过支部，拥有会员约 40 万人。这时科学社会主义运动已由西欧扩展到东欧、北美洲和拉丁美洲，而且还在德国和丹麦形成了两个社会主义政党，即 1869 年建立的德国社会民主党和 1871 年建立的丹麦社会民主党。

第一国际也是建立在民主原则基础上，按规定每年要召开代表大会，总委员会要在大会上报告工作，并对总委员会进行改选。总委员会实行集体领导，其正式文件都应有全体委员签名才能公布。总委员会开头设主席、副主席和总书记职务；根据实践经验，为避免个人专权，于 1867 年废除了主席和副主席职务，只保留总书记一职。第一国际在组织欧美工人阶级，推动欧美工人运动，支援民族解放运动和各国民主运动，扩大科学社会主义影响，批判蒲鲁东主义、工联主义、马志尼主义、布朗基主义、巴枯宁主义等各种资产阶级、小资产阶级社会主义思潮方面，都起了重大的作用。第一国际实际上是第一个国际组织形式的无产阶级政党。1876 年第一国际因完成了它的历史使命而解散之后，欧美就进入了民族国家范围内广泛建立社会主义政党的新时期。到 20 世纪初，共建立了二十八个社会主义政党。这是历史上第一批无产阶级政党。这些政党联合组成了第二国际，总共拥有三百多万党员。科学社会主义运动这时已扩展到日本、澳大利亚和非洲南部的一些国家。第二国际是比较松散的国际组织，它适应当时社会主义运动发展特征、各国社会主义政党独立发展的历史情况。第二国际曾经推动了国际工人运动的发展，尤其是 1889 年关于每年纪念五一劳动节的决议，促进了国际无产阶级为争取改善自己地位、争取社会主义而采取联合行动。第二国际还与无政府主义、右倾机会主义进行过斗争，坚持马克思主义基本原则，促进了各国社会主义政党的成长。

到 20 世纪初，各国社会主义政党，尤其是德国社会民主党的力量已经使资产阶级感到严重的威胁，所以他们就加紧从内部来腐蚀、破坏社会主义政党。这时欧美资产阶级已经普遍用高薪、特权培植了一个工人贵族阶层，作为散播阶级合作思想的社会基础。这第一批无产阶级政党大都是在资本主义相对和平时期成长起来的，合法主义和沙文主义在党内不断滋长；尤其是19世纪末出现的以伯恩施坦为代表的修正主义思潮日益泛滥，这直接导致第一次帝国主义世界大战爆发之后大多数社会主义政党的叛变。掌握这些党的领导权的机会主义领袖都转向本国帝国主义政府，号召各国无产阶级互相残杀，这是科学社会主义运动历史上的一次重大挫折，这个挫折主要是资产阶级民族主义思想严重侵蚀无产阶级政党造成的。但是，在第二国际后期有一支新军突起，这就是1903年俄国形成的以列宁为首的新型马克思主义政党——布尔什维克党。这个党第一次在党纲中明确提出了无产阶级专政的目标，要把党建设为无产阶级先进的有组织的部队，以民主集中制作为党的组织原则，强调党的组织纪律性，强调对党内的机会主义采取不调和的立场。在第一次世界大战的历史转折关头，正是以俄国社会民主工党（布尔什维克党）为中流砥柱，高举科学社会主义、无产阶级国际主义的旗帜，在第二国际破产、大多数社会主义政党叛变之后，联合各国党内“左”派，启迪并率领革命群众，开展反战运动，为在各国建立新型马克思主义政党而斗争。为了同第二国际机会主义政党划清界限，列宁主张新党应该恢复马克思、恩格斯确立的传统，命名为共产党，而坚决抛弃社会民主党这件“肮脏的衬衣”。

1917年俄国十月社会主义革命胜利之后，俄国于1918年带头改名为俄国共产党（布），接着在许多国家都建立了共产党，为了同机会主义的第二国际相对抗并推动国际科学社会主义运动，1919年建立了共产国际，又称第三国际。第三国际时期科学社会主义在世界五大洲广为传播并与各国工人运动相结合，先后总共建立了七十六个共产党，拥有党员五百五十多万人。这是历史上第二批无产阶级政党。第三国际和各国共产党在领导欧美无产阶级革命运动、促进亚非拉民族解放运动、支援苏联、反对帝国主义和法西斯主义、批判内部机会主义思潮、捍卫马克思列宁主义等方面，起了重大的历史作用。第三国际是高度集中的各国共产党的国际联合组织，各国共产党都是第三国际的支部。各国革命的路线方针和各国共产党的主要领导干部都必须由第三国际决定或认可。实践证明，这种高度集中的国际指挥中心，使很多国家的革命运动走了弯路。第三国际还使各国共产党形成了高度个人集权的领导制度，这是不利于发扬党内民主、不利于调动广大人民群众的积极性的。

回顾历史，各国社会主义、共产主义政党努力把科学社会主义与工人运动相结合，付出大量努力。究竟应该怎样建设一个真正以科学社会主义武装的无产阶级政党，尤其是怎样使无产阶级政党不搞特权、不谋私利、不瞎指挥或屈从别人的指挥、不脱离群众、不脱离实际、不犯重大错误，这是一个还有待于在总结历史经验的基础上认真探索、努力解决的重大问题。解决好这一问题，对于促进科学社会主义的实现、发挥社会主义制度的优越性，具有头等重要的意义。

建立以科学社会主义为指导的共产主义政党，第一步是要领导无产阶级和广大人民群众为夺取政权而斗争。虽然，我们希望用和平的办法来废除私有制，而共产主义者也会是最不反对这种办法的人，但是过去的实践证明：资产阶级和各国反动派总是要用强力维持自己的统治并对无产阶级进行镇压。所以科学社会主义自诞生以来，无产阶级和人民群众只有不惜千辛万苦，流血牺牲，前仆后继，百折不回，坚韧不拔，逆流而进，才能取得政权并扩大战果。1848 年，科学社会主义刚刚诞生，法国无产阶级就在六月起义中同当权的资产阶级在巴黎展开了一次殊死的武装搏斗，第一次在首都为夺取政权而斗争。四万名缺少武器的起义者同二十万装备精良的政府军鏖战了四天，最终失败。德国无产阶级在共产主义同盟率领下积极投身资产阶级民主革命，为把民主革命发展为社会主义革命而斗争。到 1849 年 5 月革命转入低潮。1848 年欧洲革命虽然失败了，但是血的教训证明了无产阶级要把政权夺取到手，非要有领导有准备地通过武装起义、打碎资产阶级军事官僚国家机器不可。在科学社会主义光辉照耀和第一国际思想影响、组织推动之下，1871 年巴黎无产阶级在普鲁士军队兵临城下、资产阶级政府推行卖国投降和镇压人民政策的情况下，被迫奋起推翻了资产阶级统治，建立了第一个无产阶级专政的政权——巴黎公社。巴黎工人七十二天的流血战斗，是历史上第一次无产阶级建立政权的高潮，它为国际无产阶级塑造了社会主义共和国的雏形。巴黎公社虽然缺少无产阶级政党的领导，但是它最早实现了工人和广大劳动人民自己当家作主，通过选举产生了国家主要领导干部，并且可以随时撤换，使干部成为社会公仆，还采取措施防止他们变成社会主人。这个重大成就是有深远的历史意义的。许多国家社会主义政党在合法斗争和秘密斗争方面取得了很大成就。20世纪初世界进入帝国主义时代后，阶级矛盾开始激化。1905年俄国爆发了第一次以无产阶级为主体的为推翻沙皇专制制度而斗争的民主革命，并且由此带动了欧亚革命运动的高涨。俄国无产阶级经历了第一次失败后在血泊中重整旗鼓，于1917年3月在布尔什维克党领导下取得了第二次民主革命的胜利，推翻了沙皇专制政府，建立了工兵代表苏维埃政权；然而由于觉悟不够、力量不足，国内出现了一个资产阶级临时政府。这个政府不可能解决广大人民渴求的和平、土地、面包问题，当时只有由无产阶级夺取政权才是唯一的出路。1917年十月革命的胜利终于结束了两个政权并存的局面，推翻了资产阶级统治，全部政权归苏维埃，第一个无产阶级专政的社会主义国家建立了。从第一个共产主义政党建立到第一个社会主义国家诞生，整整经历了七十年迂回曲折的斗争。在第一次帝国主义世界大战前后，以列宁为首的布尔什维克党把马克思主义同俄国和国际工人运动的实际相结合，从而发展了马克思主义，形成了列宁主义。这是科学社会主义在新的历史条件下的新发展。列宁论证了帝国主义是资本主义的新阶段、从民主革命转变为社会主义革命的道路、无产阶级专政要依靠工农联盟并采取苏维埃形式、党是无产阶级联合的最高形式、社会主义可能在一国或几国首先胜利、民族殖民地问题是国际社会主义总问题的一部分，等等。

俄国十月革命开辟了人类历史的新纪元，开辟了无产阶级世界社会主义革命的新纪元，开辟了无产阶级联合各被压迫民族进行反对帝国主义、反对殖民主义斗争的新纪元，开辟了马克思列宁主义战胜第二国际机会主义的新纪元。在战后帝国主义经济政治危机深重的情况下，在俄国十月革命的带头和推动下，1917年以后欧亚掀起了第一次无产阶级世界革命的风暴，也是历史上第二次无产阶级建立政权的高潮。继苏维埃俄国之后，在欧洲1918年建立了芬兰社会主义共和国，1919年建立了匈牙利苏维埃共和国、不来梅苏维埃共和国、巴伐利亚苏维埃共和国，还有斯洛伐克和南斯拉夫的苏维埃政权。除了苏维埃俄国巍然矗立之外，欧洲的这些红色政权因敌强我弱、共产党建立太晚或者刚建立的共产党缺少经验，指导失误，先后都被扑灭下去了。但是亚洲的红色政权接踵而起，星罗棋布，真是“西方不亮东方亮”！1924年成立了蒙古人民共和国；1931年在印度支那共产党领导下在越南北部的义安和河静两地一度建立了苏维埃政权。中国共产党参加的1925—1927年轰轰烈烈的第一次革命战争失败后，由毛泽东同志首创，1927年秋后在井冈山建立了中国第一个红色政权。毛泽东、周恩来、刘少奇、朱德等同志总结了中国人民新的革命经验，得出了农村包围城市的新结论，解决了建党、建军、建政和人民战争、工农联盟、统一战线等一系列问题，形成了马列主义与中国革命具体实践相结合的毛泽东思想，这是科学社会主义在一个半殖民地半封建大国的新发展。在毛泽东思想指引下，红色政权的星星之火终于燃成熊熊烈焰，于1949年推翻了压在中国人民身上的三座大山，创建了社会主义的中华人民共和国。在第二次反法西斯的世界大战中，欧亚两洲十多个共产党领导人民站在反法西斯战争的最前线，建立了人民军队、人民民主统一战线和人民民主政权。在反法西斯战争胜利结束后，欧亚许多国家的人民在共产党领导下乘胜前进，掀起了十月革命后第二次世界无产阶级革命的风暴，1944—1949年，建立了十多个人民民主国家（新的社会主义国家）。这是历史上第三次无产阶级建立政权的高潮。1917年俄国十月革命胜利之后，经过三十多年的奋战，社会主义就由一国胜利扩展为十三国胜利，战前社会主义国家的领土占地球陆地面积的百分之十七，人口约占全球百分之九；二战之后，社会主义国家领土占百分之二十六，人口占百分之三十五。世界上受资本主义剥削的范围大大缩小了，社会主义的阵地大大扩展了，而且从东欧到东亚在地理上连成一片。这的确是科学社会主义运动的新的重大进展。

在共产主义政党领导之下由无产阶级夺取政权的斗争，虽然已经取得了重大胜利，但是这些国家都是原来资本主义不发达，甚至很不发达的国家，而且大都是在发生世界大战、造成民不聊生的特定历史条件下，被迫通过武装斗争的道路取得政权的。那么，在和平发展的条件下、在无产阶级尚未夺取政权的国家，尤其是在发达的资本主义国家，究竟无产阶级要通过什么形式和道路才能夺取政权，这是另一个还有待于从理论和实践上认真解决的重大问题。在解决这一问题时，我们既要重视历史经验，又不能墨守成规。

无产阶级夺取政权是建设和实现社会主义的起点和前提条件。无产阶级专政的苏维埃政权在全国建立之后，布尔什维克党并没有立刻在俄国实行社会主义，当时有和平、土地、面包等一系列有关国计民生的重大问题和资产阶级民主革命的遗留任务亟须解决。最初对私营工业只是采取工人监督的措施，因遭到资产阶级激烈反抗，从1917年年底到1918年春苏维埃政权才被迫对大批资本家的大型工商业、运输业和银行业实行国有化。在全面社会主义国有化的基础上，列宁于1918年春首次提出了开展社会主义建设的计划。列宁主张对产品的生产和分配建立最严格的全民计算和监督，把提高劳动生产率作为根本的任务，组织社会主义竞赛，实行计划工资制，克服平均主义，重视科学技术和专家的作用。可是1918年春季开始的内战和外国武装干涉打断了社会主义建设，年轻的苏维埃国家被迫进行三年革命战争。战争开始后，为了保证后方供应和前线需要，俄国实行战时共产主义政策，主要措施是：采取余粮收集制，规定必须把全部剩余农产品按固定价格售给国家，规定小企业也收归国有，禁止私人贸易，建立义务劳动制，全国普遍定量分配产品，等等。俄共（布）曾经设想可以通过军事共产主义政策很快直接过渡到社会主义，这在1919年3月制定的俄共（布）新党纲上有明显体现。党纲主张把城乡全体居民组织到统一的生产公社、消费公社网中，要在全国范围内用有计划的有组织的产品分配来代替贸易，实行实物配给制，竭力扩大非现金结算的范围，准备尽快取消货币。实践证明，这种做法在战争的条件下是必要的，但是作为正常情况下直接过渡到社会主义的办法却是行不通的。1921年战争结束后，广大农民和工人对战时共产主义政策表示不满。在一个经济落后、小农占多数的国家里，要建设社会主义，不利用商品、货币、市场和价值规律是不行的，用行政办法是不能消灭资本主义和小私有制的。1921年3月俄共（布）适时总结经验，决定以实物税代替余粮收集制，允许农民用余粮在市场上交换各种工业必需品，允许私营小企业、小商业存在，预期通过国家资本主义来逐步战胜资本主义，通过合作社来改造小农，以便变多种经济成分为单一的社会主义经济成分，这些区别于战时共产主义的政策统称为新经济政策。如果说以前是想用直接冲击的方式消灭资本主义、建设社会主义的话，那么现在在总结经验的基础上则是转向采取围攻的战略。俄共（布）从自身的错误中认识到：在一个不发达国家建设社会主义，不能急于变革生产关系，而要把发展社会化大生产放在首要地位；只有在提高生产力的基础上才能逐步改变生产关系，使多种经济成分变为单一的社会主义经济。为此，在 1920 年 12 月全俄苏维埃代表大会就通过了全国电气化的宏伟规划。列宁把它称为“第二个党纲”，可见原来的党纲还有缺陷，对发展现代化工业生产的首要性这一点还认识不够，所以有必要加以补充和修正。列宁甚至提出过这样的论断：**“共产主义就是苏维埃政权加全国电气化。”**①这句话的意思是：无产阶级专政国家只有在全国电气化的基础上以新的科学技术来改造国民经济各个部门，才能完成生产关系的变革，才能消灭阶级和阶级差别，才能建成社会主义并过渡到共产主义。

在俄共（布）新经济政策的指引下，俄国在七年战争（四年帝国主义大战加上三年国内战争）后遭受严重破坏的国民经济在短短五年时间之内就得到恢复，1925 年基本上恢复到战前（1913 年）的水平。从 1925 年开始编制人类历史上第一个发展国民经济的“五年计划”，先后提出过六个方案，通过比较，最后采取高速度的最高式计划；但是不搞不切实际的高指标，而是留有余地。1928 年 10 月 1 日开始执行第一个“五年计划”。结果到 1932 年年底就实现了预期，提前九个月完成计划。第二个五年计划也是只用四年零三个月就提前完成了。到 1936 年时，苏联的工业总产值在国民经济中已约占 75%，农业占 25%；在工业中，社会主义工业的总产值已占 99.96%，私营工业已经被排挤消灭了。社会主义工业的产量已超过战前七倍多。在农业中也已消灭了富农经济，80%以上的个体农户已经加入集体农庄。集体农庄在农业播种面积方面已约占 98%。在商业中私人资本

① 列宁．列宁选集：第 4 卷．北京：人民出版社，1972：399.

早在1930年就已消灭。在1936年11月召开的第八次全国苏维埃代表大会上正式宣布：苏联已经消灭了剥削和剥削阶级，建成了社会主义。科学社会主义的理想第一次在历史上变成现实。从1938年起，苏联开始执行第三个“五年计划”，进行至1941年6月接近完成时突然被德国法西斯的入侵所打断。通过三个“五年计划”，社会主义苏联的经济实力有了很大的增长，劳动人民的生活状况有了很大改善。在1913年时，俄国的工业在欧洲居第四位，在世界居第五位；到1940年时，苏联的工业产值已经超过英、法、德三国，跃居欧洲第一位、世界第二位。苏联只用15年（1925—1940年）时间就完成了主要资本主义国家用50～100年走过的历程。其间，苏联每年工业约增长10%，而美国只增长2%。这时苏联已有94%的播种面积使用拖拉机耕种，已有约一万个集体农庄和二千五百个机器拖拉机站实现了电气化；而美国只有一半左右耕地使用拖拉机。1923年时苏联还有一百万失业者，到1932年年底第一个“五年计划”完成时就已消灭了失业。苏联自1928年起曾实行食品定量凭证供应制，定量范围从面包扩展到油、肉、蛋、糖等，可是只实行七年，从1935年1月1日起就全部废除了定量配给，敞开供应。工人1940年的实际工资比1913年增长五倍。苏联是世界上第一个也是当时唯一的一个实行七小时工作制（重活才五小时）和六天一周制的国家①。集体农庄的货币收入在1933年是五十六亿六千一百九十万卢布，到1937年增加到一百四十一亿八千零十万卢布，还出现了一批富裕的集体农庄。产粮区每户农民每年的口粮标准，由1933年的六十一普特（九百九十九点一八公斤）增加到1937年的一百一十四普特（二千三百五十八点七二公斤）。为劳动人民修建了大批新住宅，兴办了大量学校、图书馆、电影院、疗养院、医院、幼儿园等。社会主义制度第一次在世界上以众多的事实充分显示出了优越性。比利时劳动者在1937年十月革命二十周年的祝词中写道：“苏联建立二十年来所给予全世界的，比以前二十个世纪的文明所给予的还要多。”英国著名的坎特伯雷大主教休勒特·约翰逊到苏联进行实地考察后撰写了《六分之一的社会主义世界》一书，其

① 1940年4月起，为加强战备才恢复八小时工作制和七日一周制。

中全面介绍了苏联社会主义建设的成就，把社会主义新世界和当时的资本主义世界做了令人信服的对比。他看到，在社会主义新世界，“所有工厂、矿山、铁路和船舶，土地和商业组织，都是全民的财产。国家的经济和社会生活都是为公共利益有计划地安排”，“男女完全平等，同工同酬成为一条基本法律。受教育的平等机会得到普遍保证”，“所有的人保证都有工作，不存在失业，消灭了经济危机，物价稳步降低，工资增长了”。“所有工人每年至少有两周照领工资的休假，保证所有的人都得到免费医疗，工人们生病时与上班时一样照领工资，妇女在生育前后离职不上班期间照领全部工资。”① 与社会主义的欣欣向荣相反，“资本主义世界由于旧基趋于瓦解，道德日益沦丧，科学停滞不前，生产障碍重重，贫者不堪忍受而气息奄奄，朝不保夕，因此我们转而寄希望于苏维埃世界”。他能得出这个结论，是由于20世纪30年代资本主义社会爆发了两次空前严重的世界性经济危机，即1929—1933年的危机和1937—1938年的危机。尤其是1929—1933年的危机，是历史上范围最广、规模最大、程度最深、时间最长的一次经济危机，波及所有资本主义国家的所有部门，持续四年之久，使资本主义世界的工业生产下降了40%以上，股票价格也几乎下跌了40%。仅美、德、法、英四国就有近三十万家企业倒闭，近二百座高炉被拆毁。在1933—1934年，仅在美国就销毁了一百六十万辆车皮的粮食，宠杀或者扔掉了三千四百万头以上的牲畜；在英国，把整船的橙子沉到海里，巴西把两千两百万袋咖啡抛入大海。许多资本家不惜毁弃广大工农劳动创造的大量财富，把海洋的无底深渊当作逃避危机的避难所。为了摆脱危机，帝国主义国家，首先是德、意、日帝国主义走上了对内实行法西斯专政、对外发动侵略战争的道路。

如果说社会主义制度于19世纪30年代第一次在经济上显示出优越性的话，那么在19世纪40年代就是第二次在军事上、政治上显示出优越性。

① 《六分之一的社会主义世界》曾被译为二十六种文字，发行近二百万册，作者在1942年又写了《苏联力量的所在》，1943年又写了《苏联的成就》，这三本书合称“苏维埃三部曲”。作者后来还访问过许多社会主义国家，先后四次访华，著有《战后苏联印象记》《社会主义世界中的东欧》《中国的新创造性时代》等书，于1966年逝世，终年92岁。这位大主教因真挚同情社会主义事业，屡遭教会中和社会上反动势力的攻击和诽谤。然而他始终不渝，难能可贵。

1941 年 6 月 22 日，希特勒在占领了欧洲十四个国家之后倾巢出动，妄图用突然袭击、闪电战消灭社会主义国家苏联。以工农联盟为基础的无产阶级专政的苏维埃社会主义国家经受了历史上最严峻的考验。在西方报刊上曾经把苏联的社会主义制度说成是“冒险的试验”“纸糊的房子”，似乎可以一击即溃。实践证明，由于苏联建成了社会主义，它拥有雄厚的物质基础来应对战争。1940 年它生产了 1 500 万吨生铁、1 830 万吨钢、16 600 万吨煤、3 100 万吨石油、3 830 万吨商品粮食、270 万吨籽棉。所以苏联在 1942—1944 年，有足够的能力准备充足的战争物资，强大的装备足以战胜法西斯强盗。由于苏联消灭了剥削阶级，所以希特勒不可能像在欧洲所有被占领国一样，扶植一个傀儡政权充当他们的工具和屏障。由于苏联各民族的工农大众已经当家作主，成为国家的主人，并且组织了工农红军来保卫社会主义祖国，所以这一场卫国战争是全民性的保卫工农劳动者切身利益和社会主义成果的生死存亡之战，它能调动亿万人民的积极性，无坚不摧，所向无敌。苏联红军付出了二千五百万人的代价，终于保卫了社会主义制度并且扩大了社会主义阵地。有一千一百多万名红军战士荣膺英雄称号，有七百多万名军官荣获勋章和奖章。广大指战员的革命英雄主义是战胜法西斯的力量源泉之一，是社会主义制度优越性的突出表现。由于有以科学社会主义理论武装的共产党的领导，能够制定出正确的方针路线和军事战略，党组织前后方亿万人民和军队开展阵地战、运动战和游击战，采取积极防御和准备反攻的对策，完成工业东迁和改组，建立国际反法西斯统一战线。广大共产党员的先锋模范作用赢得了人民群众的信赖。虽然有成千上万的共产党员壮烈牺牲，但是党的队伍却由 1941 年的三百八十万人增加到 1945 年的五百八十万人。在荣膺英雄称号者之中，共产党员占 65%。第二次世界大战的结局是三个法西斯国家被覆灭，两个资本主义强国（英国和法国）被削弱，整个资本主义世界体系大大衰落；唯独社会主义制度经受战争的洗礼更加强大，扩展成为包括欧亚十三个国家的社会主义世界体系。

20 世纪 50 年代上半期，社会主义制度第三次在世界规模上显示出优越性。战后资本主义世界许多国家一蹶不振，经济处于停滞和混乱状态，仰赖美援过日子；在战争中大发横财的美国趁机渗透，通过马歇尔计划、杜鲁门主义加紧对西欧和其他许多国家的控制，还长期占领日本。然而由于战后美国国内和国际市场的缩小，好景不长，战争结束三年后，美国就在 1948—1949 年爆发了二战后第一次经济危机。工业生产连续下降十五个月，缩减了 10.1%，有九千二百五十个企业倒闭，失业人数达到四百九十多万。只是由于在 1950 年发动侵朝战争而引起军事工业片面繁荣，一定程度上转移了危机。侵朝战争的失败，使美国从发展的顶峰往下跌落。1953—1954 年又爆发了战后第二次经济危机，工业生产连续下降八个月，缩减了 9.1%，有一万一千零九十个企业倒闭，失业人数达到三百九十二万七千人。1957—1958 年又爆发了战后第三次经济危机，工业生产连续下降十四个月，缩减了 13.5%，有一万五千个企业倒闭，失业人数达到五百零七万九千人。这次危机还蔓延到西欧、日本及其他主要资本主义国家，形成世界性的资本主义经济危机。危机使资本主义各种基本矛盾进一步加深。英、法等国摆脱了对美国的依赖之后，与美国争夺激烈；联邦德国和日本经济恢复之后也开始重新打进资本主义世界市场。帝国主义殖民体系土崩瓦解，亚非拉民族解放运动高涨。资本主义国内由于物价暴涨，生活费用猛增，赋税日益加重，实际工资不断下降。1955 年时资本主义各国失业人数约达两千万人，战后十年罢工次数比战前增加了 15%。

与资本主义主世界的衰败形成鲜明对照，社会主义世界各国则是欣欣向荣，充满生机。苏联和各新兴社会主义国家迅速医治了战争的创伤，恢复了国民经济，随即开始执行“五年计划”或“六年计划”。社会主义各国开始走上了实行社会主义工业化的道路，并对多种经济成分进行社会主义改造。我国到 1957 年就顺利地完成了第一个“五年计划”，初步建立了现代化工业的基础，基本上实现了农业、手工业和资本主义工商业的社会主义改造，解决了社会主义和资本主义谁战胜谁的问题。社会主义各国工业生产增长的速度大大超过资本主义各国。例如，1957 年社会主义各国的工业生产比 1937 年增加了近四倍，而同期资本主义国家大约只增加一倍。这时社会主义各国的工业产值已约占全世界工业总产值的三分之一。社会主义国家之间基本上初步建立了以互相合作为基础的新型国际关系，开始形成新的社会主义世界市场。许多国家采取逐步降低物价、提高工资的措施，消灭失业，有的国家甚至还感到劳动力不足，劳动人民的生活状况有显著改善。社会主义制度和资本主义制度在世界规模的和平竞赛中初次显示了优越性。

从以上可见，社会主义制度较之资本主义制度在历史上确已三次显示出它的优越性。当然我们也要看到，在苏联一国建成的社会主义制度不是那么完美，而是颇有缺陷的。苏联没有给世界人民树立一个好的社会主义样板，后来好多社会主义国家因自己缺少经验，仿效这个样板，不免也存在问题。如何把科学社会主义原则和本国民族特点相结合，还有待于各国党和人民去独立探索；加之社会主义在许多国家胜利之后，还有自己国家民族的利益和彼此的利害关系问题，而苏联的大国主义、大党主义又变本加厉。这就使得二十世纪五十年代后期开始，社会主义国家之间矛盾加剧。随着苏联走上霸权主义道路，更使得原来的社会主义阵营不复存在。挫折使我们认真去重新总结历史经验，切实改进社会主义制度，以期使社会主义制度的优越性能够更加充分地显示出来。

总而言之，科学社会主义的运动是有很大成就的。它先后建立过三个国际组织和三批无产阶级政党，掀起了三次无产阶级建立政权的高潮，在历史上三次显示出社会主义制度的优越性。

历史实践已经做了定论：空想社会主义运动是没有多大生命力的，因为它不符合社会发展规律，在资本主义社会里试验了几年甚至几十年，最终都失败了；而科学社会主义运动一百多年来从无到有，从小到大，从没有政权到有政权，从一国胜利发展到多国胜利，它反映了社会发展规律，反映了亿万无产阶级和人民大众的利益，所以科学社会主义运动是任何反动派扑灭不了的，它是有生命力、有光辉前途的。

三、改良性和冒险性社会主义运动的干扰

事物的发展是复杂的。在空想社会主义运动衰落、科学社会主义运动

兴起以后，并不是没有其他的社会主义运动。如前所述，科学社会主义产生之时，社会主义已成为时髦，当时就出现了封建的、资产阶级的、小资产阶级的社会主义等五花八门的派别。这些派别也力求拉拢群众，干扰无产阶级的科学社会主义运动。使历史倒退的封建社会主义在西欧由于资本主义发展较快，影响时间不长，很快就退出历史舞台了。在经济落后的国家，由于封建传统深厚，封建社会主义的影响会更大，但它毕竟是个支流。总的看来，在科学社会主义运动兴起以后，同时还有两种社会主义运动的潮流与它并列发展。一种是右的资产阶级、小资产阶级改良性的社会主义运动，还有一种是“左”的小资产阶级冒险性的社会主义运动。这两种社会主义运动和无产阶级的科学社会主义运动往往混合交错，并且干扰科学社会主义运动的发展。

右的资产阶级小资产阶级改良性的社会主义运动的内容和空想派的社会主义试验近似，就是要在资本主义社会内部建立社会主义的基地，妄想让这个基地不断扩大，逐步用社会主义代替资本主义。开始，有的人只是想从经济改革着手，先在资本主义社会内部建立社会主义的经济基地，例如人民银行、人民工厂、生产和消费合作社等；后来，有人想从政治改革着手，想在资本主义社会内部建立社会主义的政治基地，例如掌握议会多数，掌握政府部长多数，掌握地方市政机关等，先掌权再采取社会主义的经济措施，使政治经济结合起来，和平地逐步地从资本主义长入社会主义。

前面提到，蒲鲁东是最早在工人中具有重大影响的资产阶级改良主义的代表人物。1848 年二月革命后他由巴黎工人提名，当选为国民议会议员；他在议会里提出了为工人举办无息人民银行的提案，理所当然地遭到否决。于是他就在自己主办的《人民报》上宣告要兴办人民银行，股金定为五百万法郎，分为一百万股，每股五法郎。他认为一开始只要能发行一万二千张股票就是伟大事业的起点。他呼吁工人踊跃认购股票，幻想由人民银行对工人发放无息贷款，工人就以此为资金办起工厂，自产自销或者互相交换产品，从而摆脱资本家的剥削。他在报纸上自吹自擂，认为自己“在着手办理一个空前绝后的企业”，“我想把社会的基础变换一下，我想把文明的轴心翻转过来”，“我想改造资本对劳动的关系”。当时确有不少工人被他天花乱坠的说辞所迷惑，股东居然很快就达到一万二千人。这个人民银行于1849年2月11日宣布成立，但是尚未开始营业，到4月12日就宣告关闭。因蒲鲁东在3月底由于报刊事件被判三年徒刑，无法亲自领导银行事业；加上法国政局恶化，致使社会改革无法进行。这个筹备了半年、建立了两个月的人民银行竟成为死在母体内的怪胎。它曾经转移了人民的革命视线，最终也教育了人民，实践证明这种改良主义之路是走不通的。法国的另一个改良主义者路易·勃朗曾经提出由国家举办社会工场的设想。1848年二月革命后工人们派他作为代表参与政府工作。2月28日临时政府决定成立一个劳动委员会，任命路易·勃朗和工人阿尔伯担任正、副主席，在卢森堡宫办公，因此也叫卢森堡委员会。实际上这个卢森堡委员会，如马克思所说，只是一个**“社会主义的礼拜堂”**，其任务就是“发现乐土，宣告新福音”①。路易·勃朗不许甚至破坏工人罢工，只要求政府开办社会工场，以实现他的社会主义计划。政府很快设立了“国家工场”，收容十万失业工人从事繁重的土工劳动，以暂时缓和矛盾。到5月中旬，资产阶级站稳了脚跟，就把路易·勃朗和阿尔伯赶出政府，接着取消卢森堡委员会，解散国家工场。这时工人意识到自己是上当受骗了，乃被迫举行六月起义，但是由于寡不敌众等原因，这场起义终于被淹没在血泊中！

1848年革命失败后，资产阶级狂欢滥饮，得意一时。经过19世纪50年代的低潮，19世纪60年代工人运动重新高涨，1864年建立了第一国际，蒲鲁东派还继续兜售人民银行的方案，维护土地私有制，反对废除私有制，支持俄国沙皇政府的侵略扩张，反对波兰民族解放运动。在1871年巴黎公社革命时期，蒲鲁东派基于反对废除私有制，所以拒绝没收法兰西银行，他们还反对向凡尔赛进军和镇压反革命，为资产阶级的反扑大开方便之门。至此蒲鲁东派破坏工人运动的反动面目已充分暴露，所以巴黎“公社同时是蒲鲁东社会主义学派的坟墓”②。第一国际时期还有英国工人联合会的领导集团宣扬改良主义，鼓吹“做一份公平的工作，得一天公平的工资！”使工人迷恋经济斗争，满足于在资本主义制度下改善出卖劳动力的

① 马克思，恩格斯．马克思恩格斯选集：第1卷．北京：人民出版社，1972：401.
② 马克思，恩格斯．马克思恩格斯选集：第2卷．北京：人民出版社，1972：334.

条件，而不去消灭雇佣劳动制度；他们还反对爱尔兰民族解放运动，维护英国资产阶级的殖民统治；背弃工人争取普选权的要求，支持资产阶级政府改革选举制度的改良方案。工联主义派把英国工人运动引入歧途，它最先在工人阶级中形成了一个工人贵族阶层，这成为国际资产阶级长期推行改良主义、扼杀工人革命运动的社会基础。第一国际时期还有意大利的马志尼派宣扬改良主义。马克思、恩格斯等坚持原则性和灵活性相结合的策略，在第一国际时期把各种社会主义派别团结在一个国际组织里，批判了他们关于社会主义的错误观点，宣传了科学社会主义，终于扩大了科学社会主义的影响。

19 世纪 60 年代德国工人运动复兴时，斐迪南·拉萨尔趁机在工人中大肆宣传鼓动，得到了工人的信任，当上了 1863 年 5 月建立的德国工人第一个全国性共治组织——全德工人联合会的主席。他拉帮结派，在联合会中实行个人独裁统治，各地方机构必须绝对服从他个人的决定。拉萨尔派反对罢工斗争和其他一切革命斗争，硬要工人阶级把争取普选权作为政治纲领，把争取由普鲁士国家帮助建立生产合作社作为实现社会主义的唯一手段。他们认为把工人们组织在这种生产合作社里共同劳动、不折不扣地公平分配劳动所得，这样就可以最和平、最合法、最简单地取消企业主的利润，消灭剥削，实现社会主义。拉萨尔还把实现社会主义的希望寄托在普鲁士王朝政府身上，甚至同政府首相俾斯麦暗中勾结，多次会谈和通信，出卖工人运动。拉萨尔主义这种幻想依靠资产阶级甚至封建国家政权来实现社会主义的观点，在历史上叫作“国家社会主义”。拉萨尔主义给德国甚至给国际工人运动造成了深远、广泛的恶劣影响。1875 年前后，又有柏林大学讲师欧根·杜林自诩为社会主义的行家兼社会主义的改革家，大肆鼓吹他的新社会主义理论。他否认社会发展具有客观规律，以他主观的先验原则虚构了他的社会主义方案。恩格斯的《反杜林论》的发表才消除了杜林的恶劣影响。

第二国际时期，在和平环境中进行合法斗争的各国社会主义政党，逐渐滋生出了右倾机会主义，出现了机会主义派别和组织，德国有“福尔马尔派”（鼓吹国家社会主义和农业社会主义），法国有“可能派”，英国有

“费边社”，美国有“劳动骑士团”，俄国有“经济派”“孟什维克”“取消派”，等等，都是宣扬合法主义、改良主义、劳资合作。到19世纪末20世纪初，德国党内出现以伯恩施坦为首的修正主义派，把上述各国的改良派都麇集一起，合伙攻击马克思主义。修正主义派披着马克思主义的外衣，借口时代的变化，从哲学、政治经济学和社会主义这三个组成部分全面修改马克思主义的基本原理。修正主义者否认社会存在决定社会意识的原理；否认资本主义经济危机的必然性和资本主义崩溃的不可避免性；鼓吹在资本主义条件下逐步实行改良，就可以和平长入社会主义。伯恩施坦给社会主义下了这样一个定义："社会主义是现代资本主义社会中认识了自己的阶级地位和本阶级的任务的工人的社会要求和自然意向的总和。"① 他否认社会主义是在推翻资本主义之后建立的一种高于资本主义的新的社会制度，而把在资本主义条件下的劳资合作、点滴改良当作就是“工人的社会要求和自然意向”，就是社会主义。修正主义者还把他们的理论付诸实践。他们的实践包括政治改良和经济改良两方面。政治改良就是否认要通过革命斗争推翻资产阶级政权，主张用改良办法分别从议会、政府和地方自治机关三方面着手，和平地掌握政权。法国独立社会党人米勒兰于1899年参加资产阶级政府，担任工商业部部长，修正主义者鼓吹这是工人掌握政权、实现社会主义的第一步。德国的伯恩施坦搞市政社会主义，鼓动社会民主党人在资本主义社会里积极参加地方自治的市政机关，对市政机关（市议会、市政府等）进行改革，从地方基层搞起，实行民主普选，制定并实现社会主义的地方自治纲领。他们主张政治改良和经济改良齐头并进，相辅相成。一旦他们参加议会、政府和市政机关，就要争取通过工厂法、建立失业补助制度、开办劳动介绍所、创设消费合作社、提高工资，等等。1884年成立的英国费边社也是鼓吹这种改良主义的团体。20世纪初，英国还产生一种“基尔特社会主义”（Guild socialism）。基尔特原是欧洲中世纪的行会组织，所以基尔特社会主义又曾意译为“行会社会主义”。它反对阶级斗争和无产阶级夺取政权，主张在资本主义社会内发展

① 伯恩施坦．什么是社会主义．北京：三联书店，1983：26.

基尔特这种生产者的联合组织，由职工自己选举代表管理企业，实行企业自治和经济民主，生产者直接分配自己的劳动果实，逐步废除雇佣劳动制。基尔特主义认为一旦行会发展到包括全体人民时，它就可代替现行的一切社会组织，使国家变成为消费者的组织，和平地改造现代的国家制度，实现社会主义。

20 世纪初，修正主义、改良主义泛滥，修正派、改良派逐步掌握了大多数社会主义政党的领导权，最终导致第二国际的破产。1914 年 8 月第一次世界大战爆发后，大多数党派都支持本国资产阶级政府进行帝国主义战争，号召各国无产者互相残杀，给国际共产主义运动造成空前的大破坏，使国际共产主义运动发生大分裂。在俄国十月革命推动下，1918—1919 年芬兰、匈牙利、德国等国家爆发了无产阶级革命，建立了苏维埃政权，但是都由于社会民主党主张与资产阶级妥协、反对工人阶级执掌政权，而先后被镇压下去了。1919 年 2 月几个主要国家的社会民主党在瑞士的伯尔尼开会，决定恢复第二国际，即所谓"伯尔尼国际"。另外一些社会民主党人表面上与"伯尔尼国际"决裂，于 1921 年 2 月在奥地利的维也纳开会，成立"第二半国际"，又称"维也纳国际"。到 1923 年 5 月，这两个国际合并为"社会主义工人国际"，一直苟延到第二次世界大战。这个恢复后的第二国际一方面在国际上反对第三国际、反对第一个社会主义国家——苏联，另一方面反对各国共产党，继续推行改良主义。第二国际的很多政党先后都参加了资产阶级政府，搞米勒兰式的联合政府。例如费边社骨干、英国工党主席麦克唐纳就在 1924 年、1929 年两度受命组阁，担任首相，自称代表工人掌握政权。他们以为这样就可以采取一些社会主义措施，来逐步扩大社会主义阵地。实际上，他们参加资产阶级政府，还是代表资产阶级利益的，是资产阶级换一种方式来进行统治。他们执政时采取的一些社会改良措施，如失业救济、增加工资和福利、增加养老金和抚恤金等，都是为了缓和劳资矛盾。

以上就是右的资产阶级、小资产阶级改良性的社会主义运动，不断干扰科学社会主义运动的基本情况。

我们马克思主义者反对改良主义，然而并不否认在资本主义条件下争取改良的意义。在不具备革命形势的条件下，争取经济和政治方面的改良，对于保障工人的利益、改善工人的处境，是大有好处的。不注意争取改良，就会脱离群众。但是，我们不能满足于改良，不能以改良来麻痹无产阶级的革命意识，要在争取改良的同时，教育无产阶级准备为推翻资本主义制度而斗争。

还有一派就是“左”的小资产阶级的冒险性的社会主义运动。“左”倾分子也提出来要推翻资本主义，实现无产阶级解放，但是他们不讲条件，当主客观条件还不成熟的时候就幻想采取冒险行动来推翻资本主义，立即进入社会主义。实践证明，把右倾机会主义始终当作社会主义运动主要危险的观点，是不符合实际的。“左”倾机会主义给国际社会主义运动造成的危害毫不亚于右倾机会主义，有时甚至还超过右倾机会主义。

1847 年 6 月刚建立了第一个共产主义政党——共产主义者同盟，1848 年 3 月德国就爆发了资产阶级民主革命。马克思、恩格斯等主张党应该积极参加民主革命，在革命中坚持自己的独立性，努力争取广大群众，扩大党的影响，在夺取民主革命全面胜利的基础上逐步过渡到社会主义革命。可是，安得烈阿斯·哥特沙克（1815—1849），此人当时曾担任科伦工人联合会主席，他站在小资产阶级冒险主义、宗派主义立场，反对无产阶级政党参加民主革命，主张抵制全德国民议会和普鲁士国民议会的选举，拒不支持民主派的候选人，否认农民的革命作用，提出立即建立没有剥削的“工人共和国”的口号。哥特沙克的策略路线是“左”倾冒险主义，但是同时他又有一些右倾思想，例如他主张只采取合法斗争，要以工人的名义向政府呈递请愿书等。哥特沙克的错误主张遭到党内多数人的反对。在 1848—1849 年革命失败之后，本来应该实行暂时退却、积蓄力量、等待时机的策略，可是党内又出现了以维利希、沙佩尔为代表的“左”倾冒险主义、宗派主义集团。曾任中央委员会主席的卡尔·沙佩尔（1812—1870）和中央委员奥古斯特·维利希（1810—1878），脱离国内实际，否认革命已经转向低潮，不愿做艰苦细致的准备工作，想要联合小资产阶级民主派，从国外派人回到德国各地发动冒险性的起义，以便早日夺取政权。为了筹集革命经费，他们还支持小资产阶级民主派在国外发行革命公债，预言1852年春天德国就“可以升起社会主义的太阳”，并且许愿在革命胜利后偿还公债。这是以唯意志论代替唯物论，以小资产阶级狂热性代替无产阶级坚定性，以从外输入代替从内部发展革命力量的方针，以冒险主义代替实事求是的策略。当他们的冒险主义路线遭到党内多数人反对时，他们进而开始搞分裂活动，于1850年9月23日召开伦敦区部会议，决定把马克思、恩格斯等人开除出党，妄图另立中央。至此，在科伦的中央委员会才不得不把他们开除出党。维利希-沙佩尔集团的冒险主义、宗派主义错误地把党内的分歧公开暴露在敌人面前，又使党的机密文件落入敌人手中，以致党的组织遭到破坏，党的处境越来越困难，终于迫使同盟于1852年11月17日宣告解散。沙佩尔后来对自己的错误深恶痛绝，决心痛改前非，于1859年重新参加革命活动，并担任在伦敦的工人教育协会的领导工作。1865年他还被选为第一国际总委员会委员，同年参加了第一国际伦敦代表会议。从某种角度来看，沙佩尔不失为勇于改过的无产阶级革命家。

19世纪40年代到70年代，法国布朗基派的社会主义运动是很有影响的。奥古斯特·布朗基（1805—1881），早在16岁上中学时就参加了“烧炭党”这个秘密革命团体，后来受圣西门、傅立叶、巴贝夫空想社会主义的影响，憎恨资本主义，向往社会主义。他主张通过少数人的密谋起义，推翻资产阶级的统治，建立少数革命家的专政，消灭私有制，实现“普遍协作”的公有制，达到无产阶级的解放。他对社会主义只有一些零碎肤浅的了解，缺乏系统深刻的认识。他先后组织过“家族社”“四季社”“中央共和社”等密谋革命团体，但是不接受以先进革命理论为指导的无产阶级先进政党的领导。他一生不断地搞冒险的起义，都失败了。他被捕九次，在监狱中度过了三十七年，真可以叫作“监狱革命家”。“监狱革命家”这种革命精神很可贵，但他的命运却很悲惨！一个人如果一生大部分时间在监狱，怎么可能领导群众取得革命的胜利呢？他不深入发动群众，不顾主客观条件，聚集少数革命分子用极秘密的方法、极严格的纪律发动突然袭击。这样凭少数人的狂热搞起义，必然失败，于是他反复被反动政府抓起来、坐牢、放出来、盲动起义、失败，然后又被抓起来。1870年10月31日，他又冒险发动了起义，事败之后急速躲藏到法国南部侄女家中，被缺席判处死刑。1871年巴黎公社起义的前夕，他最后一次被捕。巴黎公社期间他仍缺席被选为公社委员和名誉主席，可见他在法国人民心目中享有多高的威信。布朗基派是巴黎公社领导集团中的多数派，在领导军事和镇压反革命等方面起了重要的作用。然而，布朗基主义却给公社造成不良的影响。它使一些公社领导人只把公社革命看成是1789年资产阶级革命的继续，而不重视对社会制度的根本改造；它使公社陷于琐碎事务和私人争执，而未能制定出完整的路线、方针、政策，未能团结多数，正确地开展内部斗争，未能充分依靠群众来实现对敌人的专政。布朗基主义长期在法国工人中有影响，这反映了当时法国工人还带有较多的小资产阶级特性，许多破产的手工业者和农民都渴望能通过密谋从资本和暴政下解放出来。布朗基本人一生坚持革命到底。1879年他最后一次出狱时已是七十四岁高龄的老人了，但还继续办报刊，并到全国长途旅行，孜孜不倦地进行革命宣传，直到七十六岁病终。他是和马克思、恩格斯同时代的人，并且还同他们合作过，然而由于他的小资产阶级思想根深蒂固，始终没有接受马克思主义。布朗基派的冒险活动不是因过早发动起义而导致革命失败，就是被反动派利用来破坏革命。

在社会主义运动史上，还有巴枯宁派也搞这种冒险活动。俄国人米哈伊尔·巴枯宁（1814—1876），曾参加过欧洲1848年革命，和蒲鲁东结为朋友，也成为无政府主义者。不过蒲鲁东属于无政府主义改良派，巴枯宁则是无政府主义暴动派。他妄想依靠流氓和刑事犯等，用密谋暴动一下子推翻资产阶级统治，立即实现无政府状态；不要任何国家政权和政府，各地方建立自治的公社，由这些公社再自由地组成联邦；各公社实行“集产制”，即集体占有生产资料。且不说这种各自为政、分散经营、缺少统一计划和集中领导的“集产制”必然会助长资本主义，就是密谋暴动、二十四小时之内废除国家这种冒险主义的蠢举也必然碰壁。巴枯宁多次策划突然的武装袭击，从未成功过。巴枯宁的冒险主义还掩盖了他的许多改良主义特色，例如他曾提出各阶级平等、废除继承权等主张，幻想通过废除财产继承权来消灭私有制，实现社会主义。这些东西是剽窃了圣西门派的空想。巴枯宁表面上宣称忠于第一国际，实际上妄想篡夺第一国际总委员会的领导权。1872 年他被第一国际开除出去以后又另立无政府主义反权威国际，分裂国际工人运动。第二国际前期马克思主义者为肃清无政府主义的流毒又做了大量工作。此外，还有德国半无政府主义的青年派，俄国的无政府主义派、民粹派以及社会革命党等，都继续搞这种极左的冒险活动。

当老的无政府主义衰落之后，20 世纪初，在法国、意大利等无政府主义故乡又出现了一种新的无政府主义思潮——无政府工团主义。这是把无政府主义带进工会的一种小资产阶级极左思潮。法文称工会为工团，法国是无政府工团主义的发源地。无政府工团主义的纲领和策略集中体现在 1906 年于阿眠召开的法国总工会代表大会通过的《阿眠宪章》中。宪章肯定了工会要“团结一切为消灭雇主和雇佣制度而斗争的有觉悟的工人”，承认阶级斗争，强调“只有没收资本才能实现彻底的解放”。但是，“它主张采取总罢工的办法，它认为工会今天是抵抗的团体，将来会成为生产和分配的团体，社会改组的基础”，工会“应该对雇主采取直接的经济行动”，“不应去管政党问题”①。可见，无政府工团主义是明确排斥工人政党的领导，拒绝一切政治斗争，反对工人阶级夺取并掌握政权，鼓吹通过经济斗争和总罢工没收私人资本，以工会代替无产阶级专政的国家，把工会作为管理生产和分配的机构，作为社会主义社会的基本组织。1908 年美国的世界产业工人工会代表大会通过的纲领更进一步表达了工团主义的观点：“我们在产业上组织起来，就是在旧社会的贝壳内构成了新社会的结构。”这种思想又叫作产业社会主义②。实际上工会只是工人阶级的群众组织，它在组织工人为夺取政权、为建设社会主义而斗争中具有重大作用，但是不能代替政权组织和社会组织。由于当时右的改良主义、机会主义思潮鼓吹劳资合作，追求议会席位，迷信国家政权，放弃了反资本主义的斗争，放弃了无产阶级政党的领导，所以好多工人就转向无政府工团主义，完全否定一切国家政权，希望工团领导他们开展反资本主义的革命斗争，直接实现社会主义。无政府工团主义是有广泛国际影响的。俄国在 1905 年革命失败后也出现过工团主义思潮。党内的召面派，在革命低潮时期拒绝

---

① 勃吕阿，皮奥洛. 法国总工会简史. 北京：三联书店，1962：39.

② 福斯特. 世界工会运动史. 北京：三联书店，1961：251.

开展合法斗争，要从议会中选召面派去当议员的代表，还要冒险进行起义。继法国总工会之后，欧美许多国家相继建立了工团主义组织，例如1910年的西班牙全国劳工联合会和英国产业工团主义教育联盟、1912年的意大利工会和北美工团主义同盟等。它们发动了多次总罢工，然而从来没有取得胜利，当然也不可能取得胜利。1920年各国无政府主义者和工团主义者还在柏林建立了新的国际组织——新国际工人协会，宣扬要继承第一国际时期巴枯宁派的传统，实际上无所作为，到第二次世界大战前也土崩瓦解了。

无政府工团主义这种“左”倾思潮还涌进新生的社会主义国家和新建的共产党中来。1917年十月社会主义革命胜利后不久，俄国出现了一个“工人反对派”。它认为工人阶级的最高组织形式是工会而不是党，主张把全部国民经济交给“全俄生产者代表大会”管理，否认党的领导作用和无产阶级专政国家在经济建设中的意义。欧洲许多新建的共产党内都出现了“左派共产主义者”，他们拒绝参加议会斗争和工会活动，不做任何妥协，甚至要以工人总联合会来代替党。这些极左观点遭到共产国际批判后，他们就闹分裂，于1922年4月建立了只有几百人参加的“共产主义工人国际”，攻击共产国际“从一开始就部分地是一个反革命组织”，污蔑其旨在“维护资本主义，建立资本主义”。这个宗派组织在群众中没有什么影响，到1927年也就作鸟兽散了。

还有一种对社会主义运动干扰、破坏很大的极左思潮，就是托洛茨基主义。列夫·达威多维奇·托洛茨基（1879—1940），1897年开始参加反对沙皇专制制度的革命运动，曾被捕入狱和流放，1902年参加俄国社会民主工党，在参与领导十月革命和建设苏维埃国家中立过功。但是他长期以来一直鼓吹的“不断革命论”却是错误的。马克思、恩格斯本来在1848年德国革命中曾经提出过“不断革命”的口号，它指的是无产阶级在争得资产阶级民主革命胜利后，不要停顿不前，不要让国家被资产阶级引向资本主义道路，而要创造条件不间断地过渡到社会主义革命。在马克思、恩格斯那里，“不断革命”只是革命斗争过程中的一个策略口号，而自命为发展了马克思主义的托洛茨基却把它变成了系统的“不断革命”的理论。托洛茨基最早在1905年俄国革命中提出“不断革命”论。他认为：在帝国主义时代即便在落后国家，也只有无产阶级是革命的主要动力，资产阶级已经“转入反革命营垒”，农民是“落后的一帮”，因此在民主革命中“可以直接把社会主义的任务提上日程”，无产阶级在民主革命胜利后“不仅要最深刻地侵犯封建所有制，而且要最深刻地侵犯资产阶级所有制”。他甚至提出了“不要沙皇，而要工人政府”的口号。他是主张把民主革命与社会主义革命毕其功于一役，合在一起完成，从而构成“不断革命”。他还鼓吹社会主义革命的不断性，主张建立工人政府之后还要进而“侵犯整个私有制”，剥夺农民，直接过渡到社会主义。实际上这是混淆了民主革命和社会主义革命这两种不同性质的革命的阶段。这种“左”倾论调势必会使无产阶级陷入孤家寡人的地步，单枪匹马冒险蛮干，把无产阶级夺取政权和建设社会主义的长期艰苦的斗争当作儿戏，破坏革命、破坏社会主义。十月革命胜利后，年轻的苏维埃国家为了巩固政权不得不与德国签订屈辱的布列斯特和约，与帝国主义暂时妥协，以割地赔款为代价达到退出战争、休养生息的目的。这时托洛茨基伙同布哈林等“左”派共产主义者玩弄“左”倾空谈，反对签订和约。他声称“只有欧洲革命，才能真正地拯救”俄国，签订和约会“失去法国和英国无产阶级”的“同情”，甚至也会推迟革命。所以他以俄国政府和平谈判代表团团长的身份拒绝签订和约，结果使德国占领了更多的俄国领土，进而使和约中规定的条件也就更加苛刻了。1924年列宁逝世、欧洲革命转入低潮后，历史的发展把苏联一国能否建成社会主义的问题提到了议事日程上来。这时托洛茨基拉帮结派，进一步发展了他的“不断革命论”，竭力宣扬世界革命的“不断性”。托洛茨基主张胜利了的无产阶级必须突破民族国家的范围，开展军事进攻，进行世界革命，用武装力量帮助其他国家的革命。他认为社会主义不能在落后的俄国一国建成，而必须在欧洲发达的资本主义国家同时取得无产阶级革命的胜利之后，一起建设社会主义。为此他们在第三国际许多支部、许多共产党内，扩大托派队伍，在革命低潮时期还要发动世界革命，要把红旗插遍巴黎、柏林、维内纳、伦敦等处，以实现他的“不断革命”。极左的理论和实践以及托派的分裂活动对国际共产主义运动危害极大，所以第三国际于 20 世纪 30 年代末先后把各国托派清洗出党。但是他们并不善罢甘休，于 1938 年在巴黎拼凑了一个“第四国际”（又叫“世界社会主义革命党”），继续与第三国际相对抗，到处鼓吹实行世界社会主义革命，实则到处破坏世界社会主义运动。尽管托洛茨基也指出了苏联存在“官僚化”等弊病，然而他不是出于善意，而是要煽动群众，妄图取而代之，以实现其个人野心。然而实践证明了：托洛茨基派这一套冒险主义路线，脱离实际、脱离群众，根本不可能取得胜利。

第四章　社会主义派别的划分*

社会主义思潮是有阶级性的。科学社会主义是无产阶级利益的科学表现，是无产阶级的思想体系。在科学社会主义影响日益扩大的形势下，不少小资产阶级以及资产阶级政治派别也宣布归附社会主义，所以在各种社会主义派别当中不免鱼龙混杂。无产阶级不是一个孤立的阶级，它也会受到其他阶级的思想影响，而所有的社会主义派别无不宣称自己是真正的社会主义，哪会有人承认自己搞的是假社会主义，是小资产阶级、资产阶级、封建阶级社会主义呢？由此可见，在分析各种社会主义派别时，不能简单地贴上某个阶级标签了事，应该对这些派别形成的历史条件和思想观点进行具体的分析。

如果以各个派别形成的历史条件和不同的思想观点为标准，我想可以把当代各种社会主义派别划分为五种。若再细分，其中每一种又可分为若干派别。这里论及的，只限于形成政治力量的社会主义派别，其余侧重学术研究的社会主义学派暂未列入。

一、第一国际时期无政府主义派的信奉者

无政府主义思潮盛行于19世纪第一国际时期，蒲鲁东派、巴枯宁派先

* 本章内容选自：高放．社会主义的过去、现在和未来．北京：北京出版社，1982.

后都被马克思主义战胜了。19 世纪 70 年代初巴枯宁派分裂了第一国际，建立了一个反权威国际。这个反权威国际在 19 世纪 80 年代就瓦解了。但是第一国际时期遗留下来的无政府主义思潮，在今天还有一定的影响。无政府主义的社会基础是流氓、小资产阶级和青年学生，只要这个社会基础还存在，无政府主义思潮就有它的土壤。无政府主义这种思潮虽然早已没有一个强有力的、统一的国际组织，但是在很多国家还有无政府主义政党和组织，它们之间仍有联系。20 世纪 60 年代后，西方资本主义工业和科学技术的新发展，使社会问题日益增多，问题严重程度加剧，奄奄一息的无政府主义又开始死灰复燃。

现在无政府主义的故乡法国、意大利，都还有无政府主义的政党。这些政党规模不大，都是小党，主要在一些青年工人、失业工人、学生中有点影响。

20 世纪 60 年代西方的学生造反运动，就有无政府主义者从中煽动，形成第一个袭击资本主义的大浪潮。1968 年法国掀起“五月风暴”时，该国的无政府主义派十分活跃。1968 年 3 月 22 日，巴黎农泰尔文学院的一百四十二名大学生，为了抗议警察当局来逮捕支持越南南方民族解放阵线的活动家，毅然占领了学校办公楼，宣布罢课，并且出去宣传鼓动，吸引了全国很多学生和教师加入。其中受无政府主义思潮影响的一些人，自发建立了名为“三・二二运动”的无政府主义组织。一个学习社会学的大学生丹尼尔・科恩・本迪成为它的著名领袖。在“三・二二运动”的推动下，从 5 月 3 日开始，首先在巴黎，然后遍及全国，刮起了“五月风暴”。好多学生起来造反，停课闹革命，占领大楼，在学校楼顶上插旗，鼓动罢课罢工。本迪崇拜自发论，鼓吹唯行动主义，醉心于群众的自发行动，不要革命理论的指导，不要革命政党的领导。他声称：“‘三・二二运动’是目标明确的具体行动，是在明确的具体范围内发动起来的。它不是一个依赖于代表大会或预先制定的政治路线的组织，直到现在，它一直是凭经验行事的。”他认为，人们满可以把理论丢在一边而直接行动起来。他特别声明反对他称之为“束缚人”的任何“党派”和“纲领”；在他看来，任何革命政党都是“权威主义”的机构、“官僚主义”的代名词、人民群众的对立物；只有依靠“少数活动家”才能够形成“工人—学生联盟”。他主张在各地成立“基层小组”（每组十人，最多十二人），上面再建立“特别委员会”和“协调委员会”负责领导和组织行动。他设想只要发动群众起哄行动，就可以在半个月之内迫使政府辞职，政权瓦解，然后，实行工人自治，推翻资本主义，建立一个无阶级的社会主义社会。“三·二二运动”只是喧嚣一时，到 6 月 12 日，就被法国政府下令解散了。

法国的“五月风暴”还波及其他国家。例如，在它影响之下，意大利的青年学生也在 1968 年掀起了“热秋”运动。后来有些人组织或参加了具有无政府主义色彩的激进组织，如“继续斗争”“工人先锋”等；另一些人则建立了秘密的无政府主义恐怖组织，如“红色旅”等。

学生造反运动的浪潮刚刚退去，无政府主义组织又掀起了个人恐怖的恶浪。有很多资本主义国家，在无政府主义思潮影响下，出现了很多个人恐怖组织，专搞暗杀和打砸抢活动。这些组织的成员一般只有十几个人、几十个人或几百个人，人数虽然不多，破坏力却很大。他们专门从事抢劫、绑架、暗杀、炸毁等黑色恐怖活动。为什么无政府主义者的恐怖活动叫作“黑色恐怖”呢？因为他们的活动都是在黑暗的角落里干的；也因为他们自已嗜爱黑颜色，不仅爱穿黑颜色衣服，而且出版的书也常用黑色的封面，旗帜也常用黑布缝制，这是无政府主义的古老传统。现代无政府主义者有的也改头换面，打出红色的旗号，有的还黑红并举，如法国的一个无政府主义组织的机关刊物就名为《黑与红》，有的无政府主义者在示威游行中就高举黑色和红色的旗帜。仅 1978 年，由恐怖主义者发动的政治袭击事件，在意大利有二千三百九十五起，联邦德国有二千五百九十八起，荷兰有一千零五十八起。

这些个人恐怖主义组织是怎样形成的呢？这是因为资本主义“工业社会”“商业社会”’的种种弊病，迫使许多政治上敏感的青年学生和工人想要奋起反抗，进行革命。但是，他们缺乏正确革命理论的指导和革命政党的领导，就自发倾向于无政府主义。他们痛恨资本主义社会的各种弊病，反对一切形式的政府；企图一举摧毁现有的政权机构，彻底砸烂资本主义制度；相信一个新社会会随之诞生，个人就可得到绝对自由。他们知道自己势单力薄，所以就想用个人恐怖的手段来震动社会，引起社会的重视，并妄想以此使旧社会土崩瓦解。他们的信条是："我们通向社会主义的道路，只能用我搞无政府主义恐怖所制造出来的尸体来铺设。"实际上这种个人恐怖活动完全脱离群众，不发动群众、不选择时机进行蛮干。这种冒险主义的活动绝无成功的可能，只会败坏社会主义、共产主义的声誉；严重破坏各国人民的公众生活和社会秩序，引起人民群众的不满；使真正的左翼政党失去选民，便于右翼势力抬头得势。

二、第二国际时期社会民主党的后裔

多数社会民主党都是在第二国际时期建立的，在1914年第一次世界大战爆发后叛变，但是还一直在工人中继续活动，它们是第二国际时期遗留下来的。当然也有少数社会民主党是在第二次世界大战后建立的，像日本社会党（现称"日本社会民主党"）就是1945年才建立的，印度人民社会党是1952年才建立的。

在第二次世界大战期间，各国社会民主党的国际联系中断。但是，在1944年，就由英国工党出面，发起要恢复社会民主党的国际活动。1947年在比利时安特卫普召开的会议上正式建立"国际社会民主党会议委员会"，加快筹备工作。1951年3月，该委员会拟出纲领和章程，6月在德国的法兰克福召开各国社会党和社会民主党的代表大会，宣告"社会党国际"正式诞生，总部设在伦敦。出版有《社会党事务》双月刊以及《国际社会主义劳工运动年鉴》等。这个"社会党国际"继承了第二国际的改良主义，主张劳资合作，反对阶级斗争，反对无产阶级革命和无产阶级专政。它的纲领是成立大会上通过的《民主社会主义的目标和任务》，提出"民主的社会主义"，确定社会民主党人的奋斗目标是以民主方法建立一个自由的新社会。什么是其所谓的"民主方法"呢？这个纲领讲到了政治民主、经济民主、社会民主、国际民主。所谓政治民主就是在维护资产阶级国家和资产阶级政府的前提下争取保障人民私人生活的权利、言论结社和宗教信仰自由、普选权，保证国家的多党制、独立的司法制度，等等。所谓经济民主就是在维护资本主义私人所有制的前提下，争取把某些私有企业国有化，创立新的公有企业、地方性企业或消费合作社、生产合作社等形式。争取实现充分就业，提高生产、生活水平，实行社会保险与收入和财产的公平分配。所谓社会民主就是主张满足人们的各种社会权利，诸如工作的权利、获得医药与生产福利的权利、休息的权利、保障童叟生活的权利、适当住房的权利、提高文化教育的权利，等等。这些就是社会民主党推行社会福利政策的依据。所谓国际民主就是要在维护国际资本统治的前提下，实现各国自愿合作，促进落后地区经济、社会与文化的发展，维护和平和集体安全，为国际裁军创造条件，等等。“社会党国际”的纲领宣传通过上述这些民主方法以期达到各国社会民主党的共同目标，这个目标就是创造一个社会公平合理、生活美好、自由与世界和平的制度。纲领中也有要消灭剥削、反对资本主义之类的词句，但是没有任何实际内容和具体措施。

从几十年的实践来看，这一时期的社会民主党不是要发动无产阶级夺取政权，而是要争取在资本主义范围内执政；争取在资本主义条件下成为执政党，并声称在执政以后就要采取社会主义措施。

瑞典社会民主党从 1932 年至 1976 年执政 44 年，实行了很多社会福利政策。诸如提高工人工资，加强劳动保险，缩短劳动时间，举办福利事业，扩大就业，救济失业者，增加退休金，吸收工人参加企业管理，等等。但瑞典社会民主党终究不可能解决资本主义的内在矛盾。瑞典于 1973—1975 年也卷进了世界性的经济危机，经济增长率低，通货膨胀率和失业率高，贸易逆差大。所以瑞典社会民主党终于在 1976 年 9 月的大选中失利，成为在野党。

实践证明了：社会民主党执政以来并没有改变资产阶级政权，没有触动资本主义私有制，没有消灭资产阶级；其在资本主义条件下根本不可能采取社会主义措施，而只能采取改良主义措施；这些改良主义措施虽然没有伤害资本主义制度，没有解决资本主义的基本矛盾，然而确实缓和了资本主义的矛盾。

社会民主党这支队伍，这些年来不断扩大。“社会党国际”刚成立时有 34 个成员党，到 1989 年 6 月，“社会党国际”在瑞典的斯德哥尔摩召开第十八次代表大会时，已经有 88 个成员党，一亿名选民，包括 1 600 万党员，28 个成员党在 26 个国家执政或联合执政。1992 年“社会党国际”已经拥有 111 个成员党。到 1996 年 9 月第二十次代表大会为止，成员党已增加到 140 个。进入 21 世纪后，继续发展，到 2012 年 8 月召开二十四大时，其各类组织成员达到 169 个。可以这样说，只要资本主义的基本矛盾没有得到解决，各国的改良主义就有生存的土壤；只要资本主义国家还存在法西斯主义的威胁，民主主义就还是保卫资本主义民主秩序的一面旗帜；只要共产党领导的社会主义国家在消灭资本主义和资产阶级之后在政治民主、经济民主、社会民主等方面还有欠缺，那么社会民主党标榜的这些民主对生活在资本主义世界的人民群众就还会有吸引力。

三、第三国际时期托洛茨基派的继承者

第三国际时期遗留下来的托洛茨基派所组成的“第四国际”，至今仍在很多国家活动，分布在欧洲、北美、拉美以及亚洲的日本、斯里兰卡、大洋洲的新西兰等国家。这一派的力量和影响，远不如上述社会民主党那一派大；它和无政府主义派差不多，队伍都很小，思想体系也很接近，都是极左的，甚至组织上也有联系。国际性的托洛茨基派组织叫“第四国际”（世界社会主义革命党），各国托派组织的名称并不一样：在法国的托派组织叫作“革命共产主义联盟”，美国名“社会主义工人党”，葡萄牙名“工人革命党”，斯里兰卡名“平等社会党”，印尼名“平民党”。“第四国际”自 1938 年举行第一次代表大会以来，至 1979 年底共召开过十一次代表大会。大会选出国际执行委员会，平时在巴黎设“第四国际统一秘书处”作为托洛茨基派的国际中心；还有一个处理日常工作的常设执行局。出版刊物《第四国际》，各国托洛茨基派组织还办有自己的刊物。

托洛茨基派“第四国际”还是信奉并且鼓吹托洛茨基的“不断革命

论”，推行极左路线。比利时托洛茨基派头目、“第四国际统一秘书处”成员、托洛茨基派著名理论家欧内斯特·曼德尔认为，“有四个基本理由使得托洛茨基主义运动现在比过去更为强大”。第一，许多殖民地、半殖民地国家在民族民主革命胜利之后走上社会主义道路，这证明了托洛茨基“不断革命论”的正确；第二，在工业化的帝国主义国家，工人阶级的群众行动正按照“不断革命论”准备直接走社会主义革命的道路；第三，在社会主义国家之所以实行工人自治、开展反对官僚阶层、争取社会主义民主的政治革命“正是由于托洛茨基主义的纲领始终一贯地主张这种工人民主制”；第四，各大洲的青年和革命者强烈地感到需要有一个国际组织，按照毫不妥协的国际主义原则领导他们实现国际协作，进行世界社会主义革命。总之，他认为不发达国家的不断革命、先进资本主义国家的不断革命、社会主义国家的工人民主制和毫不妥协的国际主义，“这些就是当代托洛茨基主义的四个支柱”。“不断革命论”是托洛茨基派关于世界革命的理论。他们鼓吹这个理论有两个方面，即内部的民族方面和外部的国际方面。内部民族方面来讲，各国各类国家都要进行不断革命，落后国家要由民主革命不断发展为社会主义革命，先进资本主义国家要由工人群众不断进行社会主义革命，社会主义国家要不断进行反官僚阶层的政治革命；外部的国际方面就是每一国家都要把它的革命与世界革命有机地联系在一起，作为世界革命的一个有机组成部分。他们认为世界革命就是由各国托洛茨基派分子发动对世界资本主义制度和世界帝国主义制度毫不妥协、毫不间断的进攻。鼓吹所谓“当代托洛茨基主义的四个支柱”，一言以蔽之就是认为当代世界资本主义危机重重，无产阶级世界革命的时机已经成熟，托洛茨基主义的时代已经到来，“第四国际”要在各国大显身手、领导革命。实际上他们只是抽象地反对世界资本主义制度和世界帝国主义制度，不顾时间、地点、条件，无视各国的具体情况，盲目地推行世界革命，要一下子同时搞世界革命，实则破坏革命运动，维护资本主义统治。

各国托派内部由于观点不同，派系林立，而且各派都是唯我独尊，都认为自己的观点是最正确、最革命的，所以标榜“不断革命”的各国托洛茨基派总在不断争吵、不断分裂。

四、当代世界社会主义运动的中流砥柱——各国共产党

现存各国共产党，其中一部分是在十月革命胜利后第三国际时期创立的，还有一部分是在第二次世界大战后建立的。这些党都宣布以马克思列宁主义作为指导思想，以社会主义、共产主义作为奋斗目标。为了与第二国际时期的社会民主党相区别，这些党一般都按照马克思、恩格斯的传统命名为共产党（也有叫劳动党或别的名称的）。各国共产党是当今世界上力量最大、最有影响的社会主义派别。

1943 年第三国际解散后，各国共产党在独立自主探索本国实现社会主义道路方面取得了很大成就。第二次世界大战胜利后，欧洲和亚洲有十多个国家在各国共产党领导之下走上了社会主义道路，建立了一批新的社会主义国家。1953 年赫鲁晓夫上台之后苏联情况变化巨大，世界各国共产党的状况也开始发生较大的变化。各国的共产党都在努力探索适合本国条件的实现社会主义的道路。欧洲一些发达资本主义国家的共产党在 20 世纪 70 年代提出的名为“欧洲共产主义”的主张，在世界范围引起了广泛的注意。应该说欧洲共产主义政党是在探索一条新的实现社会主义之路和新的社会主义模式。社会主义应该具有民族特点而不可能千篇一律。

苏东剧变对各国共产党造成巨大冲击。只有少数国家的共产党顶住压力努力坚持。苏东剧变前，欧洲有共产党组织 35 个，到 1998 年只剩下 21 个，党员人数也由原来的 260 万减少到不足百万。但是，这并不影响共产党作为世界社会主义的中流砥柱的地位，中国共产党是世界上最庞大的共产党队伍，领导中国走出一条中国特色社会主义道路，壮大了世界社会主义的声势。

五、民族独立国家中的社会主义派别

第二次世界大战后，亚非拉有 79 个国家先后取得民族独立，建立了民

族独立国家。它们中的大部分都是在资产阶级领导之下取得独立的，理应走资本主义道路。但是，在世界社会主义潮流影响之下，有 30 多个民族独立国家执政党标榜自己走社会主义道路。1975 年在突尼斯还召开了非洲社会主义会议，讨论非洲怎样搞社会主义。甚至还有一些民族独立国家在国家的名称当中还加上社会主义的字眼，实际上它们还是资本主义国家。

亚非拉地区有许多国家经济比较落后，现代工业不多；工业无产阶级人数很少，甚至还没有形成；科学社会主义的政党还没有能够成为领导力量，甚至还没有建立。如前所述，真正的社会主义应该是在现代化大生产基础上建立的高出于资本主义的社会制度，应该是在科学社会主义政党领导下去创建。许多民族独立国家既然连建设社会主义的客观条件和主观条件都不具备，为什么还要宣布搞社会主义呢？这一方面是由于几个世纪以来，这些国家深受西方殖民主义的剥削和掠夺，人民群众痛恨资本主义，他们已领教过资本主义的掠夺和剥削了，所以独立以后广大人民不愿意走资本主义的老路；有的国家的科学社会主义政党积极开展斗争，要领导人民走社会主义道路，这种政治力量的影响在国内的影响日益扩大。另一方面，也是由于社会主义各国的影响很大。在这种国际和国内背景下，许多民族独立国家的执政党不愿意公开打出资本主义的旗号，他们感到打出社会主义旗号，宣布走社会主义道路，对于巩固他们的领导地位、维护国内的安定团结和发展民族经济文化都是有利的。

这些自称社会主义的 30 多个民族独立国家，情况各不相同，大体上可以分为以下五种类型。

第一种类型是一些经济比较落后的国家，现代工业极少，还存在原始部落组织的残余。这些国家的执政党领导人认为马列主义只适合发达的资本主义国家，而不适合不发达国家。这些国家不存在阶级，它们将利用本国的传统组织，以防止由于资本主义经济的发展而出现阶级分化和贫富对立，逐步发展现代化的科学技术，准备过渡到社会主义，走自己独特的社会主义道路。什么是本国的传统组织呢？就是农村中的部落家族组织，即以家族为系统的农村基层居民组织。这种组织在各个国家名称不一样，有的叫“乌贾马”，有的叫“福科诺洛纳”，实际上就是村社组织。它们很重视农村建设，强调农业是国民经济的重点，于是大力在农村开展社会主义运动，大搞村庄化运动，动员农民集中居住，把土地、牲畜、食品等归村庄集体所有，人人参加劳动，发展集体生产。有的国家现在全国农村的农户已经基本集中居住，实现村庄化、集体化。但是由于工业不发达、农业没有机械化、缺乏管理干部和管理经验，农业生产发展并不快，存在不少问题。实际上这种社会主义类似俄国历史上民粹派搞的那种村社社会主义、农业社会主义、农民社会主义，即小资产阶级社会主义。

第二种类型是一些经济也较落后的国家，独立后内部各派系政治斗争比较尖锐。这些国家新执政不久的政党有的自称是“社会主义革命先锋队”，有的自称是“工农联盟的先锋队”，宣布以马列主义、科学社会主义为指导，“要根据马列的原则和规律，建设一个社会主义社会”；甚至在党章中规定本国的革命要划分为民族解放运动、人民民主革命和社会主义革命三个阶段，当前任务是“进行反帝、反殖斗争”，或者是“铲除封建主义、殖民主义残余”，清除外国一切形式的统治，“建立与巩固人民民主机构”，“加强工农联盟、发展生产”，为过渡到科学社会主义打下政治思想、技术和物质基础，最终目标是要建立一个“没有人剥削人的社会”，在这个社会中“人人都过舒适生活的社会主义社会”。有的党还规定，其基本力量是“工人、贫农、中农、手工业者和士兵”，党的领导机构也叫“中央委员会”和“政治局”。自从宣布走社会主义道路以后，有的国家采取措施加强党对国家政治、经济工作的领导，建立工会和青年、妇女、民兵组织，实行反颠覆的镇压行动，制订经济计划，由国家控制银行、保险业和对外贸易；有的国家对金融业、大企业和农村土地采取国有化措施；有的国家还在农村建立各种合作社，开展合作运动，宣布其目标是建设“合作社会主义”，即要通过合作社建立“社会主义”社会；有的国家还在城市实行就业计划，由政府拨款雇用失业者打扫街道、清理垃圾，在工厂吸收工人参加企业管理，在社会上开展“争取福利、教育和解放的联合进军”运动，要达到“废除剥削权利”，使人民“有工作，有饭吃和确保最起码的住房和医疗条件”。这些国家甚至对外称自己属于“社会主义阵营”，要与“社会主义大国”建立密切联系。

第三种类型是一些经济稍微发达的国家，其执政党的领导人在历史上与“社会党国际”有联系，甚至在国外留学时曾参加过社会民主党的组织，思想上受其影响。这些国家标榜要实行民主社会主义、人道社会主义、非共产主义的社会主义。从思想体系上看，这一类型基本上属于本章第二节所讲的第二国际时期社会民主党的后裔的范畴。有的党甚至在组织上还一度参加过“社会党国际”。这些国家在国内实行议会民主制和多党制，执行发展国民经济的计划，在发展民族经济的同时鼓励外国资本在本国投资建厂，为此开辟了自由工业区，推行福利主义和劳资合作政策，这些国家比较露骨地搞资产阶级社会主义。有的国家由于注意引进西方发达资本主义国家的先进科学技术和管理办法，大量吸收外国投资，大力发展旅游事业，经济发展较好。

第四种类型是亚非一些宗教国家，它们把社会主义同其民族宗教传统结合起来，提倡宗教社会主义。社会主义理应是一门科学，而宗教是一种迷信，两者应是风马牛不相及的。

第五种类型是一些封建残余还较多、由王朝执政的国家，这些国家搞的显然是封建社会主义。欧洲历史上的封建社会主义是指在资本主义经济已经发展起来之后妄图复辟封建主义。这里的封建社会主义是指在资本主义发展还不充分、封建主义岌岌可危的情况下，由王朝政府挂出社会主义招牌，以笼络群众。有的国家因有好多青年人倾向社会主义，王朝政府就发起组织皇家社会主义青年联盟，要求青年团结在国王周围，为三位一体的祖国、宗教和国王效劳。有的国家还采取一些貌似社会主义，实则改良性的措施以缓和阶级矛盾，维护其封建统治。例如，有的国家的王朝政府曾经发动所谓“白色革命”“自上而下的革命”，以实现“伟大文明”，其主要内容是采取如下措施：改革土地制度，工人分享企业利润，出售国营企业股票，修改选举法，实行森林、草原和水源国有化，建立农村开发队、扫盲队、医疗队、民众司法所，改善教育和行政管理等。这些措施中改革土地制度是整个“白色革命”的中心内容，因全国绝大部分土地集中在地主、王室、清真寺和政府手中，但是在“革命”时又规定：地主仍可保留一个村庄土地；政府可以分期付款的方式赎买地主多余的土地，然后再以比原价高百分之十的价格卖给农民；购买土地者必须加入农业合作社，而这些合作社都控制在富农手里。这些就是他们所谓的“社会主义”。实际上这是王朝政府为保存地主阶级同时又企图把一部分地主转化为富农阶级以扩大其社会基础而采取的措施。结果这场“白色革命”不但未能使国家实现“伟大文明”，反而破坏了传统的农业和手工业，使千百万小农成为无产者，农作物产量大幅下降。人民敢于非议王朝发动的“现代化运动”者都遭到严厉镇压，这终于激化了人民群众和封建势力的矛盾，最后连王朝政府也被推翻了。

以上讲的是民族独立国家执政党搞的社会主义，至于在野党中的社会主义派别，那还有很多种，在此不一一赘述。

第五章　不发达国家首先实现社会主义的原因、过程和特殊规律

一、不发达国家实现社会主义之路的“三”字律*

社会主义是近百年来进步人士梦寐以求的理想。自从19世纪中叶社会主义由空想变为科学之后，社会主义似乎已近在眼前。马克思、恩格斯当年设想社会主义首先在发达的资本主义国家取得胜利，并且在19世纪就能取得这个胜利。然而实践证明，他们设想早了。20世纪以来，社会主义运动的条件发生了很大的变化。由于资本主义政治经济发展不平衡，社会主义没能像马克思、恩格斯所设想的那样首先在发达的资本主义国家取得胜利，而是在不太发达的俄国取得胜利。俄国从1917年开始建设社会主义，做了第一次试验，初步建成了社会主义。随后，欧亚十多个国家的无产阶级也取得了政权，走上了社会主义道路。所以，要探讨社会主义制度的样子，就要把马克思、恩格斯关于科学社会主义的理论和十月革命以来各国

---

* 原载《江西大学学报》（哲学社会科学版）1980年第4期。

社会主义的实践相结合，并在此基础上认真总结、切实比较，从中找出社会主义建设和发展的规律。十月革命以来，社会主义的试验也只限于十几个国家，时间不长，经验不多。这十几个国家在建立社会主义制度之前或者处于资本主义社会，或者处于殖民地半殖民地社会，它们大多没有经过独立的资本主义发展阶段，封建残余还很浓厚。这些国家能否越过资本主义阶段过渡到社会主义，它们究竟具有哪些特点，在发展社会主义的过程中究竟要注意哪些问题，这是值得我们在总结历史经验的基础上进行探索的。

1. 不发达国家能否越过资本主义阶段走向社会主义*

社会主义学说最初产生于资本主义发达的英国和法国，社会主义制度是相对于资本主义制度而言的一种更高级的社会制度。一般来说，资本主义越发达，实现社会主义的客观条件也就越成熟。可是初期走上社会主义道路的国家，恰好都是资本主义不太发达的国家，甚至是落后的国家。而且，不少社会主义国家在建设社会主义的过程中走了弯路，我国也不例外。于是有人提出这样的疑问：不发达国家能否越过资本主义，直接过渡到社会主义？

19 世纪 40 年代，在德国，有人认为资本主义发展还不充分，实现社会主义还是遥远的事；但是，德国的“真正社会主义者”却急于在小农经济的基础上实现社会主义。1846 年克利盖提出，每人分 160 英亩土地就可以通过个体农民的单干建立爱的村镇，永远消灭贫穷、困苦和犯罪现象。马克思、恩格斯指出，社会主义应该建立在现代资本主义所提供的社会化工业大生产基础上。但是，他们并不认为要等到最后一个手工业者和农民都变成资本主义的牺牲品之后，才具备实现社会主义的客观条件。他们认为，只要有一定的近代工业，有无产阶级及其政党的领导，有农民和手工业者作为同盟军，并实现了资产阶级民主革命，且建立了人民政权之后，可以不必经过资本主义直接过渡到社会主义。例如，德国从 19 世纪 20 年代才开始发展资本主义，到 19 世纪 40 年代末才有约 5 000 部蒸汽机、70 万工人，这些工人占全国 3 500 万人口的 1/50。尽管当时德国还存在封建制度，还存在大量的小生产，

---

* 原载《福建论坛》1981 年第 5 期。

还没有完成民主革命的任务；但是在无产阶级及其政党的积极参与下，德国的资产阶级民主革命可以成为无产阶级革命的“直接序幕”。换言之，当时的德国可以不必走资本主义的道路，直接过渡到社会主义。

不仅像当时德国那样资本主义不太发达的国家可以实现社会主义，而且像亚、非、拉等殖民地半殖民地国家也可以在特定条件下越过资本主义阶段而进入社会主义。恩格斯在 1882 年 9 月 12 日致考茨基的信中指出：“只要欧洲和北美一实行改造，就会产生巨大的力量和做出极好的榜样，使各个半文明国家自动地跟着我们走，单是经济上的需要就会促成这一点。至于这些国家要经过哪些社会和政治发展阶段才能同样达到社会主义的组织，我认为我们今天只能作一些相当空泛的假设。不过有一点是肯定的：胜利了的无产阶级不能强迫任何异族人民接受任何替他们造福的办法，否则就会断送自己的胜利。”①

关于不发达国家如何实现社会主义的问题，这里提出了三个重要的思想：

（1）要在欧美等发达的资本主义国家先取得社会主义的胜利，在它们的帮助之下实现社会主义。

（2）不发达国家要经过一些社会、经济和政治的过渡性的发展阶段才能进入社会主义。

（3）不能强加于人，按别人设计的方法实现社会主义。要从本国实际出发，要采取本国人民群众易于接受的形式。

到 20 世纪，无产阶级革命的条件发生了很大的变化，西欧发达的资本主义国家没有先爆发社会主义革命。与西欧相比，俄国可以说是一个落后的国家。在俄国这样落后的国家能否首先进入社会主义？这个问题曾在俄国乃至国际社会主义者中争论了很多年。1905 年，以普列汉诺夫为代表的孟什维克党认为，在资产阶级民主革命以后，俄国要经过资本主义的长久发展，要等到生产力提高到使无产阶级占人口大多数时再进行社会主义革命。这也是当时西欧社会民主党人通行的观点。然而，以列宁为代表的布

---

① 马克思，恩格斯．马克思恩格斯全集：第 35 卷．北京：人民出版社，1971：353.

尔什维克党坚持并且发展了马克思、恩格斯的观点。马克思、恩格斯认为，俄国既然已经有了一定数量的现代工业，有了无产阶级及其政党的领导和广大的农民同盟军，那么在资产阶级民主革命胜利之后就可以乘胜前进，迅速走上社会主义道路。1907年俄国革命失败之后，孟什维克取消派主张取消革命、取消党，等到资本主义充分发展、无产阶级人数大增之后，再走社会主义道路。布尔什维克党则相信俄国的革命高潮一定会到来。布尔什维克党要坚持秘密斗争与合法斗争相结合的原则，促进民主革命的发展，努力为社会主义的实现创造条件。1915年，列宁明确提出，“社会主义可能首先在几个或者甚至在单独一个资本主义国家内获得胜利”①。十月革命前夕，关于俄国走资本主义道路还是社会主义道路的问题又一次引起争论。普列汉诺夫仍然认为，社会主义制度必须以资本主义所造成的生产力的高度发展为前提。列宁则认为，在推翻沙皇专制制度之后，掌权的资产阶级不可能满足人民关于和平、土地、面包等的要求，只有进行社会主义革命才是唯一的出路。那时俄国比1848年的德国更加具备进行社会主义革命的条件。例如，俄国有相当数量的现代化工业，有高度集中的产业无产阶级，有布尔什维克党的领导，有分布在全国的群众性苏维埃组织，所以当时俄国的无产阶级完全有条件夺取政权，建立社会主义国家。十月革命胜利后，孟什维克党和西欧的社会民主党人考茨基等还重弹“俄国生产力还没有发展到足以实现社会主义的水平”的旧调。1923年，列宁在《论我国革命》一文中指出：“既然毫无出路的处境十倍地增强了工农的力量，使我们能够用与西欧其他一切国家不同的方法来创造发展文明的根本条件……既然建设社会主义需要有一定的文化水平……我们为什么不能首先用革命手段取得达到这个一定水平的前提，**然后**在工农政权和苏维埃制度的基础上追上别国的人民呢?”② 这就是说，可以先建立无产阶级政权，然后依靠无产阶级政权来发展生产力、发展民主、发展文化，以建设社会主义。1924年列宁逝世后，托洛茨基等人否认在落后的俄国单独一国能够建成社会主义。斯大林捍卫、发展了列宁关于在一个经济

① 列宁．列宁全集：第11卷．北京：人民出版社，1987：Ⅷ．

② 列宁．列宁选集：第4卷．北京：人民出版社，1972：691．

文化落后的国家可能首先建成社会主义的理论。

十月革命后，共产国际还提出不发达的殖民地、半殖民地国家能否避免资本主义的独立发展阶段而走向社会主义的问题。列宁对这个问题的回答是肯定的。列宁在《民族和殖民地问题委员会的报告》中指出：“落后民族的国民经济必然要经过资本主义发展阶段这种说法究竟对不对。我们对这个问题的回答是否定的。如果胜利了的革命无产阶级对落后民族进行系统的宣传，而各苏维埃政府以其所拥有的一切手段去帮助它们，那么，说落后民族无法避免资本主义发展阶段就不对了。在一切殖民地和落后国家，我们不仅应该组成能够独立进行斗争的基干队伍，即党的组织，不仅应该立即宣传组织农民苏维埃并使这种苏维埃适应资本主义前的条件，而且共产国际还应该指出，还应该从理论上说明，在先进国家无产阶级的帮助下，落后国家可以不经过资本主义发展阶段而过渡到苏维埃制度，然后经过一定的发展阶段过渡到共产主义。”① 这里所说的共产主义应是共产主义第一阶段，即社会主义。

可见，马克思、恩格斯、列宁都认为，落后的殖民地半殖民地国家可以不经过资本主义的独立发展阶段而过渡到社会主义。这样做可以使这些国家避免因发展资本主义而带来社会的两极分化，可以使广大劳动人民少受资本主义的压迫和剥削之苦，可以避免资本主义所造成的各种祸害。但是，要跳过资本主义过渡到社会主义，必须具备内部条件和外部条件。内部条件是指要有共产党的领导，要建立工农政权，要经过更复杂的过渡阶段，不能急于求成。具备了内部和外部条件，才有可能过渡到社会主义；外部条件是指在先进国家的帮助下过渡到社会主义，这种帮助是多方面的（从科学技术到文化、宣传），且不是强加于人的。人类社会一般是按照生产力的不断进步而不断改变生产关系、改变社会制度的。人类社会的发展经历五种社会形态，即原始社会、奴隶社会、封建社会、资本主义社会和社会主义社会。但并不是每一个国家、每一个民族都要按照这五种形态按部就班地发展，在特定条件下，跳过某一种或某几种生产方式的情况是有

① 列宁．列宁全集：第39卷．北京：人民出版社，1986：233．

的。众所周知，古代欧洲的日耳曼民族就跳过了奴隶社会而进入封建社会，近代美洲的印第安民族就跳过了奴隶社会和封建社会而进入资本主义社会。但是历史上这种“超越”都是依靠外力出现的。在马克思主义诞生后，先进的无产阶级可以自觉地掌握并运用社会发展规律，自觉地创造各种条件，用社会主义的方法来完成从个体小生产到社会化大生产的过渡，使处于不同发展阶段的国家和民族直接进入社会主义社会。这是马克思主义给许多不发达国家人民指出的一条到达幸福的新路。这一条新路是符合社会发展规律的坚持历史唯物主义的光明之路。实践表明，越过资本主义独立发展阶段而过渡到社会主义是可行的。

2. 不发达国家实现社会主义的“三破”、“三力”和“三用”

在不发达国家实现社会主义必须注意“三破”、“三力”和“三用”的问题。“三破”就是破封建残余、破小生产影响、破资本主义，“三力”就是大力发展生产力、大力发扬社会主义民主、大力提高科学文化水平，“三用”就是充分利用资本主义经济中有利于国计民生的一面、充分利用资产阶级的民主形式、充分利用资产阶级的文化遗产。

资产阶级的拜金主义、唯利是图等思想作风我们应该坚决反对，资产阶级学说中的谬论我们也应该进行批判。但是，应该看到，资本主义社会的生产方式是比封建社会的生产方式更进步的。不发达国家在向社会主义前进的过程中，应该充分利用资本主义经济中有利于国计民生的一面。十月革命胜利之初，俄国党内的“左”派共产主义者认为，可以不要资本主义，直接进入社会主义。列宁有一次在全俄中央执行委员会会议上做关于《苏维埃政权的当前任务》的报告时指出：“有人在这里说，不向资产阶级学习也能够实现社会主义，我认为，这是中非洲居民的心理。我们不能设想，除了建立在庞大的资本主义文化所获得的一切经验教训的基础上的社会主义，还有别的什么社会主义。没有邮电和机器的社会主义，不过是一句空话而已。”① 1921 年实行新经济政策后，党内的“左”派共产主义者

① 列宁．列宁全集：第 34 卷．北京：人民出版社，1985：252.

又跳出来唱反调，说资本主义是祸害等。列宁当即批驳了资本主义是祸害、社会主义是幸福这种孤立、抽象的议论。他说："资本主义同社会主义比较是祸害，但同宗法式经济、同小生产比较则是幸福；既然还不能实现从小生产到社会主义的直接过渡，作为小生产和交换的自发产物的资本主义在一定程度上就是不可避免的，所以应该利用资本主义作为小生产和社会主义之间的中间环节，作为提高生产力的手段。"[①] 如果我们不善于利用资本主义，而过早过快地铲除资本主义，就会远离幸福。我们不仅要充分利用国内的资本主义，而且要善于向国外的资本主义学习。列宁曾经提出过一个简明的公式："乐于吸取外国的好东西：苏维埃政权＋普鲁士的铁路管理制度＋美国的技术和托拉斯组织＋美国的国民教育等等等等＋＋＝总和＝社会主义。"[②] 可见，在列宁看来，无产阶级在夺取政权后只有吸取资本主义各国的经营管理、科学技术、文化教育等好的东西，才能实现社会主义。当然，不发达国家在向社会主义前进的途中利用资本主义，并非是让资本主义肆意发展，自由泛滥。无产阶级既然夺取了政权，掌握了政权，就必须限制、改造资本主义，使之变为社会主义。当年俄国处于一个孤立的状况，列宁所设想的苏维埃股份公司、租让制、租借制等国家资本主义形式未能得到发展。而我国正是通过加工订货、统购包销、公私合营等国家资本主义形式改造了资本主义。即使对资本主义工商业进行社会主义改造之后，资本主义经营管理的经验仍然可以利用。资本主义生产是讲究效率的，社会主义生产应该在批判继承的基础上创造出比资本主义社会更高的生产效率。

社会主义应该在批判资产阶级民主虚伪性和局限性的基础上创造出更高类型的社会主义民主。撇开资产阶级民主中某些愚弄群众的把戏，一些民主的形式还是可以继承和利用的，如代议制、普选制、罢免制、监督制、分权的原则、少数服从多数的原则、轮流担任公职制[③]以及关于公民

---

① 列宁．列宁全集：第 41 卷．北京：人民出版社，1986：X.

② 列宁．列宁文稿：第 3 卷．北京：人民出版社，1978：94.

③ 1829 年杰克逊就任美国总统后曾提出轮流担任公职制，遴选新人物任职，扫除少数旧官僚集团长期把持要职所造成的腐化、堕落恶迹，这一措施在当时有进步意义。后来，随着美国资产阶级两党制的形成，轮流担任公职制已变成资产阶级分赃制。但是，总的来说，资产阶级的负责官员是由资产阶级代理人轮流担任、不断更新的，而不是终身制。

在法律面前一律平等和民主自由权利的规定等。不发达国家由于未经过资本主义独立发展阶段，封建专制余毒较深，所以在向社会主义前进的过程中应该注意充分利用资产阶级民主的某些形式，着重肃清封建专制主义的影响。像个人迷信、个人集权、愚忠愚勇、盲目服从、一言堂、终身制、世袭制①、等级制、家长制、官僚主义、特权思想、任人唯亲、裙带关系、帮派体系、株连亲族等，都带有封建的印记，如果让它们渗透到社会主义的肌体中，社会主义制度就会发生变异。彻底清除这些封建思想，比起实行土地制度的改革、摧毁封建制度的经济基础更为艰巨、更为长期、更为复杂。尤其是在我国这样一个具有两千多年封建传统的国家，这一任务的艰巨性、长期性和复杂性就显得更突出。要彻底铲除封建余毒、彻底克服小生产的影响，根本就在于大力发展生产力。在发达的资本主义国家，经过二三百年的时间才逐步完成了工业革命，才使国家的面貌发生了根本的变化。如果我们善于吸取历史经验，就可以迅速发展社会主义的生产力，充分显示出社会主义制度的优越性。

不发达国家由于文化落后、迷信盛行，阻碍了社会主义的建设。列宁曾经把共产党员的骄傲自大、文盲和贪污列为社会主义的三大敌人②。要大力提高人民群众的科学文化水平，就要注意充分利用资产阶级所创造的文化成果和科学技术成就。列宁指出："必须取得资本主义遗留下来的全部文化，并且用它来建设社会主义。必须取得全部科学、技术、知识和艺术。否则，我们就不可能建设共产主义社会的生活。"③ 资产阶级文化中的糟粕要批判、要剔除，但是对其精华要继承、要吸收。人类文化的发展有继承性，基于社会化大生产的资本主义文化是比封建主义文化更先进的。列宁在十月革命后曾经批评了那些认为不要继承任何旧文化就可以创造出新文化的所谓无产阶级文化派。他明确指出："只有确切地了解人类全部发展过程所创造的文化，只有对这种文化加以改造，才能建设无产阶级的

① 这里指的是广义的世袭制，包括社会关系、物质生活待遇等方面。这种广义的世袭制可能培植出一批新贵，这是不发达国家在社会主义发展过程中值得注意和探索的一个新问题。

② 列宁．列宁全集：第33卷．北京：人民出版社，1985.

③ 列宁．列宁全集：第36卷．北京：人民出版社，1985：48.

文化，没有这样的认识，我们就不能完成这项任务。无产阶级文化并不是从天上掉下来的，也不是那些自命为无产阶级文化专家的人杜撰出来的。如果硬说是这样，那完全是一派胡言。无产阶级文化应当是人类在资本主义社会、地主社会和官僚社会压迫下创造出来的全部知识合乎规律的发展。"①

不发达国家资本主义经济、政治、文化发展不充分，社会生产力水平不高，可以说在孕育、建立社会主义制度的过程中先天不足。如果在夺取政权后，既不注意继承资本主义经济、政治、文化中有用的部分，又不注意铲除封建主义和小生产的影响，更不注意大力发展生产力、发扬社会主义民主、提高科学文化水平，那就会在先天不足之外又加上后天失调。这样，社会主义就有可能变成发育不健全的畸形儿。一种社会制度如果移植到另外的社会环境中而又长期得不到正常发展的条件，那也会发生变异的。这是我们科学社会主义者不能不密切重视的一个重大问题。正如列宁所说：我们在建设社会主义方面"进行试验，屡次修改局部的错误，这是不可避免的"②。重要的是要善于吸取教训，总结经验，奋起直追。

3. 不发达国家实现社会主义的"三性"

不发达国家基于自己的社会历史条件，在建设社会主义的过程中表现出渐进性、多样性和反复性。

渐进性表现为过渡性和长期性，即要采取更多的过渡性措施，要有一个相当长的过渡期。在建立和发展社会主义公有制经济方面，在改造资本主义工商业和个体农业手工业方面，在实现社会主义工业化和发展社会化大生产方面，在消灭资产阶级、改造小资产阶级、提高工人阶级领导水平方面，在发扬社会主义民主和发展科学文化教育事业方面，在处理统一战线和民族问题方面，都要循序渐进、逐步深入、稳步向前。既反对右倾保守，裹足不前，也反对"左"倾冒险，急躁冒进。那种设想一步登天、一蹴而就的人，实际上犯了空想社会主义的错误；那种碰了钉子、遇到挫折

---

① 列宁．列宁全集：第39卷．北京：人民出版社，1986：299.

② 列宁．列宁选集：第3卷．北京：人民出版社，1972：572.

的时候就信心不足的人，把渐进性看得过于渺茫、过于长远。这两种思想都不符合客观实际，都要努力避免和克服。

多样性表现在各个国家之间以及一个国家内部各民族各地区之间的差别性和不平衡性。国家之间的社会性质、发展水平以及民族传统等千差万别，有的国家是军事封建帝国主义，有的是半殖民地半封建，有的是殖民地；有的国家资本主义工业较多，有的较少甚至没有；有的国家是多民族国家，有的则是单民族国家；有的国家有反侵略、反压迫的传统，有的有对外扩张的历史；等等。在一个国家内部各地区发展水平也不统一，传统资源、地理条件也不一样，有沿海、内地、平原、山区、中心、边疆之别。总之，在建设社会主义的过程中基本原则应一致，但各国有别，应因地制宜、扬长避短，采取灵活的方式、多样的形式。例如，建立公有制是社会主义建设应该坚持的一个原则，至于如何贯彻这一原则，则要结合各国的具体情况。有的国家是在土地国有化、农业机械化的条件下进行，有的国家是在土地私有制、机械化不充分的条件下进行；有的国家采取农业劳动组合的形式（有的国家叫农业生产合作社，有的国家叫合作农场），有的国家采取农工联合体的形式（以国营工业为主体，吸引周围农民参加）；等等。各个国家可以互相比较，取长补短，通过实践检验成效。如果否认多样性，而把某一国、某一地的经验绝对化、凝固化、普遍化，搞成单一模式，并强加于人，势必带来灾难性的后果。这方面历史上有惨痛的教训，切不可忘记。

反复性表现为挫折的共性和重复性。不发达国家在科学社会主义的指导下，在共产主义政党的领导下，经过人民群众的艰苦奋斗，会在社会主义大道上不断取得辉煌成就。然而成就难免让人骄傲自满，因此，应该及时总结经验、吸取教训，克服前进路上的困难。然而，由于社会主义是崭新的事物，建设社会主义时我们还缺乏丰富的经验，再加上资产阶级、封建主义和小生产思想的干扰，我们很容易重复跌跤。一个时期克服了个人迷信，过一个时期个人迷信又有可能重新抬头；一个国家批判了个人迷信，另一个国家由于缺乏切肤之痛个人迷信还照样盛行。不发达国家由于彼此历史传统的某些共性，如封建专制的余毒深、小生产的影响大等，在社会主义建设中暴露出来的弊病也带有共性、重复性。但是，随着时间的推移，随着社会主义大工业的发展，随着社会主义民主和人民群众政治觉悟的提高，随着我们不断总结经验切实改正错误，社会主义制度会越来越健康茁壮地成长。

按照马克思主义的理论来说，社会主义之路应首先由发达国家的无产阶级来开辟，可历史却把它首先交给不发达国家的无产阶级来试步。俄国革命民主主义者、社会主义的先驱车尔尼雪夫斯基说过："历史的道路不是涅瓦大街的人行道……谁害怕沾染灰尘和弄脏靴子，他就不必参加社会活动。"马克思、列宁曾多次引用①。不发达国家人民无所畏惧地开拓通向社会主义之路，为人类的解放做出了不可磨灭的贡献。当今一些不发达国家已经实现了社会主义，如果否认，那是脱离实际的理想主义；如果把这些国家当作社会主义的典范，也会降低社会主义的标准。从人类历史的长河来看，社会主义新制度至今还是处于东方初晓的黎明时期。社会主义制度和社会主义社会还有许多必然的王国，我们还看不清、还不认识。回顾历史，资本主义生产关系早已在封建社会内部成长，可是人们在很长时间内并不能科学地认识资本主义制度，这一方面是因为人们的意识落后于存在；另一方面也因为资本主义制度本身还处于抽枝长叶阶段，尚未成型。以资本主义发展最快最典型的英国为例，从1640年第一次资产阶级革命开始，到1867年马克思《资本论》第一卷的出版，其间经过了227年，还是因为有马克思这样伟大的天才进行了20多年的艰苦研究，才使得人们对资本主义制度的本质和资本主义社会运动的规律有了一个正确的认识。社会主义是新生事物，是一种新型的社会制度，它首先是在落后的国家建立的，所以至今还只能说是初具雏形，还不是很完善。正如列宁所说，社会主义新世界不是一生下来就完美无缺的，不是像密纳发那样一下子就从丘必特②脑袋里钻出来的。正由于社会主义制度还不很完善，因此人们至今

---

① 马克思，恩格斯．马克思恩格斯全集：第34卷．北京：人民出版社，1972：526；列宁．列宁全集：第59卷．北京：人民出版社，1990：581.

② 在古罗马神话中，丘必特是掌管众神的最高的神，密纳发是智慧女神。传说密纳发女神是从丘必特雷神的脑袋里生出来的，而且一降生于世就身披铠甲、头戴盔帽、手执宝剑、装备齐整，后人常借用这个典故比喻某事或某人一开始就完美无缺。

还不能对社会主义制度获得比较完整的认识。社会主义在实践中、在试验中、在探索中，人们还只能根据已有的有限的短暂的实践和试验，来探索社会主义制度，来探索社会发展的规律。尤其社会主义首先在经济文化落后的国家取得胜利，所以社会主义要超过资本主义，就需要更长的时间，就需要付出更大的努力。“路漫漫其修远兮，吾将上下而求索。”如果我们能够上下一致、同心同德、勇于探索、善于改进，就可以尽量缩短这个过程。如果我们思想僵化、墨守成规、维持现状、停滞不前，就会延长这个过程。但是，应该看到，随着人民群众政治思想觉悟和科学文化程度的提高，不前进、不改革是绝对不行的，任何绊脚石终究都会被人民群众搬掉。我们坚信，“人民，只有人民，才是创造世界历史的动力”①。社会主义只有在马克思列宁主义的指引下，在共产党的领导下，依靠广大人民的探索和努力才能不断前进、不断完善。

二、科学社会主义理论与不发达国家社会主义道路的契合性*

1. 当代社会主义先在一些资本主义不发达国家取得胜利，是否符合科学社会主义

科学社会主义的创始人马克思、恩格斯曾预计社会主义将首先在资本主义发达的英、法、德三国取得胜利。直到1892年恩格斯还认为，欧洲工人阶级取得社会主义的胜利，“至少需要英法德三国的共同努力，才能得到保证”②。他还指出：“无论是法国人、德国人或英国人，都不能单独赢得消灭资本主义的光荣。”③ 那么，是不是说，所有的国家都要经过资本主义的大发展才能实现社会主义？对于这个问题，100多年来有三次主要的争论：第一次是19世纪70—90年代。当时俄国保存有古老的土地公有制

* 本节内容选自：高放．马克思主义与当代．北京：中国人民大学出版社，1987.

① 毛泽东．毛泽东选集：第3卷．北京：人民出版社，1991：1031.

② 马克思，恩格斯．马克思恩格斯选集：第3卷．北京：人民出版社，1972：403.

③ 马克思，恩格斯．马克思恩格斯全集：第39卷．北京：人民出版社，1974：87.

的农村公社，但在1861年农奴制度废除后资本主义发展迅速。俄国的自由派认为，俄国不可避免要走西欧国家的资本主义道路。民粹派则认为，俄国可以避免资本主义，以农村公社为基础直接进入社会主义。马克思、恩格斯在与其论战时提出了自己的见解。马克思、恩格斯认为，不发达国家只有在先走上社会主义道路的先进国家的带动和帮助下，才可以越过资本主义的独立发展阶段进入社会主义。1877年马克思在给俄国《祖国纪事》杂志编辑部的信中指出，“一切民族，不管他们所处的历史环境如何”①，都注定要走西欧资本主义的发展道路，以便最后都达到社会主义。到19世纪80年代，马克思的思想更明确和具体了。1881年他在给俄国女革命家查苏利奇的信中说：俄国农村中长期保存下来的占统治地位的土地公有制的公社组织，“可以不通过资本主义制度的卡夫丁峡谷，而吸取资本主义制度所取得的一切肯定成果……如果它在现在的形式下事先被引导到正常状态，那它就能直接变成现代社会所趋向的那种经济体系的**出发点**，不必自杀就能获得新的生命”②。马克思、恩格斯在1882年为《共产党宣言》俄文版写的序言中又指出：“假如俄国革命将成为西方无产阶级革命的信号而双方互相补充的话，那末现今的俄国土地公共所有制便能成为共产主义发展的起点。”③ 即如果有西欧无产阶级革命的帮助，俄国可以不经过西欧那样的资本主义发展阶段，直接过渡到社会主义。到1894年，恩格斯还在《“论俄国的社会问题”跋》中讲道：“这不仅适用于俄国，而且适用于处在资本主义以前的发展阶段的一切国家。”④

科学社会主义创始人在19世纪提出的这个科学预见，在20世纪得到了创造性的实现。20世纪初，落后的俄国也进入了资本主义发展的帝国主义阶段。到1913年，俄国资本主义工业已在国民经济中约占42.1%，仅次于英、美、法、德，居世界第5位。俄国工人组织程度很高，66%的首都工人是组织起来的。经过1905年革命的锻炼，俄国创立了苏维埃这种新型

① 马克思，恩格斯．马克思恩格斯全集：第19卷．北京：人民出版社，1963：130.
② 同①451.
③ 马克思，恩格斯．马克思恩格斯选集：第1卷．北京：人民出版社，1972：231.
④ 马克思，恩格斯．马克思恩格斯全集：第22卷．北京：人民出版社，1965：502-503.

组织，同时有广大的农民作为同盟军，尤其是有新型马克思主义政党——布尔什维克党的领导。而俄国资产阶级则软弱无力，投靠沙皇君主专制政府，与腐朽的封建地主阶级结成联盟，在第一次世界大战中又把人民推到灾难的深渊。它没有能力使俄国继续走资本主义和民主共和的道路，在这样的主客观条件下，俄国先于发达的资本主义国家进入社会主义。列宁在新的历史条件下，创造性地发展了科学社会主义，于1915年提出了社会主义可能在一国或几国首先取得胜利的理论。而当时西欧和俄国的社会主义者如考茨基、普列汉诺夫等人则认为，俄国经济落后，不可能先实行社会主义。列宁继马克思、恩格斯之后又一次批驳了落后国家必须首先充分发展资本主义的论调，毅然决然地领导俄国革命并取得胜利，建立了第一个社会主义国家。总之，在十月革命前后，就不发达国家能否先进入社会主义问题进行了第二次争论，这一次已不仅限于理论上的争论，而是以俄国的实践证实了这个理论。

第二次世界大战后，欧亚十多个国家继苏联之后走上了社会主义道路。这是科学社会主义的新胜利、新证明。这些国家也都有不同程度的资本主义工业。在第二次世界大战前夕，在欧洲大陆，捷克斯洛伐克已是仅次于法国的工业发达的国家，1948年走上社会主义道路时，工业产值已占国民经济的75%。民主德国原是德国帝国主义的一部分，虽然经济上较联邦德国落后，但工矿企业生产也占全德国的35%。波兰1938年工业生产约占46%，工人阶级约占全国人口的12%。匈牙利1939年工业和建筑业两项已占国民收入的38.4%，工人占全国人口的22%。罗马尼亚1938年工业已占国民生产总值的35%，工人已有80多万。南斯拉夫1938年整个工业产值为1 575 500万第纳尔，工人约70万。保加利亚1939年工业占全国总产值的33.8%。阿尔巴尼亚1938年工业也占全国总产值的18.3%。朝鲜1940年工厂工人约80万，1946年工业占全国总产值的28%。我国1949年现代工业产值在全国工农业总产值中也占17%①，有组织的工人已达300多万。这些国家，不仅都有不同程度的现代工业和无产阶级，而且

① 也有材料说是占30%。（中国人民对外友好协会．中国分省概况手册．北京：北京出版社，1984.）

都有无产阶级政党领导人民进行长期革命斗争的经验。各国从1918年起就先后建立共产党，有的党虽然中途曾被解散，但真正的共产主义者后来又重新建党。第二次世界大战期间，欧亚这些国家的统治阶级，有的成了法西斯侵略者，有的充当侵略者的帮凶，有的消极抗战、积极反共，只有无产阶级政党站在反法西斯斗争的前列，领导人民为民族解放和人民民主而斗争。在苏联强有力红军的配合下，欧亚十几个国家在反法西斯战争全面胜利的基础上，经过曲折复杂的斗争，终于走上了社会主义道路，使社会主义从一国扩展到十几国。而西欧、北美的发达资本主义国家，由于资产阶级统治力量相对强大，无产阶级力量还没有强大到能够掌握国家政权，所以没能走上社会主义道路。这些事实生动地证明了社会主义不单是资本主义工业生产力发展的直接结果，而且是无产阶级超过资产阶级、取得阶级斗争胜利的直接产物。这是发展了而不是背离了科学社会主义理论。后来欧亚社会主义国家在前进中遇到挫折，又有人提出落后国家不可能先进入社会主义的论调。如波兰科学院院士、前波兰社会科学院哲学社会科学研究所所长亚当·沙夫提出所谓“原罪论”。他从1980年8月波兰工人大罢工事件中得出这样的结论：“企图在不具备建设社会主义的主客观条件的国家里建立社会主义，这是原罪。”① 沙夫用“原罪”比喻不发达国家根本不具备建设社会主义的条件。事实上不仅波兰，欧亚社会主义国家也在不同程度上具备建设社会主义的主客观条件，应该说这些国家都具备社会主义基因，根本不存在什么“原罪”。我国一些鼓吹资产阶级自由化的人也认为，中华人民共和国成立前资本主义不发达，社会主义是“早产儿”，应该先补资本主义这一课。实际上，近代中国100多年的历史证明了资本主义的道路根本走不通，中国只有在无产阶级及其政党的领导下走社会主义道路，才是唯一的出路。当代马克思主义理论工作者应该像当年的马克思、恩格斯、列宁等人那样，旗帜鲜明地论证不发达国家可以不经过资本主义的发展阶段而走上社会主义道路。这是关于不发达国家能否实现社会主义问题的第三次争论，比前两次更广泛、持久和复杂。然而当代社会主

---

① 沙夫. 论共产主义运动的若干问题. 北京：人民出版社，1983：163.

义的实践也提供了更丰富、更生动的实例，足以更有力、更深刻地论证科学社会主义的这一重要原理。

2. 当代社会主义先在不发达国家取得胜利，能否显示出优越性

既然不发达国家首先走上社会主义道路是当代社会主义实践对科学社会主义的重大发展，那么接着就要回答：当代社会主义先在不发达国家取得胜利能否显示出社会主义的优越性？大量事实对此做了肯定的回答。

社会主义制度的根本特征是什么？从根本上讲，社会主义作为比资本主义更先进的社会制度，应该具有比资本主义更高的生产力水平。从长远来说，社会主义的确应该创造出比资本主义更高的社会生产力。但是，社会主义先在生产力不发达的国家取得胜利，要创造出比资本主义更高的社会生产力需要较长的时间，不可能一蹴而就。所以看现有社会主义国家，不能只从生产力水平着眼。社会主义制度最基本的特征是：其一，工农大众、劳动人民掌握国家的政权，是国家的主人；其二，生产资料社会主义公有制占主导地位，消灭剥削制度、剥削阶级。其他如计划经济、按劳分配、精神文明等都是从这两条根本特征派生出来的。从这两条根本特征来看，当今社会主义国家都在很多方面显示出社会主义的优越性。

第一，在政治方面，劳动人民是社会主义国家的主人，社会主义国家的宪法规定国家的一切权力属于人民。国家用宪法保障公民的各种自由民主权利。例如，社会主义国家一建立，男女就享有平等的选举权，而美国到 1919 年妇女才有选举权，英国到 1928 年妇女才享有与男子平等的选举权。

第二，在经济方面，社会主义国家依靠广大工人阶级和劳动人民的积极性、主动性和创造性，迅速恢复被战争破坏的经济。通过实行计划经济完成国家的工业化，建立了新的社会主义工业和国民经济体系，建设了许多本国历史上从未有过的现代化工业部门，用二三十年的时间就走完了资本主义国家二三百年才走完的工业化历程。

建立社会主义的国家通过颁布土地改革法令、消灭封建土地制度、分地给无地和少地的农民，在无产阶级的领导下彻底完成民主革命的任务；通过开展农业互助合作运动，引导农民走共同富裕的社会主义道路。

在社会主义国家，社会主义公有制的确立和发展，消灭了剥削制度和剥削阶级，使劳动人民创造的价值能够全部归自己所有。这样就从根本上消除了社会上的阶级对立和贫富悬殊，使劳动者的生活能够得到根本改善。这是社会主义优越性的根本表现。

第三，在文化方面，社会主义制度为提高广大劳动人民的文化、教育和科学水平创造了条件。社会主义国家建立后在发展经济的基础上大力发展文化教育事业，着力扫除文盲，普及义务教育；除建立正规大专院校外，还通过夜大、函大、电大、业余大学、职工大学等多种渠道发展高等教育，培养各行各业的专家。同时，文化馆、俱乐部、博物馆、图书馆、书刊、电影、电视等各种文娱事业的发展，音乐、美术、舞蹈、戏剧等各种艺术形式和体育、卫生事业的发展，马克思主义、集体主义、人道主义、爱国主义思想的激扬，对提高人民的思想觉悟、丰富人民的精神生活、增进人民的文化素养、加强人民的体质、陶冶人民的情操、建设高度的社会主义精神文明具有重大的作用。社会主义的文化继承了本国的优秀文化遗产，还借鉴了外国文化的精华，同时剔除了封建主义和资本主义文化的糟粕，它是科学的、健康的、丰富多彩而又具有民族特色的新型文化。

第四，在社会生活方面，社会主义国家由于劳动人民掌握政权，所以从人民政权一建立就可以采取造福人民的措施，如缩短劳动时间、改善劳动条件等。从 19 世纪 60 年代起，欧美工人就提出了争取 8 小时工作制的要求，并为此开展了斗争。在工人运动的强大压力下，美国国会被迫制定了 8 小时工作制法律，但是遭到资本家的一致反对，一直无法实现。1886 年 5 月 1 日芝加哥工人为实行 8 小时工作制举行罢工和示威游行，惨遭镇压。1889 年第二国际建立后，就决定每年 5 月 1 日全世界工人采取联合行动，为争取 8 小时工作制而斗争。世界第一个真正实行 8 小时工作制的是第一个社会主义国家苏联。我国 1949 年全国政协第一次会议通过的《共同纲领》也明确指出：“公私企业一般应实行 8 小时至 10 小时的工作制。”随着国民经济的恢复和发展，国有企业一般都实行 8 小时工作制。社会主义国家不仅缩短劳动日，而且在发展生产的基础上逐步提高职工的实际工资，实行劳动保险、公费医疗、保健休养、奖励优秀、选拔劳动模范、退休和抚恤等制度。

社会主义国家消灭了剥削制度，消除了两极分化，实行按劳分配、平等地分配财富，使人际关系发生了根本变化。一种完全不同于剥削制度和私有制度下的新型的人际关系在逐步形成，有理想、有道德、有纪律、有文化的新型的社会主义劳动者在逐步成长壮大。社会犯罪现象比资本主义社会大为减少，社会秩序日趋良好。

第五，在军事方面，社会主义制度也充分显示了优越性。社会主义国家有强大的常备军，有广大工农群众的大力支持和共产主义政党的坚强领导，有强烈的爱国主义思想。帝国主义列强虽然多次用军事侵略、武装进攻的手段妄图摧毁社会主义国家，但是遭到一次又一次的失败。例如：第一个社会主义国家苏联刚刚建立，就遭到帝国主义国家的联合进攻，通过 1918—1920 年的保卫战取得了胜利。1941—1945 年苏联又进行了 4 年的卫国战争，终于打败了德、意、日法西斯，为欧亚广大人民的解放做出了重要贡献。1950—1953 年美帝国主义侵略朝鲜，朝鲜人民在中国人民志愿军的大力支援和其他社会主义国家的帮助下，打击了帝国主义的嚣张气焰，取得了战争的胜利，维护了国家的独立和世界的和平。社会主义国家还努力发展现代化国防工业以保卫社会主义。为了打破美国的核垄断，苏联研制原子弹，并于 1949 年 9 月 23 日第一次试爆原子弹取得成功，比美国只晚了 4 年。1964 年 10 月 16 日我国自主研制的第一颗原子弹爆炸成功，1967 年 6 月 17 日我国自主研制的第一颗氢弹爆炸成功。社会主义国家发展现代化国防是为了自卫，不同于资本主义，我们不搞军备竞赛，更不搞对外扩张。

第六，在对外关系方面，社会主义国家奉行无产阶级国际主义，主张各国人民独立自主地维护民族利益和人民民主，反对输出革命；支援被压迫人民和被压迫民族的革命斗争，反对殖民主义、帝国主义、霸权主义、民族利己主义；反对侵略战争，维护世界和平；主张不同社会制度的国家和平共处、互相尊重领土主权、互不侵犯、互不干涉内政、平等互利。社会主义国家还坚持对外开放、互通有无、取长补短，借鉴各国好的经验。

3. 当代社会主义在前进中遇到挫折是否说明科学社会主义不灵了

社会主义国家虽然在各个方面都直接、间接地显示出优越性，但是也暴露出不少弊病。许多社会主义国家都程度不同地犯过教条主义、个人崇拜、阶级斗争扩大化、专政过头、集中过度、民主不足、个人专断的错误，经济上有过生产效益差、浪费大、日用品供应少、人民生活改善慢等情况。有的社会主义国家由于内部矛盾处理不当，发生过群众性的动乱，甚至与别的社会主义国家还发生了战争。于是人们产生这样的疑问：社会主义国家在前进中出现了挫折，这是不是说明不发达国家搞不好社会主义？是不是说明科学社会主义已经不灵了？

社会主义国家出现的弊病和挫折并不能说明不发达国家搞不好社会主义，只能说明人们还没有全面掌握不发达国家建设社会主义的特点和规律；不能说明科学社会主义不灵了，只能说明人们还不善于结合不发达国家的实际运用并发展科学社会主义；不能说明社会主义制度有什么根本的弊病，只能说明社会主义的具体体制还不完善，还有待改进。社会主义国家出现弊病和挫折的主要原因是不发达国家的当代社会主义者未认清社会主义各国所处的历史阶段和所面临的历史任务，未能彻底弄清并处理好社会主义同封建主义、资本主义、共产主义的关系。

在不发达国家，虽然社会主义取得一定的发展，但封建残余和资本主义的余毒很深，因此，在建设社会主义时，不仅要逐步铲除资本主义的糟粕，而且要彻底铲除封建主义的糟粕。可是，当今的社会主义国家虽然在建立之初都曾在经济基础方面彻底废除封建的土地制度，但没有在上层建筑、意识形态领域彻底清算过封建主义，以致让终身制、等级制、家长制、个人崇拜、个人专断、宗法观念、平均主义等保留下来，甚至渗透到社会主义的肌体中。例如，第一个社会主义国家的领导人斯大林就开创了实际上领导职务终身制的先例。斯大林从 1922 年至 1953 年集党、政、军三大权于一身；由于民主选拔和民主监督不足，上、下级之间有时存在人身依附关系，这是封建等级制的残余；家长制不仅表现在家庭生活中，而且在某些单位和部门也习以为常，这是违背社会主义的民主集中制和集体领导的；宗法观念和平均主义妨碍社会主义劳动者的团结联合和按劳分配原则的实现。社会主义国家不克服掉这些带有封建色彩的陈旧观念和弊病，人民群众和广大干部的积极性、主动性和创造性就难以充分发挥出来，社会主义在前进中难免受挫。

社会主义向前发展是共产主义。社会主义者为了无产阶级和全人类的彻底解放都热切渴望早日实现共产主义的最高理想。但是，不发达国家由于经济、政治、文化落后，不能急于建成社会主义并向共产主义过渡。可是，现有社会主义国家大都犯过急于过渡的错误。第一个社会主义国家苏联的领导人列宁等人曾经设想以战争时期实行的战时共产主义政策直接过渡到社会主义。1921 年国内战争结束时列宁及时总结经验，纠正错误，提出新经济政策，即要运用市场、商品、货币，允许资本主义有一定的发展，通过竞争使社会主义经济逐步战胜资本主义经济。这一通过较长的过渡时期过渡到社会主义的战略，是科学社会主义在不发达国家的运用和发展，列宁曾预计新经济政策至少要实行 25 年。但是斯大林过早结束新经济政策，于 1930 年宣布对资本主义全面进攻，用行政命令掀起全国性的全盘集体化运动，强制性地改造小农并消灭富农阶级，普遍建立高级的农业公社。联共（布）中央纠正了“左”的错误后，1934 年还是完成了全盘集体化，1936 年宣布新经济政策结束，基本上建成社会主义。社会主义建成后尚未很好巩固，1939 年又提出要过渡到高级的共产主义阶段。1952 年，斯大林在《苏联社会主义经济问题》中还提出了过渡到共产主义的三个条件，不赞成把拖拉机卖给集体农庄，他认为那样会妨碍集体所有制向全民所有制过渡。后来赫鲁晓夫在 1961 年苏共二十二大上还制定了 20 年建成共产主义的新党纲。到 60 年代末勃列日涅夫时期就改为建成“发达的社会主义”。1982 年安德罗波夫认为，苏联是处于发达社会主义的开始阶段。1986 年戈尔巴乔夫又退一步，他认为，苏联还是“发展中的社会主义”，列宁在 20 年代初提出的新经济政策仍有现实意义。可见，苏联领导人对社会主义及其与高级阶段共产主义的关系的认识是通过长期实践检验逐步符合实际的。我国在新中国成立后只用了7年时间就完成了从新民主主义到社会主义的过渡。1958年“大跃进”时，我国领导人曾经提出要跑步进入共产主义，也是急于过渡到共产主义。随后长期“左”的指导思想阻碍了我国社会主义的正常建设。1978年十一届三中全会以来，中国共产党重新总结历史经验，才认识到我国社会正处于社会主义社会的初级阶段。经济越落后，越要急于进入社会主义、共产主义，这是违反社会主义发展规律的。欲速则不达，拖着封建残余的尾巴，背着封建半封建、殖民地半殖民地等形形色色的包袱急于奔向共产主义，不免使社会主义在前进中受到严重挫折。不发达国家走上社会主义道路之后，要经历较长时间的稳步发展，才能建成社会主义，并逐步过渡到共产主义。

社会主义先在不发达国家取得胜利，面对众多发达资本主义国家的包围，如何正确对待发达的资本主义国家，是当代社会主义前进中的一个重大问题。长期以来，我们对资本主义的认识不全面，以为世界资本主义很快就会全面崩溃，世界社会主义很快就会全面胜利。1917年十月革命胜利后，欧洲出现过革命高潮。1919年共产国际建立时，其领导人列宁、季诺维也夫等都认为1920年欧洲革命就会胜利，世界苏维埃社会主义共和国联邦就会建立。1928年共产国际又提出第三时期的理论，认为战后资本主义经过革命、稳定又进入大规模阶级搏斗时期，世界革命迫在眉睫，资本主义将完全崩溃。战后斯大林对世界资本主义的估计仍有失误。他在1952年提出了三个重要观点：第一，战后世界资本主义体系总危机进一步加深，市场已不可能相对稳定，列宁1916年提出的资本主义虽然腐朽，但整个说来资本主义的发展比从前要快得多的论点已经失效；第二，资本主义国家之间的战争不可避免地仍然存在，英、法会从美国怀抱里挣脱出来，同美国发生冲突，德、日也会设法重新站起来打破美国的占领制度，资本主义国家间的矛盾比社会主义与资本主义两大阵营的矛盾更加激烈；第三，资产阶级已经丢掉了民族、民主的旗帜，只有共产主义政党、民主主义政党才能高举这面旗帜。20世纪60年代，毛泽东认为，帝国主义的寿命不会很长了，帝国主义和一切剥削制度的彻底崩溃已经为期不远了。过去我们不分良莠，几乎把资本主义全面否定了。其实，当代资本主义的进一步发展已经证明了资本主义的积极成果是多方面的，如现代化的科学技术以及促进科技发展的各项有效决策（如重视科技投资、重视提高教育、重视知识分子的作用等）、重视商品经济的竞争性、重视现代化的管理经验、注重文化的多样化、坚持对外开放等。资本主义的这些积极成果都是值得社会主义国家借鉴的。当然，借鉴不是照搬，而是从社会主义本质和本国国情出发批判地吸收，绝不能全盘西化。要善于吸取资本主义的精华，借鉴资本主义各方面的积极成果，同时去除资本主义的糟粕，抵制资本主义的腐朽思想，更快地促进社会主义的健康成长。

当代社会主义已超出一国范围，应该处理好社会主义各国之间的关系。过去社会主义国家之间的问题有两个：一是思想认识问题，二是国家民族利益问题。社会主义国家如果把自己的经验和模式绝对化、神圣化，非要别的社会主义国家照搬，否则就斥责别国为“民族主义”“修正主义”，这种思想认识会恶化社会主义国家之间的关系。世界上没有两片完全相同的树叶。各国建设社会主义的模式应由各国共产主义政党领导本国人民独立自主地进行探索，别国无权干预。如果一国的方针政策确实行之有效，别国自然会借鉴。任何国家不能照搬别国现存的模式，别国再好的经验也要结合本国的具体情况。社会主义国家之间除了意识形态的分歧之外，还有历史上遗留下来的领土、侨民以及现实交往中遇到的政治、经济、文化各方面的利害关系问题。对待并处理这些问题，应本着无产阶级国际主义与爱国主义相结合、国家利益和民族利益相结合的原则，通过平等协商合理解决。1954 年中印两国倡导、1955 年亚非会议确认的和平共处五项原则，在社会主义国家之间也是完全适用的。然而，有的社会主义国家的领导人受封建主义、资本主义残余影响很深，民族利己主义、大国主义、霸权主义严重，激化了社会主义国家之间的矛盾，甚至由唇枪舌剑的论战发展到武装冲突，败坏了社会主义的声誉。对于民族利己主义、大国主义、霸权主义的行径，只有坚持有理有利有节的斗争，才能逐步清除。

由上可见，当代社会主义在实践中遇到挫折并不是科学社会主义不灵了，而是因为对科学社会主义的认识和理解还不全面、不深刻。封建主义、资本主义、社会主义、共产主义四者是社会发展四个不同的阶段，应该划清界限，弄清彼此之间的联系和区别，这样才能使社会主义得到正常的发展。在改革中，不能照搬资本主义那一套来反对封建残余，那是倒退；也不能用封建主义残余来反对资产阶级自由化，那更是倒退。我们应该以科学社会主义来反对资产阶级自由化，同时也努力清除封建主义残余，才能使社会主义乘风破浪，高歌猛进。社会主义国家的改革是科学社会主义在当代社会主义实践中面临的主要课题，社会主义改革的成功又必将把科学社会主义推向前进。

第六章 苏联社会主义兴衰成败的轨迹和经验教训

一、十月革命

1. 对“列宁主义”的认识*

（1）马克思主义与列宁主义是两个主义，不是一个主义。

“列宁主义”一词最初是在1903年俄国社会民主工党二大上由孟什维克党领导人马尔托夫最早使用，后来普列汉诺夫、托洛茨基等人也用过，但都是用作贬义词以指责列宁。列宁从来反对“列宁主义”这种提法。列宁作为布尔什维克党的领导人，总是用“布尔什维主义”来表达思想观点。到1923年列宁病危之际才由他的战友加米涅夫将“列宁主义”作为褒义词在一篇文章中使用。列宁逝世之后，党中央在讣告中正式提出“列宁主义”，并把“列宁主义”与“布尔什维主义”并列。盖棺论定，列宁一生在理论上的贡献用“列宁主义”来概括是符合实际的。

---

* 本部分内容选自：高放．苏联兴亡通鉴：六十年跟踪研究评析．北京：人民出版社，2011．

至于“马克思列宁主义”的提法，在1924年7月共产国际五大的文件中才出现，旨在把马克思主义与列宁主义联结为统一的先进理论，要求各国共产党进行宣传和学习。这里还要指出，在外文中，“马克思主义”与“列宁主义”多是用一个连字符联结为一体，准确的中文译法应是“马克思主义-列宁主义”，连采用很多汉字的日文也是在这两个词之间加进一个中圆点，译为“马克思主义·列宁主义”。只有在中文中，人们才简化为“马克思列宁主义”，甚至简称为“马列主义”。这种广为流传的不精确的译法，易将“马克思主义”与“列宁主义”理解为一个主义。实际上，这两者是形成于不同时间、地点，基于不同世情与国情的两个主义。

马克思主义是马克思、恩格斯创立的无产阶级和全人类解放的科学。只有全世界实现共产主义，才能最终实现每个人的全面发展和自由解放。在这个基本点上，列宁主义与马克思主义是一脉相承的。但是马克思、恩格斯直到19世纪中下叶还认为，世界共产主义将由西欧发达资本主义国家英、法、德三国无产阶级带头来实现。到20世纪初，自由资本主义发展到垄断资本主义，俄国成为帝国主义各种矛盾的集中点，列宁才认为世界革命将由俄国革命带头来实现。而俄国是经济文化落后的国家，又长期面临帝国主义列强的包围和干涉，它要带头实现社会主义、共产主义如逆水行舟，面临很多新难题。列宁主义就是试图解决这些新难题的理论结晶。所以，“马克思主义”与“列宁主义”既是一脉相承的，又是相互区别的。两者都是科学真理，都推进了世界社会主义的发展。当今世界，我们要与时俱进，要善于将科学精神、科学态度、科学方法、科学理论与时代特点、世界形势和中国实际相结合，才能开创出具有中国特色的社会主义宏伟事业。

(2) 什么是列宁主义。

究竟什么是列宁主义？列宁逝世后，苏共中央领导人季诺维也夫、托洛茨基、斯大林、布哈林以及一些理论界权威人士当即就“列宁主义”发表了自己的见解，观点与表述并不一致。但长期以来人们都以苏共中央总书记斯大林在1924年4月发表的《论列宁主义基础》一书中的说法为准绳。斯大林说：“列宁主义是无产阶级革命时代的马克思主义。确切些说，列宁主义一般是无产阶级革命的理论和策略，特别是无产阶级专政的理论和策略。”但这一定义只提到政治方面的无产阶级革命和无产阶级专政，并没有包括社会主义建设的各个方面。而探索落后国家如何采用新经济政策等等来逐步建设社会主义新社会，正是列宁主义对马克思主义的重大贡献。斯大林关于列宁主义定义的适用范围不仅限于落后国家，而且包括整个帝国主义时代的一切国家。列宁所强调的无产阶级暴力革命，几十年来的实践和当今新科技革命迅猛发展的态势都证明，在世界上大多数国家是行不通的。笔者认为，列宁主义是列宁从1893年到1923年这30年间把马克思主义与俄国和国际工人运动、群众革命运动相结合的理论创新的思想体系，即列宁主义是列宁探索由俄国革命带头实现世界共产主义的思想体系。

1861年俄国自上而下废除农奴制后，资本主义发展较为迅速。1898年建立的俄国社会民主工党当即遭到沙皇专制政府的取缔。1903年列宁等人在国外重新建党。1905年爆发第一次民主革命，党积极参与领导，失败后党领导群众坚持斗争。到1917年2月俄国工农大众取得第二次民主革命的胜利，推翻了沙皇专制政府。列宁主张因势利导把民主革命转变为社会主义革命，经过8个月艰苦卓绝的斗争，终于在1917年10月取得社会主义革命的胜利，建立了第一个社会主义国家。后又经历了3年的内战与外战，巩固了新生的苏维埃政权，逐步恢复了国民经济。列宁在晚年又提出落后国家逐步建设社会主义的新路径。十月革命后，列宁还努力开展世界苏维埃运动，想组成世界苏维埃共和国联邦，然而最后以失败告终。

由此可见，1917年十月革命之时，列宁只是把马克思主义建党和夺取政权的理论付诸实践。直到1923年列宁进一步探索了苏联如何建设社会主义、如何带头推进世界革命，才使列宁主义成为较系统的思想体系。

2. 十月革命的社会主义性质不容否定*

认为十月革命是新民主主义革命，而否定其社会主义革命的性质，此观点不能成立。

首先，这种观点认为二月革命以后，俄国社会的主要矛盾还是人民群

* 本部分内容选自：高放．高放自选集．北京：中国人民大学出版社，2007.

众和封建势力的矛盾，而不是无产阶级和资产阶级的矛盾；当时人民群众的迫切要求是获得土地、和平、面包，而不是消除资本压迫。笔者认为，正是资本压迫才迫使俄国资产阶级临时政府继续推行帝国主义战争政策，使俄国经济灾难加深，使广大人民陷于饥饿。可见，和平与面包问题的根源在于资本压迫和资产阶级统治。土地问题也是因为资产阶级支持地主阶级而无法解决，所以只有推翻资产阶级统治、实行社会主义革命，才能从根本上解决。把广大人民迫切要求解决的和平、土地、面包问题同资本压迫、资产阶级统治割裂开来，是只见树木不见森林，是只从现象看问题而忽视了事物的本质。

其次，这种观点认为十月革命之所以将资产阶级临时政府推翻，是因为资产阶级软弱，向地主阶级妥协，阻碍革命的向前发展。资产阶级并不是革命的主要对象，而是革命的绊脚石。难道十月革命的主要对象不是直接掌握政权的资产阶级，而是并不直接掌握政权的地主阶级吗？革命的根本问题是政权问题，临时政府既然是革命的主要打击目标，为什么不算是主要革命对象呢？仅把临时政府看成绊脚石，这显然是低估了它的地位和作用。

最后，这种观点把俄国资产阶级临时政府比作法国资产阶级革命时期的基伦特派政权和中国新民主主义革命中的大资产阶级政权，这也是不准确、不恰当的。基伦特派政权只维持了一年多，巴黎人第三次发动起义建立了雅各宾派，但革命的目标没有超过资本主义范围，仍是资产阶级民主革命的继续。而推翻俄国临时政府的是无产阶级及其政党，革命的目标是要建立无产阶级专政，实现社会主义，所以十月革命是社会主义革命。

二、苏联社会主义建设的经验教训*

1. 苏联社会主义建设的历史背景

1917 年十月革命胜利以后，苏联是在什么样的社会背景下进行社会主

* 本节内容选自：高放. 苏联兴亡通鉴：六十年跟踪研究评析. 北京：人民出版社，2011.

义建设？可从两方面来看：

第一方面，从国际背景来看，苏联进行社会主义建设，是史无前例的举措。科学社会主义产生以后，只有过巴黎公社建立政权和初步执掌政权的经验，还没有社会主义建设的经验。苏联第一次进行社会主义建设，没有样板可以仿照，没有先例可以借鉴，只有马克思、恩格斯对未来社会主义的预测作为其理论依据，因此如何实现社会主义就带有创业性和试验性。不仅如此，苏联还是在资本主义的强大包围下单独一国进行试验的。十月革命以后，布尔什维克党曾预料社会主义革命可以很快推广到欧洲去。1918 年至 1923 年，欧洲的确出现过社会主义革命的高潮，曾经建立过几个苏维埃共和国，但时期都很短。匈牙利苏维埃共和国延续了 133 天，不来梅苏维埃共和国存在了 25 天，巴伐利亚苏维埃共和国只保持了 19 天。1924 年，欧洲的社会主义革命随即转入低潮。1925 年，东方一些国家虽然掀起了共产党领导的民族民主革命的高潮，但是先后失败。这样，苏联不仅得不到国际无产阶级国家的直接援助，而且还要准备对付帝国主义的武装侵略。

在 1918 年到 1920 年的三年中，美、英、日帝国主义组织了十四国武装干涉，和苏联国内的反动势力相勾结，破坏了新生的苏维埃国家的工农业经济，使苏联损失近 400 亿卢布，并企图把苏维埃政权“掐死在摇篮里”。经过 3 年的浴血奋战，苏联才保住了苏维埃政权。1921 年转入和平建设后，还时常有帝国主义威胁和武装挑衅发生。例如，1927 年，英国保守党政府向苏联挑衅，袭击设在伦敦的苏英贸易协会，并且宣布与苏联断绝外交和商务关系。1927 年，苏联驻波兰的大使被暗杀。同年，英国特务向列宁格勒党的俱乐部投掷炸弹。这一年，北京、天津、上海、柏林等地还发生了苏联大使馆和商务代办处被袭击的事件。1929 年发生了中东路事件，即中国的军阀在东北中东铁路制造的挑衅事件。20 世纪 30 年代以后，东方和西方的法西斯势力上台，形成了两个战争策源地，对苏联的威胁就更大了。

1941 年 6 月，德国法西斯背信弃义突然武装入侵苏联，德军甚至打到莫斯科城下。在 4 年的战争中，苏联牺牲了 2 000 多万人（约占第二次世界大战中全世界死于战争总人数的40%），蒙受了前所未有的民族大浩劫，最终得以保住社会主义的成果，并建成了社会主义。

由此可见，苏联在这样的国际条件下进行社会主义建设，不仅具有开创性、试验性，而且具有艰巨性、特殊性。

第二方面，从国内背景来看，俄国原来是军事封建帝国主义，历史包袱沉重，战争破坏严重。经济、政治、文化都不发达。经济上虽然进入帝国主义阶段，但小生产仍然像汪洋大海一般，还有封建宗法经济。政治上没有什么民主传统，专制主义、家长制、个人崇拜以及大国主义对外扩张的传统却很深。文化落后，文盲占人口的75%。这样的国家又经历了7年战争（4年的帝国主义大战，3年的国内战争）的破坏。到1920年战争结束，转入和平建设时，农业总产量和耕地面积相当于战前（1913年）的一半，工业总产值只相当于战前的1/6，90%多的工业都被战争破坏了。

由于经济遭到严重破坏，所以战争结束时，政治形势也不好。工农群众有不满情绪，国内有零星的反革命叛乱，民族矛盾也较多。对这种状况，列宁曾经说过一句很形象的话："在战争结束的时候，俄国就像是一个被打得半死的人，他被打了七年，而现在，谢天谢地，他居然能够拄着拐杖走动了！"①

这种国内环境更加剧了社会主义建设的艰巨性、特殊性。但困难吓不倒苏联党和党领导下的苏联人民。联共（布）把马克思主义与俄国的实际情况相结合，领导人民在探索和斗争中前进，独创性地开辟了一条通往社会主义的道路，尽管这条道路是相当曲折的。

由于苏联社会主义建设的艰巨性、特殊性，所以我们不要把它的某些历史经验神圣化和普遍化。

2. 重评斯大林之我见

（1）要从两个框架、五个层面重新评价斯大林。

应该从两个框架、五个层面来看斯大林的功过，这样才能全面、准确

① 列宁．列宁全集：第41卷．北京：人民出版社，1986：60.

地评价斯大林，才能充分吸取斯大林的错误教训。

何谓两个框架？第一个框架是把斯大林定位为苏联国家领导人，从这个框架来看，他是功大于过的，因为他在1924年列宁逝世后领导苏联人民实现了国家工业化、电气化，还打败了德、日法西斯，取得了伟大卫国战争的胜利，战后又恢复了国民经济。第二个框架是把斯大林定位为马克思主义理论导师、国际共产主义运动领袖，从这个框架来看，他是过大于功的。他虽然帮助了各国共产党的成长，促进了东欧东亚国家走上社会主义道路，但是他的很多观点和做法是违背马克思主义的，给国际共产主义运动造成极大的损害，至今一些消极影响尚未消除。

何谓五个层面？笔者认为，斯大林的错误有五个层面，且应将这五个层面的错误加以区别。也可以说，一个层面的错误比一个层面的错误严重。

第一，思想作风的错误。如搞个人崇拜、个人揽权、对人粗暴等。

第二，方针政策的错误。如过分强调发展重工业，急于实现农业全盘集体化，搞“大清洗”运动、大党主义、大国主义等。

第三，发展战略的错误。如急于一国建成低标准的社会主义、输出革命、与西方对抗等。

第四，理论观点的错误。这些错误的理论包括国内阶级斗争愈益尖锐化理论，一国建成社会主义、共产主义理论，两个平行市场理论，资本主义世界体系总危机理论等。

第五，具体体制的错误。从20世纪20年代末到20世纪50年代初在国内形成并且巩固了过度集中的政治经济体制。在国际上使其他国家的共产党和其他共产党领导的社会主义国家也形成了过度集权的领导体制。这给国际共产主义运动造成了广泛而深远的消极影响。

(2) 斯大林时期形成的一些体制，在相当程度上背离了马克思主义。

斯大林带头实行个人集权制、领袖终身制、指定接班制，使社会主义国家的政治体制带上了君主专制色彩。从原因来看，斯大林开创的这“三制”是沙皇封建君主专制遗毒渗透到社会主义制度中来的产物。他实行的等级授职制（层层任命各级领导干部）和官僚特权制也受到了封建专制社会的影响。从总体上看，斯大林时期的具体体制不是高度集权而是过度集权。“高度集权”与“过度集权”一字之差，天壤之别。斯大林时期形成（或得到加强）的过度集中的政治经济体制，使苏联的社会主义制度带有浓重的军事封建专制主义色彩。这当然不能简单归结为斯大林个人的过错，而是有其历史根源和社会基础的。这些具体体制不仅使社会主义根本制度的优越性难以充分表现出来，而且使苏联模式的社会主义发生严重变形和扭曲，在相当程度上背离了马克思主义，为后来苏联和东欧各国的政治动荡或暴力突变（如罗马尼亚）埋下了祸根。

3. 重评赫鲁晓夫的“三和”路线

曾任苏共中央第一书记的赫鲁晓夫在1956年苏联共产党第二十次代表大会上和以后几年的所作所为，我们重新对其评价。

（1）关于和平共处、和平竞赛的问题。

苏联和美、英等资本主义国家曾经结成同盟共同打败德、意、日法西斯国家，并且达成战后在欧亚划分势力范围、维护世界和平的协议。但是战争结束不久，苏联和美、英等国的联盟随即破裂，主要是由于美、英等国不希望人民民主势力壮大，不希望社会主义影响扩大。1946年3月英国首相丘吉尔在美国富尔敦发表煽动反苏反共的演说，这可以看作东西方开始对抗的第一个信号。1947年3月美国总统杜鲁门制定了被称为“杜鲁门主义”的外交政策纲领，打出反共旗号，第一次把“冷战”作为对外基本国策，这标志着东西方关系进入冷战对峙的紧张状态。1949年4月美、英等国在华盛顿签署了《北大西洋公约》，结成军事集团组织，在西方进一步推行冷战政策。在东方，20世纪四五十年代，美、法等国在朝鲜半岛和印支半岛发动战争，旨在用武装消灭朝鲜、越南这两个新生的社会主义国家，并要与北大西洋联盟相配合，形成对中苏等社会主义国家的包围圈。为了对抗以美国为首的资本主义社会，以苏联为首的社会主义国家采取了一系列措施，并进行了数十年的斗争。

1953年3月5日斯大林逝世后，国际形势错综复杂，既有趋向缓和的势头，又有继续紧张的迹象。在中国、朝鲜人民的并肩战斗下，朝鲜战争于1953年7月27日签订《朝鲜停战协定》后停止，越南人民在1954年5

月 7 日取得奠边府大捷，7 月迫使法国在恢复印度支那和平的《日内瓦协议》上签字，并退出印支半岛。由苏、美、英、法四国发起的日内瓦国际会议，虽然在朝鲜问题上的谈判未能取得进展，但是在越南的问题上终于达成协议，为和平谈判解决国际争端、缓和国际紧张局势迈出了第一步。1955 年 4 月在万隆召开的亚非 29 个国家会议，倡议以和平共处五项原则作为促进世界和平与维护国际安全的基础。苏联政府在斯大林逝世后，为缓和国际紧张局势做了多方面的努力，例如，多次向联合国提出禁止原子武器、召开裁减军备国际会议的建议和方案；1954 年 11 月和 1955 年 5 月先后在莫斯科和华沙两次发起召开保障欧洲和平与安全的国际会议；1955 年 7 月由苏联倡议在日内瓦召开战后第一次苏、美、英、法四国政府首脑会议，商讨对德和约、欧洲安全、裁军和发展东西方接触等问题；等等。从 1953 年斯大林逝世后，整个国际形势的走向由剑拔弩张的冷战对峙状态开始转向左缓右紧的十字路口。在这历史转折关头，为了促进国际形势转向进一步缓和的大道，赫鲁晓夫在 1956 年 2 月召开的苏共第二十次代表大会上代表中央委员会所做的总结报告中，提出了关于现代国际局势发展中的几个原则问题，即后来被称为“三和”：和平共处、和平竞赛、和平过渡。

关于和平共处问题，赫鲁晓夫的报告中主要讲了四点：第一，列宁提出的和平共处原则“过去是现在仍然是我国外交的政策的总路线”，它不是权宜之计的策略，“而是苏联外交政策的基本原则”。第二，和平共处如果受到威胁，绝不是来自苏联和其他社会主义国家，因为社会主义国家已不存在把战争当作发财手段的阶级和集团，也不用“输出”革命的办法来推翻其他国家的资本主义。第三，和平共处原则日益广泛地获得国际上的承认，在目前形势下世界只有两条道路，或者和平共处，或者发动最具有毁灭性的战争，除此没有第三条道路。第四，社会制度不同的国家不仅能够和平共处，而且还应当改善关系，加强彼此信任，实行互相合作。

赫鲁晓夫在报告中还谈到关于现代防止战争的可能性问题。他主要提出三点：第一，只要帝国主义存在，引起战争的经济基础仍然存在，反动势力仍然会企图进行军事冒险和侵略，企图发动战争。第二，阶级力量即政治力量对比对战争能够起决定作用，现代世界战争并不是注定不可避免的，因为有社会主义国家的强大力量、一大批其他国家的人民反对战争的力量以及资本主义国家工人运动的力量。第三，一切反对战争的力量必须在一条统一战线上行动，各国人民保卫和平的斗争越积极，防止新战争的保证就越大。

赫鲁晓夫提出的以上这些观点，在当时乍暖还寒的国际气候中像是一股和煦的东风，使人们顿感清新、温暖。各国舆论都对此表示欢迎和赞赏。中国共产党最初也做出很高评价。党中央机关报《人民日报》曾赞扬赫鲁晓夫的报告，认为“它以深刻的马克思列宁主义的分析，总结了第十九次代表大会以来苏联人民在建设共产主义和争取国际局势和缓的斗争中所获得的成就，以现实生活本身的逻辑，论证了不同社会制度的国家可以和平共处的思想”。“‘战争并不是注定不可避免的’，这一坚定的信念，将鼓舞千千万万的和平保卫者为争取国际局势的普遍缓和而进行坚持不渝的斗争。”后又发表社论指出：“代表大会根据当前的国际局势，根据两种制度可以和平共处的列宁主义原则，制定了苏联在未来年月中的外交方针。”代表大会对于国际局势的“深刻的分析，对于全世界爱好和平的人士是巨大的鼓舞力量”。1956 年 9 月中共中央副主席刘少奇在中共第八次代表大会上明确指出：苏共二十大“提出了进一步促进和平共处和国际合作的主张，对于世界紧张局势的和缓作出了显著的贡献”①。到 1957 年 11 月，各国共产党在莫斯科举行国际会议并商讨《莫斯科宣言》《和平宣言》时，中苏两党在和平共处、战争可以防止这些重大国际问题上并没有发生分歧。但 1959 年 9 月赫鲁晓夫访美前，为了争取实现苏美合作，他说了一些过头话，或者一厢情愿、根本无法实现的话，或者理论上有片面性的话。例如，他把艾森豪威尔说成是“得到本国人民绝对信任的人”②，称赞“戴维营精神”是“历史的转折点”③。他认为当代“任何一个小小的局部战争都会成为引起世界大战的星星之火”。如果各国政府对全面彻底裁军都表现出应有的理解和采取现实主义的态度，那么“新的一年”（指 1960 年）

---

① 刘少奇．刘少奇选集：下卷．北京：人民出版社，1985：257.

② 在莫斯科群众大会上的讲话．1959-09-25.

③ 1960 年 1 月 1 日给艾森豪威尔的新年贺电。

将作为开始实现人类关于没有武器和军队的世界、没有战争的世界的宏伟愿望的一年而载入史册①。赫鲁晓夫还把和平共处引申为和平竞赛。他说：和平共处不仅是可能的，“而且是以这点为前提的，即通过和平竞赛，首先通过经济竞赛或者像你们所喜欢用的‘竞争’，来解决它们之间的分歧和矛盾”②。他还说：“必须努力使两种制度之间不可避免的斗争变成只是两种意识形态之间的斗争，变成和平竞赛。”③ 事实上当时亚、非、拉的民族解放运动，尤其是民族解放战争正处于高潮之中。帝国主义正大力到处扑灭民族独立之火，如 1960 年美国发动对印度支那的特种战争。1957 年苏联第一颗人造卫星上天之后刺激美国急起直追发展航天技术，美苏表面上谈判和平共处，背后正在激烈地进行军备竞赛。1960 年 5 月美国 U-2 间谍飞机侵犯苏联被击落，四国巴黎首脑会议因而流产。可见，不论从世界全局来看或者从苏美两国来看，当时真正实现和平共处、和平竞赛以及避免局部战争的条件并不成熟，因而难以做到。

社会主义国家与资本主义国家在战后经过 30 多年的较量，包括军事上的较量（如朝鲜战争和印支战争），双方都逐步认识到谁也不能用武力摧毁谁；核武器的进一步发展使有识之士逐步认识到在核战争中没有胜利者，其结局将是人类的大毁灭；到 20 世纪 70 年代末，帝国主义殖民主义体系全面瓦解，上百个新独立国家走上发展民族经济文化的道路；以电子信息为先导的新科技革命为各国的发展展示了光辉的前景；资本主义国家热衷于在高科技领域进行竞争；社会主义国家着力在改革与开放中增强自己的活力。这么多因素聚合在一起，使和平与发展成为当代世界的两大主题，战争与革命的时代显然已经开始让位于和平与发展的时代。这样，两种制度的和平共处、和平竞赛以及防止战争的可能性问题，就成为当代具有可能性和现实性的全球重大问题。

（2）关于和平过渡的问题。

和平共处、和平竞赛是国际问题、对外政策问题，而和平过渡是国内

① 在维也纳记者招待会上的讲话. 1960-07-08.

② 1958 年 2 月 21 日答墨西哥《至上报》记者问。

③ 在苏联最高苏维埃会议上的报告. 1960-01-14.

问题、对内政策问题。但是两者却有着内在的紧密的联系。赫鲁晓夫在苏共二十大的报告中，把和平共处、战争可以避免、和平过渡合在一起，作为现代国际局势发展中的三个原则问题来讲。

自从十月革命以后，资本主义各国共产党成立以来，在整个第三国际时期（1919—1943 年），一直都是奉行十月革命武装起义的道路，把议会和平过渡申斥为社会民主党的改良主义、修正主义道路。然而，在整个第三国际时期，却没有任何一个发达资本主义国家的共产党举行过一次像样的武装起义，更没有取得武装起义的胜利，即使在 1929—1933 年那样空前严重、谈虎色变的经济危机时期也没有爆发过暴力革命。反之，由于奉行暴力革命的路线，不少国家的共产党经常遭到迫害，甚至处于非法的地下斗争状态，难以发展壮大。因此早在 20 世纪 30 年代中后期，一些党如法国共产党、美国共产党就曾尝试性地提出不搞暴力革命而要通过人民阵线通往社会主义的设想，但是成效不大。到第三国际解散、第二次世界大战结束后，不少发达国家的共产党在总结历史经验教训、考察现实情况变化的基础上，几乎不约而同地纷纷明确提出和平过渡的设想。1945 年意大利共产党制定了改革社会结构的革新纲领。党的总书记陶里亚蒂认为：“可以预见到，这个纲领的实施就是逐步走近社会主义社会，而且走近这个社会的方式不是诉诸使用暴力和举行起义，而是通过劳动群众在民主基础上开展斗争和取得胜利。”① 1946 年 11 月 17 日，法国共产党总书记莫里斯·多列士在同《泰晤士报》记者的谈话中说：“民主在世界取得了进展……这使人设想要走一条区别于俄国共产党人的社会主义道路的模式。但无论如何，各国的道路是不同的，这一点是肯定的。我们一贯认为并强调指出，具有光荣传统的法兰西人民一定能找到更广泛的民主、进步和社会主义的道路。”② 其他党，如美国共产党、英国共产党、加拿大共产党、澳大利亚共产党、新西兰共产党等在 1956 年之前也都已在新通过的纲领中明确提出和平过渡的主张。1951 年英国共产党还是在斯大林的指导下制定了通过竞选争取议会多数走向社会主义的纲领。当时一些共产党提出的和平过

① 陶里亚蒂．意大利共产党．北京：世界知识出版社，1959：72.
② 瓦利．欧洲共产主义的由来．北京：中国社会科学出版社，1983：135.

渡主张并没有在国际共产主义运动中引起重视和论争。

赫鲁晓夫于1956年苏共二十大上提出发达的资本主义国家有可能和平过渡到社会主义的观点后，举世瞩目，各国共产党纷纷表态。当时在国际共产主义运动中回荡着一片和平过渡声。唯独中国共产党最早对这一方针持有异议。在1956年4月，即在苏共二十大召开以后不到两个月，毛泽东在同苏联驻华大使尤金的内部谈话中就提出了不同的意见。1956年9月在中共八大上，刘少奇虽然在报告中从总的方面肯定了苏共二十大以及和平共处等方针，但是唯独没有提到和平过渡问题，反而从中国经验说明“试图经过和平的道路实现中国的社会政治改革”之路不通。刘少奇还把武装斗争与和平过渡问题提到究竟是“采取革命的路线，还是采取机会主义的路线”的高度，暗含着对赫鲁晓夫和平过渡路线的批判。在1957年莫斯科各国共产党和工人党国际会议上，中苏两党的争论主要是能否和平过渡的问题。中共代表团曾提出《关于和平过渡问题的意见提纲》，表明从策略观点出发提出和平过渡的愿望是有益的，但是不宜过多地强调和平过渡的可能，否则会松懈革命意志，解除思想武装，况且这种可能性现在还没有一个国家具有现实的意义，即便取得议会的多数，不等于摧毁旧的国家机器、建立新的国家机器。经过争论，为了在会议要通过的《莫斯科宣言》中与苏共二十大的提法相衔接，中共做了妥协，同意以苏共中央提出的草稿为基础，只在个别地方提出修正。结果在《莫斯科宣言》中折中地反映了双方的观点，一方面肯定在一些资本主义国家里有可能“不经过内战而取得政权”，“使议会从为资产阶级的阶级利益服务的工具变成为劳动人民服务的工具，同时开展议会外的广泛的群众斗争，摧毁反动势力的反抗，为和平实现社会主义革命准备必要的条件”；另一方面又强调“在剥削阶级对人民使用暴力的条件下，就必须考虑另外一种可能，即非和平地过渡到社会主义。列宁主义教导我们，而且历史经验也证明，统治阶级是不会自愿让出政权的”①。会后双方各持己见、各取所需，互相谴责对方背叛了《莫斯科宣言》。

① 新华半月刊，1957 (24)：4.

为什么国际上绝大多数共产党都赞同和平过渡的方针，唯独我们持坚决反对态度呢？根本原因在于：第一，我国是长期坚持武装斗争取得政权的，不免容易把自己的经验绝对化、普遍化、神圣化，以自己的独特经验对马克思列宁主义做教条主义式的理解；第二，我国原来缺少议会民主传统，对发达资本主义国家议会民主和共产党斗争的情况了解不多；第三，苏共对这个重大问题的论证并不充分，或者我们无法接受。赫鲁晓夫在苏共二十大上主要是从国际形势的变化和国际阶级力量对比的变化来说明资本主义国家的内部议会和平过渡的可能性。实际上，国际形势的变化对某一国国内的斗争的影响是有限的。赫鲁晓夫显然认为，国际上的和平共处、和平竞赛、避免战争为国内的和平过渡创造有利条件，而国内的和平过渡又有利于国际上的和平共处、和平竞赛、避免战争。国际和国内虽然有一定的联系，但是也不能等同，国内的斗争主要还是取决于国内阶级力量的对比和历史传统等。

经过近 30 多年的实践检验证明，如果说不发达国家还难免爆发暴力革命的话，那么发达国家因实现了新科技革命，产业结构、经济结构、阶级结构和工人阶级的工作生活状况都发生了很大变化，国家职能也有所变化，民主也有所扩大，所以长期不存在暴力革命形势，今后就更难出现暴力革命形势；反之，工人阶级却可以利用议会民主进一步争取自己的权益。1957 年时赫鲁晓夫所设想的共产党与社会党配合行动去争取议会多数、实现和平过渡的道路，今天看来也还是很有见地的。总之，当年赫鲁晓夫提出的“三和”观点是觉察到了历史的航道应该改向了。

三、苏联社会主义的失败*

1. 对苏联兴亡的基本看法

20 世纪世界社会主义运动的头等大事是苏联的兴亡。为什么这第一个

---

* 本节内容选自：高放．苏联兴亡通鉴：六十年跟踪研究评析．北京：人民出版社，2011.

社会主义大国“其兴也勃焉，其亡也忽焉”呢？这是必须认真思考和总结的，以便从中吸取经验教训，避免重蹈覆辙。

（1）俄国在特殊历史条件下第一个走上社会主义道路。

马克思、恩格斯在19世纪预计社会主义将首先在资本主义较为发达的英、法、德等国取得胜利，他们从未预言俄国将首先实现社会主义。有人认为，1871年巴黎公社失败后，马克思、恩格斯已把首先实现社会主义的希望寄托在东方国家，寄托在俄国，这是不符合实际的。直到1917年4月俄国社会民主党举行代表会议时，列宁仍然认为德国无产阶级首先实现社会主义的可能性最大。俄国资产阶级临时政府镇压群众示威游行（七月流血事件）后，列宁才提出俄国要带头进行社会主义革命的问题。

1917年的十月革命是特定历史条件的产物。当时俄国人民渴求解决的“和平、土地、面包”三大问题，只有无产阶级掌握政权才可能解决。不能认为俄国先走上社会主义道路从根本上违背了马克思主义，这实际上是对马克思主义的新发展。因为俄国已有一定的现代工业和工业无产阶级，有无产阶级政党的坚强领导，又有广大农民和被压迫民族作为同盟军，人民大众迫切要求退出帝国主义大战。资本主义列强又在帝国主义大战中互相削弱，无暇东顾。以上这些都为俄国第一个走上社会主义道路创造了条件。

（2）苏联共产党始终未能掌握不发达国家实现社会主义的特殊规律。

俄国国情区别于英、法、美等发达国家。第一，俄国现代化成果少，大工业发展不足（1913年工业只占国民经济的41.2%），资产阶级民主议会制度未建立，资产阶级掌握政权才8个月，即从1917年3月至11月。第二，俄国封建糟粕遗留众多，表现为地主土地私有制、宗法经济、自然经济仍然存在，君主专制传统深，官僚等级观念深，个人崇拜盛行。像俄国这样不发达的国家首先走上社会主义道路，可以说先天不足，后天失调，因此难以健康发展。

不发达国家实现社会主义要正确处理好封建主义、资本主义、社会主义、共产主义的关系。这四个主义反映社会发展的四个阶段，不能简单跳跃。不发达国家应该彻底铲除封建主义，适当利用资本主义，不能急于过渡到社会主义，更不能急于过渡到共产主义。

苏联共产党反封建主义主要是进行土地制度改革，消灭地主阶级。个人专制、个人崇拜、文化专制主义等对苏联共产党的危害极大。列宁领导期间（1917—1923年）未能彻底完成反封建主义的任务。他于1921年提出新经济政策，企图利用国家资本主义迂回过渡到社会主义。后来斯大林于1929年提前结束新经济政策，全面向资本主义进攻，并于1936年急于宣布建成社会主义，1939年急于宣布要过渡到共产主义，1946年又提出一国可以建成共产主义的论断。苏联在20世纪二三十年代的社会主义建设中依靠工农政权和广大群众的革命热情，虽然取得了巨大的成就，但是急于求成，违背了不发达国家实现社会主义的特殊规律，埋下了祸根。

苏联共产党还急于由它领导世界革命取得胜利，输出革命的企图屡遭挫折，大国主义干预严重，总想以苏联模式强加于人。实践证明这些做法都非常有害。

急于求成、急躁冒进是苏联共产党长期推行“左”的路线的思想认识根源。

(3) 苏联社会主义社会的三大矛盾。

苏联在1917至1936年的过渡时期解决了社会主义同资本主义“谁战胜谁”的问题之后，斯大林认为，苏联社会主义社会生产力同生产关系完全适合，全国形成了政治上道义上的一致，各民族人民的友谊得到发展，社会上“呈现出一幅工人、农民和知识分子友爱合作的图景”①。实际上，从1936年苏联宣布建成社会主义社会起，苏联社会就存在三大矛盾。

第一，“左”的路线和过度集权的党政领导体制同社会主义社会要求大力发展生产力、发展自由民主法治的矛盾。苏共执政74年，从党的基本路线看，约有60年都在推行“左”的路线。只有1921—1929年这9年奉行的新经济政策是正确的，其间也还有局部“左”的错误，例如，1925年前后党内斗争过火，1928年对粮食收购危机处理不当，等等。从1929年起斯大林就转向推行“左”的路线，虽然在实践中也取得不少成就，但是

---

① 斯大林．斯大林文选（1934—1952）：上．北京：人民出版社，1962：237.

付出了沉重的代价，造成了社会结构的失衡，也失去了民心。1953年斯大林逝世之后，赫鲁晓夫虽然在对内对外政策方面做了局部调整，但是主导依然是“左”。他提出和平共处、和平竞赛只是对帝国主义的缓兵之计。他还把“和平过渡”路线强加给其他国家的共产党，不尊重其他国家共产党的独立自主。在国内，他搞“全民党”“全民国家”，指出要在70年内赶超美国。他实现的共产主义也是急于过渡的共产主义。戈尔巴乔夫上台前两年多依然是走“左”的路线。到出版《改革与新思维》，尤其是苏共第十九次代表大会之后才转向右的路线。戈尔巴乔夫为何从“左”的路线转向右的路线？主要是因为“左”的路线长期改不了，越来越多的群众对改革失望，所以他尝试转向西方的多党制、议会民主与市场经济寻找出路。这些“左”的路线和政策使广大人民和党员对党和党领导的改革完全失望，最后促使右的势力抬头。

第二，党政官僚特权集团同人民大众的矛盾。从20世纪20年代起，苏联党政领导官员享有的特权越来越多，到20世纪30年代中期宣布建成社会主义社会时显然已经形成一个官僚特权集团。他们的工资待遇高出熟练工人几十倍，还实行兼职兼薪，高干享有特种供应、别墅等特权。赫鲁晓夫想做一些改革，遭到强烈反对。到勃列日涅夫时期特权更加膨胀，引起广大人民群众的强烈不满。特权集团成为改革的主要阻力。他们时常披着马克思列宁主义的外衣扼杀改革中提出的创新思想。例如，苏联理论界从布哈林到沃兹涅夫斯基，从尤罗夫斯基到列昂节夫，有不少人先后在不同程度上提出社会主义要发展市场经济，均被扣上“右倾机会主义”“资产阶级思潮”“修正主义”等帽子。

第三，大俄罗斯主义同各民族人民的矛盾。历史上俄国帝国主义殖民统治的特点主要是压迫国内各少数民族。1917年，俄罗斯民族只占全国人口的43%，一半多人分属于各种各样的民族。从民族大监狱到民族大家庭本是很大的历史进步，列宁采取分立制与联邦制解决民族问题。除芬兰、波兰、波罗的海沿岸三国分立出去以外，大多数民族结成联邦。苏联多年来向各民族地区大量移民，推行俄语，多次批判地方民族主义，推行反犹太主义，实行民族大迁徙，排斥民族干部，在宗教、语言等问题上推行

“左”的政策。尤其是 1939 年苏德签订密约，1940 年把波罗的海沿岸三国归并苏联，又加速进行社会主义改造，这留下很大后遗症。

勃列日涅夫时期鼓吹苏联已经形成各民族人民“新的历史共同体”，以此掩盖民族矛盾。戈尔巴乔夫后期处理历史问题不当，例如，搞“公开性”“民主化”，承认 1939 年确实签订过苏德密约，由苏德两国瓜分东欧势力范围，这样激化了民族矛盾。波罗的海沿岸的爱沙尼亚、拉脱维亚和立陶宛三国人民和领导人认为被苏共和苏联领导欺骗了几十年，于是率先带头从苏联分立出来。

（4）三大社会矛盾导致三种危机和三个灭亡。

苏联社会存在的三大矛盾长期未能得到解决。苏共讳疾忌医，长期粉饰太平，认识不到苏联病根病源所在，虽然有过改革，但改革只是局部的、枝节的。到 1985 年戈尔巴乔夫上台时苏联已经重病在身。从病夫治国无方到治病夫之国乏善，致使苏联经济危机、社会政治危机和民族危机不断加深。

戈尔巴乔夫从 1987 年以后转向右的路线，更加重了三大危机。1989—1991 年社会三大危机加剧。为解决社会危机，社会上出现了三大思潮与三大政派：其一是以叶利钦为首的党外民主派，想从私有化市场经济和西方式、议会民主政治以及多党制找出路；其二是以戈尔巴乔夫为首的苏共当权派，想从瑞典式民主社会主义找出路；其三是以利加乔夫为首的苏共保守派，想维护苏联模式，只做一些小的修补。前两派既有共同点，又有区别。起初是以戈尔巴乔夫为首的苏共当权派占上风，1991 年“8·19 事件”后以叶利钦为首的党外民主派力量骤升，反映了苏联大多数人都害怕再恢复到过去“左”的路线和过度集权的模式。

三大危机最终促使三个灭亡，即苏共亡党、苏联亡国、原有的社会主义制度灭亡。

（5）西方的“和平演变”在苏联解体中的作用。

从苏联建立起，西方资本主义列强就敌视社会主义，两次武装入侵苏联，但都遭到失败。

1946—1989 年，美苏处于冷战状态，双方长期争夺世界霸权。20 世纪50年代中期以来，美国转向以“和平演变”战略为主，争取社会主义国家自行瓦解。西方为推行“和平演变”采取了经济、政治、文化、思想等多方面的攻势。西方的“和平演变”政策从根本上说是以其新科技革命的成果为物质后盾，针对苏联路线和体制上的弱点使用三大武器：以市场经济改计划经济，以议会民主改过度集权的党政领导政治体制，以多元文化、思想自由改文化思想专制主义。

要从根本上防止西方的“和平演变”，就要认清“科技是第一生产力”，加快体制改革，实行科教兴国战略，追赶世界科技革命新潮流；就要自觉地从传统计划经济体制逐步转轨到市场经济体制；就要自觉地从传统过度集权的党政领导政治体制逐步转轨到党政分开、权力合理配置（有选举、有制约、有监督）的民主政治；就要自觉地从传统文化体制逐步转轨到真正实行“双百方针”的思想文化体制。

苏共领导人长期思想僵化，抱残守缺，未能采取正确的路线方针，未能改革有严重弊端的经济政治文化体制，未能追赶上世界科技革命的新潮流，严重脱离了各民族广大人民群众，终于被人民群众抛弃，被西方“和平演变”过去。

（6）苏联改革是否必然失败？如何从苏联解体中吸取教训？

有人认为到戈尔巴乔夫上台时苏联已经没法治了，也就是任何人上台都治不了，实际上未必如此。苏联模式固然有沉疴宿疾，但是如果治疗得法还是能够起死回生的。苏联改革本应从解放思想、实事求是入手，改革僵化、封闭的体制，发展党内民主和苏维埃民主，发展社会主义民主与自由，改善党的领导，使最高苏维埃成为名副其实的国家最高权力机关，真正发挥舆论对权力的监督作用，激发广大党员和广大人民群众的积极性、主动性和创造性，从而使苏联重新振兴，国际竞争力增强。但苏共领导人不是去发展社会主义民主，而是把西方的议会制、多党制引进苏联，结果把政局搞乱了。

有人谴责戈尔巴乔夫在苏联解体中所起的恶劣作用，而很少深思他一个人为什么会起那么大的作用。如果苏共真是一个强大的马克思主义政党，苏共领导人不扼杀党内民主自由，不脱离人民群众，不奉行一些错误的纪律，苏联也不至于偏离了社会主义道路。

从苏联解体中应吸取的教训是：在改革中要首先解放思想、实事求是，提高全党的马克思主义水平；要端正党的路线；要改革党政权力过度集中的体制；要自觉铲除党政官僚的特权；要发展党内民主，以增强党的战斗力和领导力；要发展人民民主，以发挥人民群众的决定作用，全面推进社会主义改革。这些涉及社会主义兴衰成败、生死存亡的举措，非常重要。

2. 吸取苏东剧变教训，发展科学社会主义

近四百年来世界的发展，大多数国家先后都走上资本主义道路。中国从明朝末年起多次进行资本主义道路的尝试，都失败了。中国人民经过反复比较，终于选择了马克思主义的科学社会主义道路。中国走上社会主义道路之后，取得了巨大的成就。特别是改革开放以来，中国取得举世瞩目的成就。那么，未来中国的社会主义将是什么样的？如何吸取苏东剧变的教训？值得深思。

苏联是第一个社会主义国家，马克思的科学社会主义理论首先是在苏联付诸实践的。后来东欧也实现了社会主义。苏联解体、东欧剧变对科学社会主义理论提出了严峻的挑战。一些美国学者认为，苏联的解体标志着社会主义的大失败。其实，苏联、东欧的失败，追根溯源是教条主义和封建主义害了社会主义。不能划清科学社会主义和教条主义、封建主义的界限，是不发达国家实现社会主义面临的特殊问题。

按照马克思、恩格斯的设想，社会主义将首先在发达的资本主义国家取得胜利。由于种种原因社会主义至今还没有在英、美等国实现。20 世纪进入社会主义的苏联、东欧和东亚十几国都是不太发达甚至很不发达的国家。不发达国家进入社会主义面临着处理封建主义、资本主义、社会主义、共产主义四者之间的关系问题。消灭封建主义应该是资本主义阶段的任务，而不发达国家都没有经过资本主义充分发展的阶段，所以要在社会主义阶段附带来完成这个任务。现在回过头来看，以往走社会主义道路的苏联、东欧等国封建主义铲除得不彻底，却在生产力水平不高的情况下，

教条式地急于消灭资本主义，急于过渡到社会主义甚至共产主义，这些做法都不符合不发达国家实现社会主义的特殊规律。不发达国家实现社会主义，如果不彻底铲除封建主义，让封建主义与教条主义相结合，就会在具体体制上产生弊病，在方针政策上产生失误，因而社会主义制度的优越性难以充分发挥出来。

教条主义阻碍了社会主义经济的发展。例如，马克思曾设想，社会主义在过渡时期要实行国家所有制，但是他设想这个过渡时期不会很长；经过过渡时期后，国家就要消亡，那时社会主义公有制就不是再归国家所有，而是归社会自治体所有，即“自由人的联合体”所有。斯大林根据不发达国家长期处于资本主义包围之中等情况，提出了在建成社会主义社会之后国家不能很快消亡，这是斯大林对科学社会主义的发展。那么，在保留国家的情况下，怎样实现劳动人民对企业的所有权呢？这个问题苏联长期没有解决好。在苏联，企业的计划由国家制订，产品由国家统一调拨，价格和工资由国家统一规定，领导人由国家指派，这样广大人民很难实现当家作主，也很难对领导进行有效的监督，出现的官僚主义、干部特权等都阻碍了社会主义经济的发展。

教条主义处理不好计划经济和商品经济的关系。马克思根据发达国家的情况，看到资本主义商品经济的弊害，看到社会化大生产的高速发展可以实现有计划的产品经济，所以他提出将来社会主义社会取消商品经济，实行计划经济、产品经济。但是不发达国家没有经过商品经济的充分发展阶段，由原来的自然经济跳入计划产品经济，会出现很多问题。的确，在20世纪二三十年代以至50年代，苏联的计划经济表现出了它的优越性。但是20世纪60年代以后，情况发生了很大的变化。世界发生了一场以信息技术为先导的新科技革命，计划已不适应经济和科技的发展，市场经济在发达资本主义国家的作用越来越大。社会主义国家要进行经济体制改革，但大多数社会主义国家的改革迈不开大步，它们始终认为社会主义经济必须是计划经济，不能是商品经济，并把商品经济和计划经济对立起来。

苏联在斯大林之后思想还是长期僵化，不能突破教条主义的束缚。戈尔巴乔夫从 1985 年上台到 1988 年，一直还是提社会主义计划经济，只是要利用商品货币关系。所以，苏联从 1985 年到 1988 年经济改革一直迈不出大步，未能取得显著成效。从 1988 年下半年到 1991 年，苏联在这个问题上发生急剧的转变。最初把社会主义计划经济改为“计划-市场经济”，进一步又改为“可调节的市场经济”，最后改为“市场经济”。叶利钦明确提出要搞私有化的市场经济。这样，苏联经济就完全投向了西方。关于计划经济与市场调节如何结合的问题还需要我们继续探讨，需要我们在总结实践经验的基础上逐步加以解决。

封建主义对社会主义的影响在上层建筑中比较多。社会主义国家必须要有中央集权。苏联过去的弊病是权力过度集中，甚至在中央出现个人集权制、领导职务终身制、指定接班人、干部特权、任人唯亲等等，这些制度和现象的出现都是受封建专制主义的影响。这些政治体制中的弊端如果长期不改，社会主义民主必然受到限制，广大群众的积极性必然受到压抑。

总之，苏东剧变有内因和外因，要进行综合分析，不能把复杂的问题简单化。中国应该坚持和发展科学社会主义理论，继续清除教条主义和封建主义的影响，坚持基本路线，不断改革原有经济体制和政治体制中的弊病，严惩腐败，端正党风，坚持改革的社会主义方向，反对资产阶级自由化，建设有中国特色的社会主义，这样中国的未来必定更加光辉灿烂。

第七章　世界社会主义发展的曲折历程

一、世界社会主义 500 年历史的观察与思考*

1. 世界社会主义 500 年历史的发展态势和运行规律

历来各家各派对什么是社会主义有各种各样的理解和表述。英国学者格里菲斯于 1924 年在伦敦出版的《什么是社会主义?》一书指出了社会主义的 260 多种定义。笔者也曾对社会主义进行了概括。简而言之，社会主义是能消除资本主义剥削压迫、争取劳动人民福利权益、实现劳动人民当家作主的社会思潮、社会运动、社会制度和社会形态。从这个定义中可以看出，社会主义是资本主义的继承物、对立物、取代物和创新物，即社会主义既要继承资本主义文明的成果，又要克服资本主义的矛盾，更要取代资本主义，开创比资本主义更新更好更高的文明社会，使劳动人民得到自由解放和全面发展，享有幸福美满的生活。社会主义的核心内容理应是在

---

* 原载《观察与思考》2016 年第 09 期。

生产社会化高度发达的基础上以生产资料社会所有制取代生产资料的资本主义私有制。长期以来，诸多革命先辈都认为，可以通过世界革命很快由劳动人民掌握政权，消灭资本主义私有制。实践证明，世界资本主义迄今还有较强的自我调节力和生命延续力，劳动人民的联合斗争只能逐步减少资本主义的剥削压迫。社会主义是一种相对独立的社会形态，不能急于过渡到共产主义。共产主义是人类社会长期奋斗的目标，是比社会主义更高级的发展阶段和社会形态。

世界社会主义 500 年的历史经历了社会主义思想从乌托邦到科学的发展、社会主义运动从理论到实践的转变、社会主义制度从一国到多国的演进和社会主义革新从地区到全球拓展的四个进程。世界社会主义、共产主义取代世界资本主义，从世界资本主义过渡到世界社会主义、共产主义，是一个漫长的历程。实现世界社会主义要有耐心，要艰苦探索，不能急于求成、冒失猛进。

从世界社会主义 500 年的发展态势，可以认识到世界社会主义的运行是有其内在规律的。大体上包括以下五个要点：

第一，世界社会主义是严格遵循、紧密跟随社会生产力的提高而发展，而社会生产力主要是依靠科学技术的进步而提高。因此世界社会主义取代世界资本主义是一个自然的历史进程，不能违背社会生产力水平人为地缩短和改变这个历史进程。科学社会主义创始人马克思、恩格斯正是以 18 世纪末由蒸汽化为先导的机械化社会化大生产的发展为依据，论证了资本主义必然灭亡、社会主义必然胜利的“两个必然”的客观规律。同时，马克思于 1859 年在《〈政治经济学批判〉序言》中又深刻指出了“两个决不会”的客观规律。他说：“无论哪一个社会形态，在它们所能容纳的全部生产力发挥出来以前，是决不会灭亡的；而新的更高的生产关系，在它存在的物质条件在旧社会的胎胞里成熟以前，是决不会出现的。”① 我们对马克思提出的“两个必然”和“两个决不会”的原理要结合起来理解，即从长远来看是“两个必然”，而从近期着眼则是“两个决不会”。资本主义

① 马克思，恩格斯．马克思恩格斯全集：第 13 卷．北京：人民出版社，1962：9.

的英国在18世纪末带头掀起蒸汽化的第一次科技革命以后，在19世纪中后期美国又率先兴起电气化的第二次科技革命，到20世纪60年代美国又领军兴起信息化的第三次科技革命。资本主义国家在众多科技领域还遥遥领先。虽然资本主义国家多次发生经济危机，但是它们都安然渡过，使社会生产力得到新的发展，所以世界资本主义在近期内是绝不会灭亡的。我们对世界社会主义取代世界资本主义的自然历史进程要树立持久战的观点。社会主义的中国要在科技创新方面超过美国，需要数十年甚至上百年的艰苦奋斗。

第二，世界社会主义的自然历史进程，绝不是坐等社会生产力大发展之后社会主义从天而降，而是要依靠"全世界无产者，联合起来!"开展多种形式的斗争去努力争取。然而，100多年来世界社会主义运动的实践表明，不但全世界无产者难以持久联合起来，即便一国之内的无产者也不易联合起来，需要对广大工人和劳动人民进行长期的社会主义理论教育和灌输，才能使无产阶级从自在的阶级变为自为的阶级，使工人运动从自发的斗争转变为自觉的斗争，从而使劳动大众在争取世界社会主义的斗争中发挥创造历史的伟大作用。100多年来国际工人运动的实践表明，劳动时间的缩短，工资的提高，住宅、受教育、医疗保险等方面的改善，都是工人阶级长期坚持不懈斗争而享有的成果。工人阶级的自由解放和社会主义的逐步实现都只能由工人阶级自己联合起来并且联合广大劳动人民坚持不懈斗争而取得。新科技革命的发展，更使得工人阶级队伍多元化，涌现了五颜六色衣领的工人，即除了传统蓝领工人之外，还有众多白领工人（管理人员）、灰领工人（工程技术人员）、绿领工人（环保人员）、金领工人（高级经管人员）、粉领工人（女教师、女会计师等）①。这使得"全世界工人联合起来"具有广泛性、长期性和艰巨性。如果说社会生产力的发展是实现世界社会主义的客观条件，那么工人和劳动人民的群众性斗争则是实现世界社会主义的主观条件。

第三，世界社会主义的实现有赖社会主义政党的正确领导。近现代世

① 高放. 纵览世界风云. 北京：中国书籍出版社，2002：162.

界政治是政党政治，由政党代表本阶级通过民主竞选取胜领导国家政权，这是资本主义政治文明的产物。政党具有政治性、阶级性、组织性、民主性和前沿性（站在政治斗争前沿）五个特性，政党政治另具有公开性、群众性、竞争性、选择性和轮替性五个特性。社会主义政党要领导无产阶级和人民大众来开展阶级斗争，才能逐步改善劳动人民的处境，进而掌握国家政权、建设社会主义制度，使工人阶级和劳动人民得到自由解放和全面发展。由于工人阶级之中有先进部分与后进部分之分，所以 100 多年来形成两类社会主义政党，即共产党与社会党。前者奉行科学社会主义和革命主义路线，后者推行民主社会主义和改良主义路线，两军对垒，长期对抗。100 多年来社会主义运动的实践表明，这两类政党合（作）则两利，斗（争）则俱伤。苏联和东欧多国共产党在掌握政权后，由于违背政党和政党政治的特性，破坏党内民主，缺少公开性、群众性、竞争性，一党长期垄断国家政权，缺少社会主义民主，又一再延误政治体制改革，因而到 1989 年至 1991 年间败亡，被广大人民群众抛弃。社会党虽然也在欧洲多国执政过，但是其改良主义路线过多迁就资产阶级，成就也不大。可以说，共产党和社会党的自我革新及其彼此关系的改善，对于今后世界社会主义的顺利发展至关重要。

第四，按照马克思、恩格斯的预测，社会主义将首先在西欧资本主义最发达的英、法、德、美等国几乎同时取胜，然而到 20 世纪实现社会主义的主客观条件发生了很大变化。西欧资本主义列强善于自我调节并笼络无产阶级，所以，没有爆发社会主义革命；社会党推行改良主义，执政后更多安抚无产阶级，使无产阶级更缺少革命意识。而东欧和东亚较为落后的国家，由于社会矛盾众多而且尖锐，加上拥有先进工人阶级社会主义政党领导，奉行革命路线，因此率先走上社会主义道路。1917 年俄国十月社会主义革命首先在一国取得胜利，第二次世界大战后，在苏联的援助下东欧东亚有十几个落后国家也走上社会主义道路，这些国家都取得了不同程度的成就。然而 1989—1991 年间却有国家丢失了社会主义成果，这些国家共产党也纷纷灭亡或者改变为社会党。世界社会主义遭到如此重创，该如何从社会主义发展规律上进行深层次剖析呢？国内外思想理论界有两种各走极端的意见。一种观点认为，落后国家缺少资本主义文明成果、有较多封建专制主义糟粕，根本不具备实行社会主义的足够条件。另一种观点则认为，这些国家大都有一定的现代化工业和无产阶级，更有共产党的坚强正确领导，在社会主义建设中都取得成就，它们失败的主要原因是党的领导层出了叛徒，推行机会主义、修正主义路线。笔者认为，落后国家率先走上社会主义道路是符合20世纪的特殊历史条件的，是合乎规律的。苏东剧变的深层原因在于共产党领导人未能掌握不发达国家实现社会主义的特殊规律。这个特殊规律包括以下四个要点：第一，要彻底铲除封建主义余毒，不能让专制主义等渗透到社会主义体制中来；第二，要充分利用资本主义文明成果，不能急于消灭资本主义；第三，要逐步发展社会主义，不能用党政命令和群众运动的办法急于过渡到一大二公三高四纯的社会主义；第四，要让领导人以身作则，做出“社会公仆”的表率，与民众同甘共苦，逐步为长远的共产主义目标做准备。简而言之，要处理好封建主义、资本主义、社会主义、共产主义这四个主义之间的关系，否则难免失败。苏联模式的失败还使我们体会到：社会主义，理应以社会为主义，为社会而主义，由社会出主义，靠社会显主义；可是苏联模式社会主义却是只以一党为主义，只为国家而主义，只由领袖出主义，只靠媒体显主义；这样一个由政党、国家、领袖和媒体严密控制的社会使得人民大众组成的社会难以正常发育、成长壮大。有的学者既深刻又形象地说，苏联是“没有社会的社会主义”①。这种社会主义一再延误自我革新，所以最终被人民群众抛弃。

第五，世界社会主义必须由发达国家与发展中国家的工人阶级、人民大众与社会主义政党通力合作，并肩战斗，才能壮大实力，取得更多的成就。世界社会主义运动，19世纪在西欧先进国家起步，积累了正面的经验，20世纪在东欧和东亚落后国家首先取得胜利，进而壮大了实力、增添了经验，后又从苏联东欧的挫败中汲取了反面的教训。思想理论界有人认为，社会主义首先在落后国家胜利是普遍规律，不仅在20世纪是这样，而

① 张光明．马克思的社会主义与发展市场经济问题．中国特色社会主义研究，2007（2）．

且到21世纪也会如此①。笔者认为，这是把20世纪的特殊经验绝对化、普遍化，既违背学理，也不符合实际。20世纪50年代以来，亚、非、拉众多国家摆脱了帝国主义殖民统治，取得了民族独立，走上了资本主义发展之路，减少了国内封建主义压迫，缓解了一些国内矛盾，共产主义政党的势力也大为削弱。所以，发展中国家要想像20世纪那样，由共产党领导人民大众经过新民主主义革命再转上社会主义道路，已经难上加难。而欧美发达国家经过一百多年的发展，生产力社会化水平更高，国家政府的社会职能更强，国内社会主义因素逐渐增多，可以说其发展程度比之发展中国家更接近社会主义。所以，发达国家和发展中国家的两股工人运动和社会主义势力可能在新水平上加强合作，共同推进世界社会主义。尤其是中国，作为发展中国家，在中国共产党的领导下从1978年起进行社会主义革新，取得巨大成就，并与各国共产党、社会党有广泛联系，为全球社会主义力量的联系与合作起到促进作用。

2. 如何看待社会主义思想从乌托邦到科学的发展

乌托邦社会主义是世界社会主义历史上的第一个长波，它以1516年莫尔所著的《乌托邦》为起点，到1849年英国欧文所著的《人类思想和实践中的革命》为终点，历经了333年，占世界社会主义历史500年的66%。马克思、恩格斯对乌托邦社会主义既继承其合理的科学因素，又批判其空想的根本错误，更创立了崭新的科学体系，终于使乌托邦社会主义发展并转变为科学社会主义、科学共产主义。实现并完成这个发展和转变的关键，不仅是由于马克思、恩格斯建立了唯物史观，发现了人类社会发展的一段规律，建立了剩余价值理论，发现了资本主义社会发展的特殊规律，而且还由于他们认清了无产阶级的历史使命，论证了无产阶级政党和政权的历史作用，发现了从资本主义过渡到社会主义、共产主义的特殊规律。正是由于马克思、恩格斯发现了这三大规律，即人类社会历史发展的一般规律、资本主义社会运行的特殊规律和从资本主义过渡到社会主义的特殊

① 许征帆，李润海．社会主义发展道路论．济南：山东人民出版社，1999．

规律，才使乌托邦社会主义发展并转变为科学社会主义、共产主义。

我们还要弄清一些重要概念的历史演变。“乌托邦”一词在1516年就已出现，“社会主义”一词直到1803年才在书刊上露头，1832年在法国圣西门派的刊物上才把“社会主义”作为与资本主义对立的未来理想的社会制度的名称。到1839年法国经济学家日洛姆·布朗基在其创始性著作《政治经济学说史》中开始把“乌托邦”与“社会主义者”组合为一个单词①，即乌托邦社会主义者（utopian socialist）。马克思、恩格斯于1848年在《共产党宣言》中把“乌托邦”与“社会主义和共产主义”连结为一个单词，即“乌托邦的社会主义和共产主义”。这表明乌托邦社会主义与乌托邦共产主义虽然还有区别，但是两者都带有的乌托邦的性质则是相同的。马克思、恩格斯在19世纪40年代继承、批判了乌托邦社会主义和共产主义，创立了共产主义新世界观，但是他们那时认为社会主义是代表社会上层的改良运动，共产主义则是代表社会下层的革命运动，所以他们主张共产主义，反对社会主义。然而19世纪50年代以后，社会主义思想在广大工人当中影响越来越大，共产主义显得曲高和寡，所以马克思、恩格斯那时更多地把社会主义与共产主义作为同义词使用。从1873年和1874年起，马克思、恩格斯都自称“科学社会主义”，而较少使用共产主义。到恩格斯晚年，他才认识到共产主义是比社会主义更高的社会发展阶段，是比社会主义更长远的奋斗目标。可以这样理解，马克思、恩格斯把乌托邦社会主义发展为科学社会主义，只是大致预测了未来社会主义、共产主义的前景，但这个预测要通过社会主义运动从理论到实践的转变来实现、验证和修正。

3. 如何看待社会主义运动从理论到实践的转变

社会主义从乌托邦发展为科学后，关键就是通过社会主义运动实现从理论到实践的转变，把科学社会主义付诸实现。社会主义运动的主要内容是：建立社会主义政党，由党领导劳苦大众开展多种形式的阶级斗争，夺

① 柯尔．社会主义思想史：第1卷．北京：商务印书馆，1977：10.

取政权，建立社会主义国家。1847年，马克思、恩格斯参与创建的共产主义者同盟是第一个国际性的工人阶级政党，这个国际性的工人阶级政党刚刚建立半年多，就迎来了欧洲史无前例的1848年革命。当时欧洲实现社会主义革命的条件远未成熟，从总体而言，这场遍布欧洲8国的革命是民主民族革命重点在法、德两国。法国2月民主革命爆发后，推翻了王朝政府，建立了资产阶级临时政府。由于劳资矛盾激化，迫使巴黎工人举行6月起义。因为准备不足，再加上缺少坚强正确的领导，只激战4天就失败了。德国3月民主革命爆发后，马克思、恩格斯亲自率领大多数共产主义者同盟成员回国投身革命。因为资产阶级、小资产阶级势力大，无产阶级及其政党势单力薄，这场民主革命坚持斗争一年多，到1849年5月也失败了。随后，共产主义者同盟遭到德国反动政府迫害，被迫于1852年11月宣布解散。

19世纪50年代欧洲工人运动处于低潮，60年代重新振兴。经马克思、恩格斯推动，于1864年9月成立国际工人联合会，称为第一国际。马克思、恩格斯通过这个政党性的国际工人组织来推进世界革命。在第一国际的推动下，1871年3月18日巴黎工人起义取得胜利，建立了第一个工人阶级政权——巴黎公社。巴黎公社虽然有众多崭新创举，但只坚持72天就被资产阶级反动派镇压，从此欧洲革命又陷入低潮。这时欧美各国工人运动先驱认识到，要取得本国革命的胜利，不能只靠建立国际性的工人政党来统一领导世界社会主义运动，而必须建立民族国家性的社会主义政党来领导本国的革命运动。于是从19世纪70年代到1914年第一次世界大战前，欧、美、亚、非四大洲先后纷纷成立了社会主义政党。其中，德国社会民主党成立最早、领导最强、队伍最大、斗争成果最多，成为各国工人政党的表率。然而19世纪是世界资本主义已从封建资本主义第一阶段上升到自由资本主义的第二阶段，资本主义还有相当强大的势力，所以无产阶级社会主义革命在西欧各国难以取得政权，难以推进世界革命。

到20世纪初，世界资本主义由自由竞争的第二阶段发展到垄断资本占统治地位的第三阶段，即帝国主义阶段。这时资本主义固有的三大矛盾（劳资矛盾、宗主国与殖民地人民的矛盾和资本主义列强争霸的矛盾）激化。在俄国还要加上沙皇专制政府与人民大众的矛盾、地主阶级与农民阶级的矛盾以及大俄罗斯主义与各被压迫民族的矛盾。所以到20世纪初，俄国成为世界多种矛盾的集中点，世界革命的中心已经从西欧的英、法、德转移到地跨欧亚两洲的俄国。1903年，在国外召开的第二次党代表大会上，经过以列宁为首的布尔什维克（多数派）与以马尔托夫为首的孟什维克（少数派）的斗争，重建了俄国社会民主工党。1905年俄国爆发第一次资产阶级民主革命，布尔什维克党积极参与领导，工农大众在斗争中创造了一种新的组织形式——“苏维埃”（俄文 совет 音译，意为会议或委员会）。工农大众在罢工斗争中选出代表，成立工人代表苏维埃和农民代表苏维埃。苏维埃由领导罢工的机构进而发展为领导武装起义的机构，布尔什维克党预计苏维埃在领导起义胜利后，还可以成为新的政权机关。1905年10月，全俄政治总罢工迫使沙皇政府答应要召开杜马（议会），并给予人民政治自由。1905年12月，莫斯科武装起义历经9天，几度激战，使革命达到最高峰，但终因寡不敌众而失败。1905—1907年第一次民主革命虽然失败，却锻炼了人民群众，积累了革命斗争的实战经验，提高了对革命斗争的认识，为迎接新的革命高潮准备了有利条件。1907—1917年布尔什维克党艰苦奋斗，争取群众。1914年8月，沙皇政府参与世界大战，更激起广大人民的愤恨。1917年2月爆发的第二次民主革命，终于推翻了沙皇专制政府。俄国出现了资产阶级临时政府与工兵代表苏维埃两个政权并存的局面。由于俄国社会民主党右翼的孟什维克和小资产阶级政党社会革命党当时在苏维埃领导层中占多数，所以苏维埃推行拥护临时政府的错误路线，它们还要把帝国主义的世界大战进行到底。布尔什维克党坚持革命路线，高举反映广大民众迫切要求的“和平、土地、面包”的口号，经过8个月的苦战，终于使苏维埃布尔什维克化，使布尔什维克在苏维埃领导层中占多数。1917年10月25日（公历11月7日），布尔什维克党在俄国首都彼得格勒发动武装起义，推翻了资产阶级临时政府，实现了“全部政权归苏维埃”，取得了十月革命的胜利，建立了第一个社会主义国家（1922年改名苏联）。

由上述可见，从1847年建立世界上第一个共产党，到1917年建立世界上第一个社会主义国家，世界社会主义运动历经70年的反复斗争，才终于实现了科学社会主义从理论到实践的转变，建立了第一个社会主义国家，为建设社会主义制度、建成社会主义社会创建了全国性的政权基地。在这70年之中，社会主义运动总是川流不息，后浪推前浪，终于达到彼岸，取得全胜。在这70年的社会主义运动中，社会主义理论转变为实践，新的实践又进一步丰富、发展了社会主义理论。

4. 如何看待社会主义制度从一国到多国的演进

1917年第一个社会主义国家苏联建立，它是在垄断资本主义阶段的新时代背景下，在资本主义列强包围的环境中，孤军奋斗创建的。布尔什维克党依靠工农大众和知识分子，历经千辛万苦、千难万险，终于建立了社会主义的政治制度、经济制度、文化制度和军事制度。1936年苏联宣布基本上建成了社会主义社会，形成了苏联社会主义模式。1939年苏联在顿巴斯煤矿等大型企业开始实行免费供应面包政策，即吃饭不要钱，各尽所能、各取所需。但由于对战争估计不足，缺少准备，苏联在1941—1945年反法西斯卫国战争中又一波三折，连续三年才打赢了莫斯科保卫战、斯大林格勒保卫战和库尔斯克保卫战，转守为攻，转败为胜，于1945年取得了反法西斯卫国战争的全胜，并且帮助、促进欧亚十几个国家走上了社会主义道路。到1949年才形成了以苏联为首的强大的世界社会主义阵营，这时社会主义制度终于由苏联一国演进为多国。

由于苏联急于求成，提前结束列宁制定的新经济政策，用党政命令和群众运动方式建成社会主义，所以苏联模式的社会主义是有严重弊病的。尤其是斯大林带头实行个人集权制（集党政军三大权力、三大职务于一身）、职务终身制和指定接班制，这"三制"实际上是沙皇君主专制的变种，并非社会主义政治体制的正宗。斯大林急于求成的路线和权力过度集中的体制对于苏联长期的发展和后来走上社会主义道路的多国有普遍、深远的影响。二战后苏联又两次要急于过渡到共产主义。斯大林于1946年就提出一国可以建成共产主义，20世纪50年代开始大兴共产主义建设工程。1959年，赫鲁晓夫在苏共二十一大上提出苏联进入全面建设共产主义时期，并且认为社会主义各国将大致同时进入共产主义；1961 年，又在苏共二十二大上提出在 20 年内建成共产主义的计划。东欧多国和我国也都犯过急于过渡到共产主义的错误。20 世纪社会主义国家在社会生产力欠发达的基础上，急于过渡到社会主义、共产主义，实际上重犯了 16 世纪初到 19 世纪初乌托邦社会主义、共产主义的错误。

正当社会主义国家忙于过渡到共产主义，实行世界革命之时，20 世纪 60 年代美国却带头掀起了以电子信息化为先导的新科技革命。这是 18 世纪蒸汽化、19 世纪电气化之后第三次最伟大的科技革命，它迅速风靡全球，极大地改变了世界的面貌。资本主义列强以强大的新科技革命的成果为物质基础，以市场经济、民主政治与多元文化向社会主义国家展开和平攻势，终于，1989—1991 年苏东剧变，社会主义制度覆灭，执政的共产党下台，且大都改变为社会党。总结苏东剧变的历史教训，根本原因在于党群关系的变化。

欧洲各国共产党大都原是社会民主党中的左翼，自 1917 年后陆续退出社会民主党另建共产党，执行革命主义路线，主张通过暴力革命推翻资产阶级统治，建立无产阶级专政的社会主义国家，实行公有制的社会主义制度。而各国原来的社会民主党依旧奉行改良主义路线，主张通过议会斗争和平道路掌握政权，对资本主义制度进行逐步改造。1917 年十月革命胜利后，俄共（布）执掌国家政权，用国有化政策消灭资本主义私有制。除此之外还有英国、德国、法国、芬兰、丹麦、挪威、冰岛等多国工党、社会党或社会民主党都曾经通过议会道路执政。它们执政期间采取限制资本主义剥削、增加富人税收等办法，为劳动人民增长了福利权益。这类改良主义政党代表了部分工人的要求，党内民主较为充分，领导人不搞特权，少有官僚作风，上台执政时权力受制约，败选后不会亡党，而是总结经验教训，谋划东山再起。苏联东欧共产党失败后，仍有社会主义信念的共产党人都纷纷转向社会党。这是社会主义制度从一国到多国演进中出现的一种“返祖”转型的奇特现象，引人深思。共产党既要联合社会党，又不能改旗易帜、社会党化，这是世界社会主义发展中的一大难题。

5. 如何看待社会主义革新从地区到全球的拓展

自 20 世纪 70 年代末中国带头实行改革开放以来，全世界范围内各种社会主义派别纷纷革新。要把握全球社会主义革新的要领，首先要了解世界资本主义发生了什么样的变化，要认清资本主义经过革新后处于什么样的发展阶段。20 世纪资本主义有四大变化，即生产方式的重大变化、剥削方式和上层建筑的重大变化、社会阶级结构的重大变化、国际关系的重大变化。由于对世界资本主义处于什么发展阶段这个重大问题持有不同的看法，因此对世界社会主义如何革新和如何发展也必然各持不同的观点。有人认为，20 世纪的世界资本主义依旧是列宁 100 年前论证的“帝国主义是资本主义的最高阶段”。列宁所归纳的帝国主义的 5 个特征至今一个都没有改变，尤其是 2008 年美国金融危机的爆发更加证明了 20 世纪是列宁所说的“金融资本的帝国主义时代”，“无产阶级革命和帝国主义的时代”。这些人认为，和平与发展只是短时期的时代主题，从长远来看战争与革命必定还会是时代的主题，以社会主义取代资本主义的世界革命必定还会到来。无人工厂的发展、“互联网＋”的发展必定会加速无产阶级的贫困化，大量增加工人失业率，促进无产阶级世界革命。他们还认为，社会主义革新理应是革掉赫鲁晓夫的修正主义、机会主义和戈尔巴乔夫人道的民主的社会主义，重新回到肯定苏联经验的普遍意义，甚至认为苏联模式是伪命题。笔者认为，上述这些看法是没有与时俱进地理解马克思主义，是没有认清近半个世纪以来以信息化为先导的新科技革命给整个世界带来的史无前例的变化。资本主义的重重危机和种种弊病，难以通过暴力革命、不断革命和世界革命得到根本解决，只能通过和平改良、不断改良和世界改良来逐步克服。只有坚持不懈地开展群众性的斗争才能实现和平改良，只有通过不断改良和世界改良才能完成世界革命的任务。尽管个别国家和地区因各种矛盾尖锐已经或者可能爆发暴力革命，然而在新科技革命迅猛发展的社会资本主义新阶段，小规模的暴力革命是难以在全国范围内取得政权的。

20 世纪世界社会主义出现多极化、多元化、多党化、多派化、多样化的趋势。我们必须清醒地看到，在 20 世纪资本主义世界势力最强、影响最大的社会党拥有 160 多个成员党，约 4 500 万党员，分布在各大洲，其中有 50 多个党在二战后单独执政或联合执政。而资本主义世界的各国共产党虽然也有大约 130 个，然而党员总数只有约 700 万人，大多数党是处于边缘化的小党。依据历史经验，共产党人固然要与社会党的改良主义划清界限，但是不能把社会党简单视为资产阶级在工人运动中的代理人，应该看到它们还代表一部分不愿革命的工人的利益，不能视社会党为敌，理应视之为友。各派社会主义者理应求同存异，共同为推进世界社会主义、反对世界资本主义而携手奋斗。

21 世纪世界社会主义革新的路径，笔者以为大致有六个：第一，坚持和发展科学社会主义；第二，联合和团结各派社会主义者；第三，传承和弘扬人类优秀的文化传统；第四，借鉴和吸纳资本主义的文明成果；第五，清除和根绝苏联社会主义模式的弊端；第六，立足本国国情，结合本国实际，探索各具本国特色的社会主义。中国和中国共产党是世界社会主义的中流砥柱，中国的共产党员约占世界“共产党员”的 88%，中国共产党争取在 2021 年建党一百年时全面建成小康社会，在 2049 年新中国成立一百年时建成富强、民主、文明、和谐的社会主义现代化国家，到那时就必能大力推进世界社会主义的革新与发展。可以预期，到 21 世纪中叶，世界社会主义运动可能出现新的高潮、新的突破。中国有信心和决心，今后继续为世界社会主义的革新和发展做出自己的贡献。当今人类面临气候变暖、海平面上升、环境污染、生态破坏、物种灭绝、病毒流行、人口爆炸等各种危机。中国首先要尽力打造人类命运共同体，共建地球美好家园。为此要同各国政府和人民加强合作，坚持不懈推进全球综合治理，只有这样才能造福人类，促进世界社会主义的和平发展。

二、世界社会主义兴衰成败的轨迹和根源*

1. 社会主义从西欧的细流发展为全球的洪波，应该加强研究

人们来到世上，要想生活得自由、平等、美好、幸福，需要创造两大条件：第一，生产力高度发达，各种产品丰富多样；第二，社会制度公平

* 本节内容选自：高放．社会主义在世界和中国．昆明：云南人民出版社，1993．

合理，没有压迫与剥削，没有贫富两极分化。14 世纪以来剥削雇工的私人资本主义制度在西欧发展起来，手工劳动逐步为机器生产所取代。资本主义实现了科技革命、产业革命和生产力革命，传统的农业社会变为近现代工业社会，社会财富空前增长；同时，资产阶级的压迫与剥削也加剧起来。16 世纪初，英、意、法、德等国就先后涌现了社会主义思潮。什么叫作社会主义？简而言之，社会主义是资本主义的继承物、对立物、取代物和创新物。社会主义既要继承资本主义所创造的近现代文明，使社会生产力得到更快更大的发展；同时又要克服资本主义的各种弊病，由劳动人民管理国家和社会，消灭压迫与剥削，消除两极分化，达到共同富裕，实现人的全面发展，最终建立“自由人的联合体”。一言以蔽之，资本主义社会是以私人资本为中心、资产阶级为主体，社会主义社会则以联合劳动为中心、劳动人民为主体。社会主义是建立在生产和生活、人际关系和国际关系高度社会化基础上的新型社会形态。天下为公、世界大同指的是世界各国共同达到公有、公平、公正的境界。这样的理想社会，古代的孔夫子和柏拉图都曾提出过。近代从 16 世纪初到 19 世纪中期，欧洲众多空想社会主义者做了更具体、更详尽的描述。19 世纪 40 年代以后，由马克思、恩格斯予以科学论证，形成较为完整的科学社会主义理论。到 20 世纪，科学社会主义开始由理论变为现实。20 世纪的两次世界大战，使帝国主义列强彼此削弱，这就为世界社会主义在资本主义统治的薄弱环节首先取得胜利创造了有利条件。第一次世界大战中诞生了第一个社会主义国家苏联，第二次世界大战后社会主义由一国扩展为包括欧亚十三个国家的强大阵营，随后古巴、柬埔寨和老挝也走上社会主义道路。同时，第二次世界大战后，在世界六大洲出现了众多社会主义流派和社会主义运动。然而，我国从 20 世纪 50 年代中后期至 70 年代末，“左”的指导思想占上风，思想僵化，对世界社会主义洪流缺少全面的了解和深刻的认识。1978 年中国共产党第十一届三中全会后才开始打开眼界，纵览世界社会主义风云。

2. 为什么大多数社会主义国家走向衰败

纵观具有不同模式的社会主义国家，曾经兴旺、辉煌，为什么先后垮掉了？剩下的国家是否能够坚持到底开创并完善社会主义新模式呢？这是很多人关切的问题。我们应该善于从苏联东欧成败之变，深究社会主义兴衰之理。20世纪把带头实现社会主义的历史使命交给了不发达国家的无产阶级。不发达国家首先实现社会主义，自有其不同于发达国家的特殊规律。不发达国家区别于发达国家的主要之处在于封建残余较多，资本主义成果较少。因此不发达国家实现社会主义的特殊规律是彻底铲除封建主义残余，充分利用资本主义文明，不能急于消灭资本主义，急于过渡到社会主义，更不能急于实现高级的共产主义。可惜先走上社会主义道路的不发达国家，却教条式地对待马克思主义，急于消灭资本主义，急于过渡到社会主义、共产主义，让封建主义残余渗透到社会主义的肌体中。再加上外部资本主义力量的入侵、颠覆、干预和渗透，现实社会主义国家曾经急于建立社会主义公有制的产品计划经济，而排斥商品市场经济；曾经实现个人集权制、领导职务终身制、指定接班人制。正是教条主义与封建主义的结合，使得现实社会主义国家长期深陷“左”的泥潭中难以自拔。长期的“左”促进了后期转向右的极端，先“左”后右“合葬”了社会主义。也有国家如柬埔寨、罗马尼亚，一“左”到底，结果亡党亡国，失败得更惨。实践反复证明，违背不发达国家实现社会主义的特殊的客观规律，一意孤行，不能不受历史的惩罚。

苏联、东欧等国连锁式的剧变和瓦解，令人触目惊心。如果还不能真正从中吸取经验教训，痛下决心，大力铲除教条主义和封建主义，如果还以为这些国家只是由于个别领导人的最后右倾才丧失了社会主义，而无视或者轻视长期根深蒂固的“左”倾顽症的祸害，如果在改革开放中不能有效地防止外来的“和平演变”，并且根治内部的腐败，那么社会主义国家不免还会出现新的动荡，甚至还会发生剧变，这是要竭力避免的。

3. 要从新科技革命的迅猛发展来展望世界社会主义的前景

“欧洲共产主义”原是西欧的意共、法共、西共于20世纪70年代中期提出的新思潮，表明许多发达国家的共产党要摆脱苏共的控制和传统的苏联模式，重新探索发达国家通往社会主义的新道路与未来社会主义的新模式。“欧洲共产主义”曾经名噪一时，人们对它寄予厚望。可是到20世纪80年代中期它就烟消云散了。究其原因是这些共产党的纲领主张与社会民主党近似，缺少特点，而党的组织结构依然权力过分集中，党内民主不足，同时又受到苏联、美国和社会民主党的多重压力与干预，在议会选举等实践中难有进展，甚至受挫，党内矛盾和斗争加剧。到苏联解体、东欧剧变后，党的队伍缩小，以致分裂消失。

但只要重整旗鼓，重起炉灶，再接再厉，就大有希望。我们对世界社会主义的前景，不能由于其受到重大挫折、转入低潮而悲观失望，应该充满信心，抱乐观积极的态度。这不仅因为资本主义的基本矛盾根本不可能在资本主义制度的范围内得到解决，资本主义世界的人民大众仍然渴望建立一个比资本主义制度更先进的社会，也不仅因为还有一些社会主义国家仍然在坚持建设社会主义，世界上还有众多的社会主义政党和社会主义流派仍然在独立探索社会主义的新道路和新模式，而且更具有决定意义的是新科技革命正以全方位、加速度的态势向前迅猛发展，这就必然为未来社会主义奠定更加坚实的科学、理论基础和更加雄厚的物质、技术基础，还会加快世界社会主义的进程。回顾历史，我们可以清晰地看到科技革命与社会主义紧密联系、同步发展的进程。正是近现代以蒸汽机的发明与使用为标志的第一次科技革命，引起工业革命和生产力革命，产生了工业无产阶级和工人运动，从而促使社会主义由空想变为科学。正是近现代以电气化为标志的第二次科技革命，促使俄国人民在社会主义革命胜利后加速实现电气化。列宁于1921年曾经指出：“**共产主义就是苏维埃政权加全国电气化**。”① 同时，他还非常赞赏这种提法：“蒸汽时代是资产阶级的时代，电的时代是社会主义的时代。”② 到20世纪30年代末，苏联既完成了国有化、集体化、计划化，又实现了工业化、电气化、机械化，显示了社会主义制度的优越性。第二次世界大战后，西方发达国家普遍借鉴了社会主义国家用计划经济加强国家宏观调控的经验，又发挥其传统市场经济微观竞争的优势，采取“看得见的手”和“看不见的手”并用的战略，带头掀起

① 列宁．列宁选集：第4卷．北京：人民出版社，1960：399.
② 列宁．列宁全集：第38卷．北京：人民出版社，1986：117.

了以电子信息技术为先导的第二次科技革命，使整个世界发生了翻天覆地的变化。许多科学家预测，21 世纪是生命科学、生物工程的新世纪。新科技革命将引发新产业革命和新生产力革命。生物产业将逐步发展为未来主要的新产业。不仅手工劳动已为机器生产所取代，人脑正在逐步为电脑所取代，天然材料正在逐步为人造材料所取代，而且自然生命将为人造生命所取代。新科技革命将双倍增强科学与社会主义的结合，双倍增强科学社会主义的科学性，即既增强其社会科学性，又增强其自然科学性。新科技革命将促进各派社会主义者对科学技术的深入研究，促进各派社会主义者研究“社会主义学”这门学科，进而促进各派社会主义者的大联合，从而促进世界社会主义的大发展。

4. 新科技革命将改变未来社会主义的进程

新科技革命还将改变未来世界社会主义的进程、发展方式和实现模式。

社会主义革命通常包括政治革命（工人阶级和劳动人民掌握政权）、经济革命（变资本主义私有制为社会主义公有制）和思想文化革命（使社会主义、集体主义、国际主义、爱国主义战胜拜金主义、个人主义、大民族主义和狭隘民族主义，创立科学的、大众的、健康的、丰富多彩的新文化）。未来的社会主义革命如何进行，值得重新研究。有学者认为，“和平与发展是当代世界的两大问题，是就当前东西、南北的政治、经济关系而言的”①。言外之意就是，到 21 世纪上半期，资本主义的各种对抗性的矛盾和社会主义与资本主义两大制度的根本矛盾还会激化，战争与革命将重新成为世界的主题。那时，“无产阶级领导的人民革命仍有可能在帝国主义链条的薄弱环节爆发”，“在北美、西欧、日本，共产党如不蜕变为社会民主党，就不可能以和平方式掌握政权”，“本世纪以来的历史事实已经反复证明，21 世纪还将继续证明，所谓‘和平过渡’是不可能实现的。原因很简单，即资产阶级不允许。社会主义只能从无产阶级武装夺取政权开始”②。这

①② 江流，徐崇温. 20—21 世纪：社会主义的回顾与瞻望. 北京：中国社会科学出版社，1995：219，221.

种看法完全无视这场新科技革命给世界带来的深远意义。20世纪80年代以来，和平与发展之所以能够取代战争与革命成为世界的主题，主要是由于新科技革命的迅猛发展使各类国家愈益认识到在和平条件下加速发展新科技是安身立命、增强综合国力和国际竞争力的根本。新科技革命愈是后浪推前浪，汹涌澎湃，和平与发展就会愈会成为世界的主题，资本主义的各种矛盾也就愈可能得到缓解。即使某些矛盾有时可能激化，但很难再采用世界大战这样的暴力革命来解决。未来的社会主义革命很难短促突击、孤军独进，世界社会主义是一个长期的、逐步发展的进程，是发达国家与发展中国家齐头并进、互相促进的进程。未来世界无产阶级暴力革命将大为减少，尤其是在发达国家，和平过渡的可能性和现实性将显著增长。问题不在于资产阶级是否允许、是否愿意，而在于新科技革命的迅猛发展正在不断改变资本主义社会的产业结构、经济结构、阶级结构和政治结构，迫使当权的资产阶级政党不得不进行体制改革，不得不调整政策。人民群众日益觉醒后将不断奋起，不断开展解放斗争，强大的压力将迫使资产阶级不得不让步。早在1872年，马克思就讲过："必须考虑到各国的制度、风俗和传统；我们也不否认，有些国家，像美国、英国，——如果我对你们的制度有更好的了解，也许还可以加上荷兰，——工人可能用和平手段达到自己的目的。"① 像英国、美国、荷兰等发达国家200多年来从未发生过一次无产阶级暴力革命。发达国家的共产党在第二次世界大战后的新形势下，都已纷纷不再主张采取暴力革命夺取政权。

未来世界社会主义在吸取现代文明成果和历史经验教训的基础上，也必将创造出新模式。世界是多元的，全球有众多国家、民族和社会集团，不可能强求一元化。世界一体，全球一村，未来的社会主义将是一元为主，多元互补，主调鲜明。从新科技革命的迅猛发展这个新视角来看未来的世界社会主义，我们就能拓展新视野、打开新思路、形成新观念、达到新境界。

① 马克思，恩格斯．马克思恩格斯全集：第18卷．北京：人民出版社，1964：179.

第八章　20 世纪世界资本主义和社会主义的变化

一、20 世纪世界社会主义的多元图景*

1. 怎样认识世界社会主义

（1）以宽广的目光由此及彼，通览世界社会主义。

一种新兴的以私人资本为基础、以自由雇佣劳动为基本特征的资本主义制度自 16 世纪在西欧兴起，它经历了 18 世纪蒸汽化、19 世纪电气化和 20 世纪信息化三大科技革命浪潮，已经在全世界很多国家得到不同程度的发展。资本主义对人类社会发展有很大的推进作用，实现了现代化和全球化这样纵横交错的“两化”。现代化，即劳动社会化、生产机械化、国家工业化、经济市场化、政治民主化、社会法治化、文化多元化、大众知识化、乡村城市化、思想自由化。全球化，即科技全球化、经济全球化、政治全球化、法治全球化、管理全球化、组织全球化（除了各国政府参加的

* 本节内容选自：高放. 马克思主义与社会主义新论. 哈尔滨：黑龙江人民出版社，2007.

联合国等组织外，全球已有三万多个非政府国际组织）、文化全球化、思想观念全球化、人际交往全球化、国际关系全球化。然而，资本主义的现代化和全球化带给世界人民的并非全是幸福，还有重大问题，如经济剥削、政治压迫、军事镇压、战争入侵、殖民统治、种族歧视等。资本主义社会的主要矛盾是两方面的两极分化，即生产上大与小的两极分化、财富上贫与富的两极分化。随着科技的进步，生产过程越来越社会化，社会化大生产的规模越来越大，而生产资料越来越被少数资本家所垄断。由此出现了国内劳资两大阶级贫富分化和国际范围发达国家与不发达国家的贫富分化。由这两个分化衍生出资本主义社会的一系列弊端①。

随着资本主义现代化、全球化进程的加快，社会主义思潮应运而生。社会主义是资本主义的继承物、对立物、取代物和创新物。社会主义要继承资本主义在实现现代化和全球化进程中积累的各种文明成果，克服资本主义制度的基本矛盾和各种弊端，取代资本主义，开创一种没有剥削和压迫、人人自由平等的崭新的社会制度，使现代化和全球化达到更高的水平。我们可以这样定义资本主义和社会主义：资本主义是以私人资本为基础，由资产阶级统治的社会形态；社会主义是以社会化劳动为基础，由劳动人民掌权的社会形态。社会主义和资本主义几乎是同时产生。从纵向发展来看，500 多年来，世界资本主义经历了 4 个阶段，即 16—18 世纪的封建资本主义，19 世纪的自由资本主义，20 世纪前期、中期的垄断资本主义，20 世纪后期以来的社会资本主义。与此相对应，世界社会主义也经历了 4 个阶段，即空想社会主义、科学社会主义、苏联模式社会主义和各社会主义国家实践中的社会主义。

从 16 世纪初到 19 世纪 40 年代，英、意、德、法等国的空想社会主义思潮连绵不断，愈益发展。到 19 世纪 40 年代马克思、恩格斯把社会主义由空想变为科学，并使之与现代工人运动相结合，创建了共产主义政党，由共产主义政党领导广大人民群众开展斗争，使社会主义思潮发展为社会主义运动。到 20 世纪进而建立了一批由共产党领导的社会主义国家，使社

① 高放．纵览世界风云．北京：中国书籍出版社，2002.

会主义由科学理论变为现实。在社会主义运动的历史上，由于人们对社会主义的思想认识有所不同，曾经发生过 4 次组织上的分裂，于是形成了 5 种社会主义派别。第一次分裂爆发于 19 世纪 70 年代，第一国际（国际工人协会）把以巴枯宁为首的无政府主义者开除出去，但无政府社会主义派一直活动延续至今。第二次分裂出现在第一次世界大战后，第二国际后期社会党与共产党俨然对立。第三次分裂起源于 20 世纪 20 年代末，第三国际把托洛茨基派清洗出去后，各国托洛茨基派于 1938 年另建第四国际，迄今还在加强活动。第四次分裂是因为中苏两党于 1963—1964 年进行国际共产主义运动总路线大论战，受当时极左思潮的影响，大批共产党发生分裂，另立了上百个自称坚持马克思列宁主义的极左派共产党。除了因历史上社会主义运动的 4 次分裂而形成的 5 种社会主义派别之外，在新的历史条件下又涌现了众多形形色色的社会主义派别。

为了总揽全局、突出重点、分清层次、区别对待，笔者 1989 年曾经把世界社会主义归纳为九家，划分为大三家、中三家和小三家①。但根据多年来情况的变化，对中三家和小三家做了调整。势力和影响最大的还是这大三家，即共产党的科学社会主义、社会党的民主社会主义和民族主义政党的民族社会主义。力量中等的三家有所变化，即绿党的生态社会主义、托派的社会主义和极左派共产党的社会主义。力量很小的还有三家，即无政府社会主义、西方学者的社会主义和当代空想社会主义。世界社会主义正面临两方面的挑战，一方面是指发达资本主义对各派社会主义的挑战，另一方面是指民主社会主义对科学社会主义的挑战。民主社会主义是各国社会党、社会民主党和工党所信奉的政治理论。它旨在利用资本主义社会的议会民主，争取通过民主竞选执掌政权或参与联合执政，推行各种改良政策和福利措施，在企业中推行工人参与企业民主管理等手段，逐步过渡到社会主义。自从第一次世界大战后期社会党与共产党分道扬镳、各自独立发展时起，坚持革命路线的共产党长期批判社会党的改良主义路线，视社会党为国际工人运动和无产阶级世界革命道路上的障碍物和绊脚石。然

① 高放. 社会主义在世界和中国（增订本). 昆明：云南人民出版社，1998：62-77，185-188.

而，在第一次和第二次世界大战后的两次革命高潮中，各国共产党都无法清除这个障碍物和绊脚石。反之，由于西方长期缺少革命形势，加上新科技革命的迅猛发展和社会党善于调整政策、贴近群众，社会党的势力稳步增长。1951 年社会党只有 34 个，约 1 000 万党员，到 1999 年增加到 134 个，约 3 000 万党员。而资本主义世界各国共产党虽然有 140 多个，但是党员只有 300 多万。可见，在资本主义世界奉行民主社会主义的社会党，其势力远超过共产党。迄今为止，我国理论界仍有人在引用 1918 年列宁在革命高潮中说过的要清除社会党这个障碍物和绊脚石的话。在革命高潮中都清除不掉，难道在革命低潮中能清除掉？总结历史经验教训，对社会党及其民主社会主义应该用另一种方式看待。简而言之，科学社会主义要善于吸取民主社会主义的某些合理因素，并且与之结成社会主义统一战线，这样世界社会主义事业才能兴旺发达。不能总把社会党看成障碍物和绊脚石，要把它看成通往社会主义大路上的铺路石。

（2）以深邃的眼力由表及里，透视世界社会主义。

依据唯物史观，社会主义将在首先实现现代化的西欧北美等发达的资本主义国家取得胜利。但是到 20 世纪，社会主义却首先在尚未实现现代化的东欧东亚资本主义不发达的国家先后取得胜利。这是否背离科学社会主义？不发达国家首先走上社会主义道路，从表面上看背离科学社会主义，实质上这正是对 19 世纪科学社会主义的新发展。因为 19 世纪资本主义现代化的实现主要还局限在西欧北美诸国，所以还只能看到西欧北美诸国将首先实现社会主义。而到 20 世纪，世界资本主义已经从自由竞争发展到垄断阶段，资本主义已经扩张到全世界，资本主义列强已经把世界瓜分完毕，形成了统一的无所不包的资本主义世界。因此，这时应从世界范围来看实现社会主义的条件问题。西欧北美诸国客观物质条件固然成熟，但是资产阶级富于统治经验，善于采取各种妥协办法来缓和国内矛盾，并且以狭隘民族主义来煽动工人和广大民众支持其对外发动战争，使得革命形势难以形成。而东欧东亚诸国资本主义有一定程度的发展，工人阶级及其政党富于战斗力，在资本主义列强两次发动世界大战的条件下，这些国家成为帝国主义全球化链条中的薄弱环节和各种矛盾的交叉集中点，在工人阶级及其政党正确的领导和广大人民强有力的打击下容易首先突破，脱离资本主义世界体系，挺进社会主义。这就是20世纪不发达国家首先实现社会主义的主观和客观条件。从实质上看，应该说不发达国家比之发达国家，实现社会主义是先天不足的，它们不是“十月怀胎，一朝分娩”而是“八月怀胎，提早分娩”。俄国从1917年二月革命（资产阶级民主革命）到十月革命（社会主义革命），岂不正好只相隔八个月吗？中国比之俄国，现代资本主义工业更薄弱（现代工业1913年在俄国约占42%，1949年在中国约占10%）。所以，我们应该从实际出发，勇于承认不发达国家率先走上社会主义之路的先天不足的情况，这样才能弥补先天不足，使之健康成长。

那么，20世纪率先走上社会主义之路的社会主义国家，为什么到20世纪末很多都垮掉了？有人认为这是由波兰科学院院士、社会主义学理论家亚当·沙夫所说的“原罪”①，或者由戈尔巴乔夫等领导人的叛卖和帝国主义“和平演变”策略的进攻所造成的。笔者认为，这种看法过于表面化，没有透视事物的本质。如果说不发达国家在实现社会主义的道路上具有“原罪”，那就是背有沉重的封建主义糟粕的包袱。只要勇于清除各种封建主义流毒，就可以成功建设社会主义。但是20世纪一些社会主义国家的共产党领导人未能清醒地认识到并且尽力清除这些封建主义流毒，让封建主义毒素渗透到社会主义制度中来。这集中表现为20世纪30年代以来从苏联开始盛行的对领袖的个人崇拜制、领袖个人集权制、领导职务终身制、指定接班人制、干部等级授职制、官僚特权制、对广大人民实行政治上文化上的专制统治、破坏社会主义宪法规定的各项公民自由与民主的权利等等。所有这些都是封建主义毒素，完全背离民主共和原则和社会主义原则②。可以说苏联模式的社会主义是带有封建主义因素的社会主义，它不同于《共产党宣言》中所说的封建社会主义，它是社会封建主义，是披着社会主义外衣的封建主义③。当时的苏共领导人，不总结、认识不发达

① 沙夫．论共产主义运动的若干问题．北京：人民出版社，1983：163-184.

② 高放．政治学与政治体制改革．北京：中国书籍出版社，2002：46-61.

③ 高放．国际共产主义运动别史．北京：中国书籍出版社，2002：13.

国家实现社会主义的特殊规律。笔者认为这个特殊规律的基本要点应是：彻底铲除封建主义，适当利用资本主义，不能急于建成社会主义，更不能急于奔向共产主义。这些社会主义国家都不着力于彻底铲除封建主义，却急于消灭资本主义，急于建成社会主义、奔向共产主义。这种违背客观规律、急于求成的“左”的路线和过度集权的领导体制，使社会主义国家普遍存在三大社会矛盾，即被扭曲的公有制生产关系阻碍生产力的发展、过度集权的上层建筑阻碍社会主义自由民主的发展和社会主义国家自己培植的官僚特权集团同人民大众的矛盾，这三大矛盾成为社会主义国家改革的三大焦点、三大难题。苏联东欧各国党的领导人长期无法从根本上解决这三大矛盾（在苏联、南斯拉夫等国还有民族矛盾），致使社会危机逐步加深，使越来越多的群众对共产党领导的改革失望。再加上外部“和平演变”的压力，最终迫使苏联东欧等国领导人转向推行右的路线，转向私有化的市场经济和西方的多党制，导致政局剧变，从而改变了党的性质，使原有的社会主义制度覆亡。

在以信息化为先导的新科技革命时代，现代化、全球化达到了一个新的高度，世界面貌发生了一系列新变化。我们也要与时俱进，以深邃的眼力，由表及里来透视未来世界社会主义取得的新发展之路。首先应该看到，当代发达资本主义国家由于积累了丰富的经验，又从社会主义借鉴了有利因素，善于随机应变、调整政策、改革体制，所以资本主义还有相当强大的生命力，在第三世界发展中国家还有相当广阔的发展空间。因此我们不能急于消灭资本主义、实现世界社会主义革命。其次还要看到，这一场新科技革命已经使世界资本主义从列宁所讲的垄断资本主义发展到了更高更新的阶段。这个新阶段应该称什么？这是迄今为止理论界正在探索与争鸣的一个新问题。笔者认为，国家垄断资本主义、跨国垄断资本主义、金融垄断资本主义、社会垄断资本主义等说法都还是停留在垄断的框架内，只是从表层上立论，没有超脱垄断说法的束缚，没有由表及里进行透视。世界上的确还存在国家垄断资本、跨国垄断资本等等，然而国际竞争远超过了垄断。所以不宜再用垄断或竞争来界定资本主义发展的新阶段。这场以信息化为先导的新科技革命使资本主义各方面社会化的程度都大为提高，社会主义新因素已经在资本主义社会内部逐步增长。在社会资本主义的新阶段，不仅发达国家的社会资本主义得到新发展，而且众多发展中国家也不会重走由自由资本主义到垄断资本主义的老路，而是走社会资本主义的新路。因此世界绝大多数国家难以形成无产阶级开展暴力革命的形势，世界社会主义大体上将通过较为和平的方式前进。最后我们还要看到，这一场史无前例的新科技革命，已经使整个世界向社会主义推进具有更加坚实的物质技术基础。马克思、恩格斯当年所设想的在未来共产主义阶段才能实现的生产高度自动化，消灭繁重艰险的体力劳动，消灭工农、城乡、脑体劳动三大差别等等，在社会资本主义阶段已开始付诸实践。高新科技和知识经济的大发展，正在使人类社会朝着知识和智能共有、共享的方向前进。共产主义将首先表现为共知主义、共智主义（图书馆、数据库、光盘、网络的发展即是明证）。知识和智慧这些精神产品的共有共享，显然会促进物质产品的共有共享。可见，共知主义、共智主义的发展定会更加促进共产主义的实现。高新科技和知识经济的大发展，还使资本主义社会的阶级结构发生越来越大的变化。传统社会中的一头小、一头大、中间更小的葫芦形阶级结构，已经变为两头小、中间大的橄榄形的阶级结构，从事体力劳动的蓝领工人也越来越少，中间阶级越来越多。资本主义各国的各派社会主义者只有认清当代资本主义发生的这些新变化，才能组成社会主义大军，因势利导，把社会资本主义推进到资本社会主义（有资本主义因素的社会主义），再逐步发展到有本国特色的完全新型的社会主义。

共产党执政的社会主义要善于应对发达的资本主义。两种制度要避免热战对抗，消除冷战对峙，实现和平共处。既然资本主义能够从社会主义借鉴对其有用之处（如吸收劳动者入股并参与企业管理，推行各种福利措施，加强政府对市场的调控和社会的治理），以缓解社会矛盾，维护社会稳定，那么社会主义更应该善于吸取资本主义的文明成果，以增强社会主义的生机与活力。两种制度在和平与发展成为世界主题、时代主题的历史条件下，完全可能通过长期的和平共处、协作与竞争达到共荣双赢，最终各自通过不同的道路，殊途同归，实现全球一体化、世界大同。劳动、自由、民主、平等、公正、繁荣、幸福、人道的社会理想，根植在亿万正直的劳动者心中。这深层的种子必然会萌芽、成长、开花、结果，这就是未来世界社会主义的希望所在。

2. 社会主义国家可以吸引西方众多国家走向社会主义

西方对社会主义国家的“和平演变”政策之所以能够得逞，主要有以下四个原因：第一是依靠新科技革命的成果，并以此作为物质后盾。第二是依靠市场经济。西方能够带头发展科技革命的原因，不在于私有制，而在于依靠市场经济和宏观调控。指导性计划是美国人提出来的。美国没有照搬苏联的经济模式，而是把指令性计划发展为指导性计划，而且不仅在一国内宏观调控，还实现了发达国家之间国际性的宏观调控，以每年召开一次的七国首脑会议为例证。东欧剧变和苏联解体之所以对中国影响不大，最关键的因素就在于，邓小平同志特别强调发展市场经济，而且一再指出科学技术是第一生产力，并用此指导中国经济稳步、高速、健康地向前发展。苏东国家长期死抱着传统的计划经济体制，排斥市场经济，所以科技和经济发展得慢。第三是依靠多元议会民主政治。第四则是依靠所谓思想文化方面的自由、人权等价值观念。我们不能照搬西方的民主自由，但是要大力发展社会主义民主和社会主义自由，这样西方的“和平演变”战略就无空可钻了。

中国如果做一些切实有效的改革，不但不会被演变，还可以反其道而行之。斯大林的计划调控不是被 20 世纪 30 年代美国的罗斯福新政接受了吗？只要我们坚持和改善党的领导，完善人民代表大会制度、中国共产党领导的多党合作和政治协商制度，改进新闻舆论监督，真正实行“百花齐放、百家争鸣”的方针，切实有效地根治腐败，充分保障宪法赋予公民的各项自由权利，中国就不会被西方“和平演变”，而且还会反过来吸引西方众多国家走向社会主义。

3. 20 世纪共产党、社会党和资本主义政党分别执政的三类国家都有人在进行共产主义的试验

20 世纪，尽管资本主义还有较强的生命力，社会主义的发展还处于初

级阶段，然而在共产党、社会党和资本主义政党分别执政的三类国家中，都还有一部分人在搞共产主义试验。

中国的河南省临颍县南街村从1986年起一直在试验建设共产主义小社区。1995年中国国际共产主义运动史学会在郑州市召开年会时，作为学会副会长之一，笔者建议会后到南街访问考察。考察发现，全村家家户户都住在单元楼中，室内全配有彩色电视机和各种新式家具。全村统一免费供应各种生活必需品。村里实行等级工资制。这种试验吸引了众多中外记者做报道。

共产主义绝非虚无缥缈的乌托邦，而是劳动人民和先进人士的美好理想和人类未来社会发展的归宿。只有在科技和生产力高度发展和人类文明程度极大提高之时才能实现。即便在社会民主党执政和资本主义政党执政的国家，也还有在进行共产主义试验的实体。例如，以色列人从1909年起就开始在约旦河谷南端建立集体所有、集体劳动、集体生活、集体自卫的“基布兹”(在希伯来语中意为公社)。1948年以色列大力发展“基布兹”，并以之作为立国、建国的基础。以色列许多精英人物都来自“基布兹”。即便以色列工党下台了，新执政的资产阶级政党也难以动摇“基布兹”的根基①。2004年，“基布兹”企业股票开始在特拉维夫的股票交易所上市。2005年北部“沙弥尔”“基布兹”企业的股票在纽约华尔街上市，一举获得500万美元收入。在日本，空想共产主义者山岸已代藏从20世纪50年代起就建立“山岸会”，从事山岸主义实显地的试验，在三重县阿山郡伊贺町建立集体农场，实行集体公有、集体劳动、集体管理、集体生活，实现各尽所能、各取所需②。

上述这三类国家中的共产主义试验，犹如汪洋大海中的孤岛绿洲。世界大同和大同世界是人类几千年来梦寐以求的理想社会。只要有一部分先知先觉者百折不挠、坚持不懈地试验并且不断改进和完善，总会逐步扩大其影响。人类的物质文明、生态文明、精神文明、政治文明越高，社会制

① 高放. 社会主义在世界和中国(增订本). 昆明：云南人民出版社，1998：286-301.

② 高放. 马克思主义与社会主义. 哈尔滨：黑龙江教育出版社，1994：230-231，222-224.

度文明自然也会越高。

总之，世界是多样的、多元的、异彩纷呈的。把马克思主义与世界现实相联系，应该看到，资本主义、社会主义、共产主义这三种意识形态和社会制度从总体和主体上看有原则性的区别。让实践来最终回答资本主义、社会主义和共产主义的历史命运吧！我们坚信，资本主义必然会逐步发展到社会主义、共产主义。

二、世界社会主义是未来的希望

1.《乌托邦》500年来的八个观念创新*

1516年12月，英国杰出的人文主义者托马斯·莫尔所著《乌托邦》在比利时的卢文城出版。这本金书以对话体文学游记的形式，第一次深刻揭露了新兴资产阶级残酷压迫剥削工农大众从而造成“羊吃人”的悲惨景象，第一次全面描绘了未来财产公有、按需分配、人人平等、民主自治的理想社会的美满胜境。作为一名学习和研究社会主义学多年的老学者，我认为应重新认识社会主义，更新社会主义的观念。

首先，要把“乌托邦”着重理解为“优托邦”，要把《乌托邦》更名、改译为《优托邦》。“乌托邦”一词是我国近代启蒙思想家、翻译家严复在翻译英国生物学家赫胥黎所著的《天演论》时采用音译与意译相结合的方式创造的新名词。他当时是根据utopia一词的拉丁文发音译为“乌托邦”，“乌”字突出了子虚乌有、寄托理想之邦。可是“乌托邦”一词含有空想与理想双重意义，译为“乌托邦”是强调其“空想”的这一面，而忽视其“理想”的另一面。而自17世纪以来，英文utopia一词其第一个字母发音是/ju/(优)，而不是/u/(乌)。所以当今，“乌托邦”应该改译为“优托邦”.“优托邦”一词也是音译与意译巧妙结合的创新。“优”既符合现代英文发音，又与古希腊文eu（优）一致，“优托邦”突出了能够优先实现、

* 原载《中共宁波市委党校学报》2016年第6期。

寄托优美理想之邦。改用“优托邦”，这样才表明我们是要继承、弘扬、践行其优异的社会理想，同时批判、否定、摒弃其不切实际的空想。“乌托邦”一词在我国已流行一百多年，不可能以“优托邦”取代它，但是我们可以把“优托邦”理解为“乌托邦”的代称、别称和尊称，可以让“优托邦”与“乌托邦”共存并用。

其次，要重新认识从“优托邦”到“科托邦”的飞跃。如前所述，自1516年莫尔著《乌托邦》出版以后的300多年间，欧洲又陆续涌现出十几部“优托邦”的作品。直到19世纪40年代，马克思、恩格斯批判了“优托邦”社会主义的空想，继承了“优托邦”社会主义的理想，又超越了“优托邦”社会主义，把社会主义发展到科学，形成了科学社会主义。在1883年马克思逝世后，恩格斯又独立钻研了12年，终于在总结实践经验和加深科学研究的基础上，较为完整地形成了科学社会主义理论体系，依据科学原理和社会发展客观规律预见到未来社会主义、共产主义社会的美好胜境。如前所述，笔者把马克思、恩格斯的科学未来观简称为“科托邦”(scien-topia)。“科托邦”与“优托邦”一字之差，这表明两者之间既有继承又有超越的关系。那么“科托邦”的科学预言为什么在20世纪未能实现呢？这有多方面原因。其一，20世纪社会主义在较为落后的俄国一国首先取得胜利，其领导人长期未能掌握落后国家过渡到社会主义的特殊规律，教条式地对待“优托邦”和“科托邦”的理论，急于在落后生产力的条件下消灭资本主义私有制，建成社会主义社会，又急于过渡到共产主义，所以未能充分显示社会主义的优越性。其二，落后国家存在深厚的封建专制主义传统，缺少民主自由传统，让封建专制主义渗透到社会主义体制中来，形成政治权力过度集中的个人集权制、职务终身制和指定接班人制体制，官本位严重，人民当家作主难以充分体现。其三，发达国家当权的资产阶级善于推行社会保障政策、缓解劳资矛盾；当权的资产阶级在推行经济收买和改良的同时，还加强军事统治和社会控制，扩大政治民主和合法活动自由，注重文化发展和渗透，所以发达国家难以推进社会主义革命运动。然而世界资本主义的固有矛盾依然深重，社会主义依然是历史大势所趋。

再次，要看到从“科托邦”到“谐托邦”“华托邦”的光明前景。当今要消除“恶托邦”“异托邦”“实托邦”等不良影响，要实现“科托邦”的科学预言，必须加快改革、开放、创新，依据当今时代条件善于向前发展科学社会主义，克服苏联模式的弊病，结合各国实际，探索各具本国特色的新社会主义。从新科技革命全方位、加速度迅猛发展的态势来看，未来最能更新社会主义、实现社会主义的，不仅限于信息技术，而更是基因工程。因为信息技术的发展所形成的信息社会，依旧是工业社会的高级阶段，只有基因工程的大发展才能形成比工业社会更高的生物工程业社会。生物工程业社会将是由新人类组成的新社会形态。笔者于2012年11月在《中国延安干部学院学报》发表的《基因时代是世界大同时代》一文中提出这样的新见解：当代生物遗传学的研究已经认定人类遗传基因中确有性恶、性暴、性懒、丑陋、先天疾病等诸多不良因素，将来经过基因重组、剪接和删除，未来的新人类定会更善良、更勤奋、更健康、更俊美、更长寿，那时新人类更会促进世界社会主义的实现。我在文中提出了一个新名词“谐托邦”（harmon-topia），这是由英文harmony（和谐）和utopia（优托邦）二词去尾掐头拼接而成。这是胡锦涛同志于2007年10月在党的十七大报告中提出的推动建设“和谐社会”和推动建设“和谐世界”思想的体现和全面实现。真正建立和谐社会与和谐世界是长期艰巨的任务，在这方面，建设中国特色社会主义将起表率作用。只要中国特色社会主义立轫形成了真正的和谐社会，那就是“中华托邦”，可简称为“华托邦”（chin-topia＝china＋utopia）。“华托邦”既是“华夏之邦”又是“华美之邦”，“华托邦”的形成必能为实现和谐世界做出重要的贡献。从“科托邦”到“谐托邦”“华托邦”的发展，可以说是社会主义发展的第二次飞跃。也就是世界社会主义的广泛实现。

最后，还要看到从“科托邦”到“真托邦”“善托邦”“美托邦”的发展，那将是社会主义发展的第三次飞跃，也就是世界共产主义的广泛实现。习近平总书记细讲了500年来世界社会主义思想发展的光辉历程。之后，全国掀起了重视学习世界500年历史的热潮。笔者于2013年6月24日在《北京日报》发表《关于社会主义五百年答问》一文，把世界社会主义 500 年划分为 4 大阶段，北京师范大学出版社负责人当即邀请我按照这 4 大阶段主编一套四卷本的“世界社会主义史丛书”。我邀请了 4 位学者和我分工合作完成了这套丛书。在我撰写的长篇序言中，除了说明我提出的“科托邦”和“谐托邦”之外，又杜撰了三个新名词，即“真托邦”（tru-topia＝true＋utopia）、“善托邦”（goodtopia＝good-ness＋utopia）和“美托邦”（beautopia＝beauty＋utopia）。真、善、美最早是日本智士大约在 20 世纪初从东方西方诸多先哲的杰出思想中提炼，并且用三个汉字组合起来最简明的三个奋斗目标，即知识上求真、道德上求善、艺术上求美，这是人类世代追求的最高境界。1927 年，蔡元培发表《真善美》（一稿、二稿），较早按照他自己的理解对真善美做了三位一体、相互关联的阐释。同一年曾孟朴在上海创办《真善美》杂志和真善美书店，也对真善美做了自己的解读。从共产主义学的视角来看，我认为“真”可以理解为人类认识真理的能力普遍大为提高，人类掌握了较为全面的科学真理，使得社会生产力高度发达，能够满足人们吃、穿、住、用基本生活必需品的要求，能够实现按需分配；“善”可以理解为人类有高度的思想觉悟，心地善良、择善而从，既能独善其身，又能兼济天下，社会能够在科学和民主的基础上进行善治，善于科学民主自治；“美”可以理解为人们体态美、心灵美、劳动美、合作美、环境美、家庭美、生活美、学习美、交往美、休闲美，臻于十全十美。“真”和“善”是实现共产主义的客观和主观条件，“美”则是共产主义社会“自由人联合体”人们和谐共处的常态。可见，“真托邦”、“善托邦”和“美托邦”的实现，就是“科托邦”“谐托邦”“华托邦”达到更完整的真、善、美三境界的统一，我认为这就是共产主义在世界的广泛实现。一旦共产主义在全世界范围内实现，那就是“世托邦”（world-topia），也就是“世界大同”的境界。

从“优托邦”到“科托邦”，再到“谐托邦”“华托邦”，最终达到“真托邦”“善托邦”“美托邦”“世托邦”的飞跃，是要经过上千年以至更长时间持续不懈奋斗的历程。不可操之过急，也不可放松懈怠。毛泽东 1957 年 2 月 27 日在《关于正确处理人民内部矛盾的问题》中指出：“真的、善的、美的东西总是在同假的、恶的、丑的东西相比较而存在，相斗争而发展的。”可见，我们要达到“真托邦”“善托邦”“美托邦”的境界，就要持久同假、丑、恶做斗争。只要不断战胜、克服假、丑、恶，“真托邦”“善托邦”“美托邦”“世托邦”终究会逐步实现。

2. 中间阶层的历史景象*

人类社会自进入阶级社会以来，经历了大约5 000年的奴隶社会和封建社会，这两个社会都是以农业为主体，以小农经济为基础，以个体化小生产为依靠。那时社会的阶级结构是葫芦形的，即底层的劳苦大众占绝大多数，上层的统治者占少数，中间存在着一个数量中等的中间阶层，如中小工商业经营者、中农、从事行政管理和文教工作的族群等。中间阶层对社会的平稳发展能起到重要的平衡、调节作用。关于这一点，古希腊政治学之父亚里士多德早在《政治学》中就已鲜明地指出，“就一个城邦各种自然成分的配合说，唯有中产阶级为基础，才能组成最好的政体”，“中产阶级（小康之家）比其他任何阶级都较为稳定”。

到近代，资本主义社会最先在欧美主要国家确立后，中间阶层呈现出日益消亡的趋势。资本主义社会以大工业经济为基础，以社会化大生产为依靠，极大地加速了贫富分化，绝大多数人沦为无产阶级，极少数人成为资产阶级。马克思、恩格斯在《共产党宣言》中指出：“资产阶级时代，却有一个特点，就是它使阶级矛盾简单化了：社会日益分裂为两大敌对的阵营，即分裂为两大相互直接对立的阶级：资产阶级和无产阶级。”① 以前的“中间等级的下层，即小工业家、小商人和小食利者、手工业者和农民——所有这些阶级都降落到无产阶级的队伍里来了……无产阶级的队伍就是这样从居民中间的各个阶级补充起来的”②。换言之，19世纪中叶，资本主义社会发展的趋势是中间阶层日益消亡，社会底层逐渐壮大，社会上层逐渐缩小。

但经过多年的实践，资本主义仍有较强的生命力。这既有内因也有外

---

* 原载《同舟共进》2011年第3期。

① 马克思，恩格斯．马克思恩格斯全集：第4卷．北京：人民出版社，1958：466.

② 同①474.

因，笔者认为重要的一点是，19 世纪中叶，后资本主义的发展出现了一种新景象，即旧的中间阶层虽已衰亡，新的中间阶层却不断增长。到 20 世纪 30 年代，中间阶层在发达国家已占人口的 30%左右。实践证明，这一阶层的不断壮大对资本主义社会的稳定发展起了重要的作用。中层的稳定力量越来越强大，无产阶级的世界革命就难以推行，中间阶层有可能成为资本主义和平转型的中坚力量。中间阶层的缺失是导致苏联灭亡的重要原因。

社会主义的本意是要充分继承人类社会的一切文明成果，在社会化大生产的基础上实现生产资料公有制，克服利己主义、拜金主义、剥削众人劳动成果、压迫众人自由活动等弊端，消除贫富分化，达到社会全面协调发展和人民大众共同的富裕。

从 1917 年到 1936 年，苏联只花了不到 20 年的时间，不顾经济文化落后的实际情况，背离落后国家通往社会主义的特殊规律，教条式地对待马克思主义，用行政命令和强行推进群众运动的办法加速国家工业化和农业集体化，消灭城乡资本主义所有制和资产阶级，普遍建立带有浓厚官僚制色彩的社会主义公有制。工农大众的经济政治地位和文化水平虽有所提高，但在分配方面却实行平均主义。后来又因对外扩张，并与资本主义列强进行军备竞赛，致使国富民不富，人民大众的收入长期普遍较低。与此同时，苏共领导人从 30 年代起加速培植党、政、军、官僚等特权集团，剥削、欺压人民大众。由于缺少社会主义民主自由，导致新的两极分化越来越严重。到了 20 世纪 80 年代，社会并没有成长起强有力的中间阶层来起到调节、缓解和带头富裕的作用。因此，苏联国内长期潜伏着深层危机，矛盾随时有可能爆发。斯大林逝世后，苏联领导人长期延续斯大林体制，延误了自我改革的时机。1991 年，在各种合力的冲击下，这种体制终于自行崩溃，被人民所抛弃，使国家又重新转轨到资本主义道路。东欧社会主义各国的覆亡与苏联大体相似，其历史教训十分深刻。

图书在版编目（CIP）数据

科学社会主义学科基本问题研究/高放著. —北京：中国人民大学出版社，2018.5
（高校马克思主义理论教学与研究文库）
ISBN 978-7-300-25742-6

Ⅰ.①科… Ⅱ.①高… Ⅲ.①科学社会主义理论 Ⅳ.①D0-0

中国版本图书馆 CIP 数据核字（2018）第 083329 号

国家出版基金项目
高校马克思主义理论教学与研究文库
科学社会主义学科基本问题研究
高放 著

出版发行	中国人民大学出版社		
社　　址	北京中关村大街 31 号	**邮政编码**	100080
电　　话	010－62511242（总编室）		010－62511770（质管部）
	010－82501766（邮购部）		010－62514148（门市部）
	010－62515195（发行公司）		010－62515275（盗版举报）
网　　址	http://www.crup.com.cn		
	http://www.ttrnet.com（人大教研网）		
经　　销	新华书店		
印　　刷	天津中印联印务有限公司		
规　　格	165 mm×230 mm　16 开本	**版　　次**	2018 年 5 月第 1 版
印　　张	14.25 插页 1	**印　　次**	2018 年 5 月第 1 次印刷
字　　数	208 000	**定　　价**	52.00 元